东方历史学术文库

本书出版得到
广东省东方历史研究基金会
资　助

东方历史学术文库

刻画战勋：清朝帝国武功的文化建构

Commemorative Images of War: The Cultural Construction of the Qing Martial Prowess

马雅贞

社会科学文献出版社
SSAP
SOCIAL SCIENCES ACADEMIC PRESS (CHINA)

《东方历史学术文库》
改版弁言

从 1998 年起，文库改由社会科学文献出版社出版。

设立文库的初衷，"出版前言"都讲了，这是历史记录，改版后仍保留，这也表明改版并不改变初衷，而且要不断改进，做得更好。

1994 年，面对学术著作出书难，由于中国社会科学出版社的毅然支持，文库得以顺利面世，迄 1997 年，已出版专著 25 部。1998 年，当资助文库的东方历史研究出版基金面临调息困难时，社会科学文献出版社又慨然接过接力棒，并于当年又出了改版后专著 6 部。5 年草创，文库在史学园地立了起来，应征书稿逐年增多，质量总体在提高，读者面日益扩大，听到了肯定的声音，这些得来不易，是要诚挚感谢大家的；而需要格外关注的是，我们的工作还有许多缺点、不足和遗憾，必须认真不断加以改进。

如何改进？把这几年想的集中到一点，就是要全力以赴出精品。

文库创立伊始就定下资助出版的专著，无例外要作者提供完成的书稿，由专家推荐，采取匿名审稿，经编委初审、评委终审并无记名投票通过，从制度上保证选优原则；评委们对专家推荐的书稿，是既充分尊重又认真评选，主张"宁肯少些，但要好些"；前后两家出版社也都希望出的是一套好书。这些证明，从主观上大家都要求出精品。从客观来说，有限的资助只能用在刀刃上；而读者对文库的要求更是在不断提高，这些也要求非出精品不可。总之，只有出精品才能永葆文库的活力。

出精品，作者提供好书稿是基础。如"出版前言"所指出的，开辟研究的新领域、采用科学的研究新方法、提出新的学术见解，持之有故，言之成理，达到或基本达到这些条件的，都是好书。当然，取法乎上，希望"上不封顶"；自然，也要合格有"底"，初步设想相当于经过进一步研究、修改的优秀博士论文的水平，是合格的"底"。有了好书稿、合格的书稿，还需推荐专家和评委的慧眼，推荐和评审都要出以推进学术的公心，以公平竞争为准则。最后，还要精心做好编辑、校对、设计、印装等每一道工序，不然也会功亏一篑。

5周岁，在文库成长路上，还只是起步阶段，前面的路还长，需要的是有足够耐力的远行者。

《东方历史学术文库》编辑委员会
1998年9月

Ⅲ　战勋与帝国：平定回疆与乾隆麾下的武勋图像

导　论

作为极少数的满族何以能够统治中国近三百年，可以说是清史研究的核心课题。"汉化说"认为满洲人接受并与汉人文化同化是清朝成功的基础，近年来方兴未艾的"新清史"研究则认为满族主体性才是维系清帝国的关键；前者多强调清朝对明代官制与儒家思想的承袭，后者虽不否认汉文化的影响，但更关注于非中国传统官僚体制、清帝国作为多民族国家的治理方式等面向。[1]尽管学界相关的回响与讨论很多，[2]也不乏替代模式的提出，[3]但由于双方对于"汉化"的定义未必一致，所关注的层面也不甚相同，因而被称为"没有交集的对话"。[4]的确"汉化说"与"新清史"的最大分歧之一，容或在于前者所重视的中国传统官僚制度与文化于清代之传承，却不是后者研究的重点；后者侧重的满洲独特之八旗制度、尚武文化或是多民族帝国的统治策略，也非前者关怀的核心。如果"汉化说"主要以中国本土社会为范围，聚焦于满人对汉人政治传统的受容，"新清史"则更看重满洲统治集团如何维持对蒙古、西藏、汉人等多民族的支配，而着重研究清帝国和边疆族群的关系，[5]可以说两方讨论偏重的统治对象与区域有所不同。理论上二者的研究应该在中国本土的汉人社会有所交集，但一般来说，"新清史"在主张满人作为外来征服集团，需以八旗制度等来强化满汉定位之余，或也认可清朝并行中国传统的王权思想以获取汉人的支持，[6]或将之整合在清帝国超越所有文化与

意识形态的共时皇权（simultaneous emperorship）之一部分,[7]
而未就满洲皇帝于中国本土的统治与"汉化说"有更深入的对
话与讨论。换言之,虽然"新清史"强调满人主体性而引入了
族群认同、多民族关系等面向而丰富了清史研究,但除了少数
触及清帝透过南巡与江南士大夫和商人的互动外,[8]"新清史"
基本上是透过包融"汉化说",一方面认可中国传统王权对清
廷的影响,另一方面将之诠释为或与满洲人集团的统治正统性
并行,或视中国本土为清多民族帝国的一环,而并没有完全撼
动"汉化说"对于满族何以能够统治中国本土社会此一问题的
答案,也就是清廷采取的汉化政策(不论是"汉化说"隐含的
被动还是"新清史"强调的主动)。

　　如此的回答难免令人感到老调重弹,尤其是清史研究在
这些年"新清史"高举满洲主体性的洗礼之后,汉化政策仍是
满族能够统治中国本土社会的关键因素;然而,如果我们换个
方式从被统治者的角度来提问,何以中国本土社会会被极少数
的满族统治近三百年,就会发现既有的答案和"新清史"批
评"汉化说"忽略满洲主体性一样,汉人作为历史主体的能动
性容或也未受到足够的重视。倘若"新清史"提醒我们,清廷
对于满洲以少数族群统治占大多数的汉人十分自觉,维持满人
统治与满人集团的凝聚性是清朝统治成功的重要条件,以八旗
为例,其制度的发展也随着时间有所变化;[9]那么汉人在同样
满汉比例悬殊的历史情境下,又何尝没有意识到自身被支配的
地位?换句话说,清廷采纳了汉人传统的王权思想,就足以让
汉人长期接受满人的统治了吗?满洲皇帝以儒家思想作为汉化
政策的核心,即能赢得儒家精英的长久支持吗?满人对汉人近
三百年的支配关系,除了中国传统王权与汉化政策,是否还需
要其他的机制与过程才得以确立并维系?

一 皇清文化霸权

本书借用葛兰西（Antonio Gramsci）文化霸权（cultural hegemony）的概念，[10] 来思考满人对汉人的支配关系。文化霸权原本是用来指涉资本主义制度下文化与权力的关系，讨论支配群体如何透过文化象征等作用，促使被支配者默认接受其从属地位，但对历史学的讨论而言也可以有所启发。[11] 尤其统治者如何赢得被支配者对既有社会秩序的共识、如何持续地创造其合法性以维持其支配地位，被支配者又如何参与使其被支配合法化的共谋之中，以及支配者与被支配者的文化并非界线分明而是可穿透的等概念，更能帮助我们分析极少数的满族如何长期成功支配绝大多数的汉人。

相对于其他征服王朝，清朝宫廷除了采纳汉人的王权传统之外，最值得注意的便是其对士大夫文化的积极收编以建构其皇权。以康熙朝为例，宫廷开始大量地实行当时盛行于文士间的艺文模式，并将之转换为皇权和清宫文化的一部分。包括将盛行的晚明董其昌（1555~1636）绘画风格收编成为清宫院体之一的正统画派；[12] 模仿当时流行的董其昌等帖学书风，成立御书局大量颁赐御书；[13] 受到明清官员以战事为中心的奏议合集的影响，首创将上谕与奏折等加以编纂的官修史书方略；[14] 承袭明清文人出版诗文集而刊刻大量御制诗集；[15] 转换明清文士的园林诗作与图绘而为康熙《御制避暑山庄诗》，[16] 其中的御制诗一改文人唱和的社交取向，而加入大臣的批注来见证皇帝博学圣德，图画则无文士园景图聚焦于近景的小品模式、季节变化、人物等引领观者游览的元素，而借由数量庞大的景点与广阔园景显示皇家苑囿的宏阔气度等。[17] 这些康熙转换与收编明清文士文化的举措为其他征服王朝所未见，不仅为乾隆帝发扬光大，后续的清帝也多少有所承袭。即便是汉人皇权，也没有对时下盛行的各式文士文化有如此高度兴趣者。历代皇权对士大夫文化的态度，虽然不无少数如宋徽宗（1082~1135）或明宣宗（1399~1435）等以文艺事业著名的皇帝，[18] 但也不乏对文士有所忌惮的皇帝如朱元璋（1328~1398），[19] 而像盛清皇帝如此积极又全面地收编当时流行的士大夫视觉文化以形塑皇权者，[20] 可以说是绝无仅有，是故不能仅以"汉化"泛论之，而必须重视其形塑皇清文化霸权的作用。

从统治的角度来看，清朝的宫廷文化除了继承原来汉人皇帝透过皇室收藏、祥瑞图像等宣示王朝天命的传统王权做法外，清帝作为统治汉人社会的少数族群，大规模收编原属中国本土社会精英的文士文化，建立满洲皇权凌驾于士大夫的位阶，不能说不是建构清朝皇权相当有效的方式。这也是为什么本书以"皇清文化霸权"，来指称满洲统治者在中国传统王朝统治的正统性之外，另行发展出的支配中国本土社会的不同模式。此模式为"文化霸权"，是因为满洲支配群体借由收编中国既有社会价值体系中层级居高的文士文化，赢得被支配的汉人对原来社会秩序的共识；经其转换建构成各式"御制"、"钦定"宫廷文化，加强以文士为首的被支配汉人之从属地位，更强化了皇权在中国本土社会秩序中至高无上的地位；这些清宫文化需要满洲皇帝一再地接续展演以维持其支配地位；而正是被支配的汉人精英之参与，才让其被支配合法化的共谋得以维系。如此的文化霸权之效应，即是"皇清"——清朝子民认可满洲皇权——的展现。建构"皇清文化霸权"的媒介不是"新清史"所言满洲外来征服集团的政治模式，或是"汉化说"强调中国传统王朝统治的儒家正统，而是穿透支配者与被支配者之间的文士文化。因此，本书跳脱"汉化说"与"新清史"的框架，从皇清文化霸权的角度，重新反思满族得以统治中国近三百年的不同机制。

二 反思满洲尚武文化

值得注意的是，借由"皇清文化霸权"的媒介——文士文
化——所建构之清宫文化，并不限于各类"御制"诗文、书画
等宫廷艺文，还包括被视为清廷军事文化展现的方略，[21]如前
述也很可能与明清官员的战事奏议合集有关。方略与战事奏议
合集的关系，一方面提醒我们士大夫"武"文化面向的存在，
另一方面也需要反思所谓满洲特色的论述，未必为满洲所独有
而与汉文化无涉。尤其"满洲以骑射为本"的尚武精神，向来
是清史学界对满洲皇帝强调武勇、武备、武勋等军事文化的一
贯认识；也的确从立国之初，清帝王就一再下旨必须维系满洲
尚武根本，而清代特有的大量战碑、方略、战争仪式和战勋图
像，更被视为其提倡军事文化的具体展现。[22]然而，一概以满
洲特色来概括清帝国的尚武文化，不免有本质论的危险。虽然
清史学者大致将清代的军事文化分为清初、康熙后期到乾隆前
期、乾隆中后期三阶段，但主要还是以发展完成的乾隆朝来总
括清帝国的崇武文化。[23]事实上，相较于其他康熙朝就开始建
立的战碑、方略、战争仪式等，战勋图并未出现于康熙时期，
而是到了乾隆朝才大举制作，显然与其他的武勋模式十分不
同，不可一概而论。尤其如果康熙皇帝率先实行了其他纪念武
勋的模式来提倡满洲尚武精神，那么为什么未沿用当时宫廷已
经开启的大型图绘计划如《南巡图》的方式来制作战勋图像？
战勋图像在康熙与乾隆朝制作与否的差别，提示了清帝国的尚
武文化不是一成不变的满洲本质，战勋图像或可作为考察其武
勋文化建构、发展与机制的指标。

在清帝国采取的种种武勋文化模式中，由满洲皇帝直接下
旨、内务府监管制作的战勋图像，对皇权所欲强化的武功文化
尤其关键。前述如正统画派、康熙《御制避暑山庄诗》等清宫图
绘，不只是反映皇帝品味的艺术作品，或是象征皇权概念和帝国

统治的视觉符号，更可以是满洲帝王推行文化霸权的重要手段。透过追寻战勋图像的历史，本书将论证此类原本在传统中国政史与画史中非常边缘的题材，在明代却是官员间盛行的视觉文化之一环，清帝王透过转化汉人精英的视觉表述遂行其文化霸权，到了乾隆朝逐步形成以战争图像为核心的武勋展示，最终确立了展现满洲武功霸权的体系。也就是说，清帝国的尚武文化不是透过帝王的谕旨就足以维系的满洲价值，而是必须一再寻求支配汉人精英文化的动态过程，亦是建构"皇清文化霸权"不可或缺的一环。这也是本书副标题"刻画战勋与清朝帝国武功"所要讨论的课题。此处的"帝国武功"主要不在考证清代征战的历史，而是析论清宫如何将相关的事件表述为展现帝国武力征服的功绩，尤其是作为视觉表述关键之战勋图像在其中的作用与意义。

三　跨越传统画史的战争图像

　　相对于欧洲视觉艺术中，战争题材作为最高阶绘画类型的历史画之分支，有着丰富多元的表现，[24] 关于战争的图像在历代中国画的题材中则显得稀少、特殊而边缘。与一般中国绘画记录的通则相反，关于战争的绘画条目少见于传统画史著录，却多见于正史文献。传统书画著录中有关战争的少数绘画条目，多非刻画交战场面，而是以相关的仪式为题材。且其描绘的主题有限，基本上以唐代的故实为主，例如描写唐太宗（599~649）于长安近郊的便桥与突厥颉利可汗（579~634）结盟的《便桥会盟图》与《便桥见虏图》，[25] 以及唐代宗（726~779）时郭子仪（697~781）退回纥的《免胄图》。[26] 两者经常托名绘画大家如李公麟（1049~1106）和刘松年，主要出现在元代之后的著录，[27] 但都非画史常见的题材，也难以在传统画史中归类。例如《宣和画谱》就毫无记载，也很难归入其十门"道释、人物、宫室、番族、龙鱼、山水、畜兽、花鸟、墨竹、蔬果"之内。[28] 即便现代学者重新发掘出如"子女画"、[29] "别号图"等盛行于特定时空的绘画类别，[30] 或是当今因受到西方艺术史学影响而加以关注的"叙事画"、[31] "城市图"等新界定的类型，[32] 战争图像也不易归属其中。

然而相对于战争主题在画史分类的困难，鲜少记载绘画艺术的正史文献中，却不乏皇权纪念当代或当朝事迹的相关战争图像。[33] 其中最为闻名的应属皇帝诏命绘于宫殿的功臣图，包括西汉麒麟阁、东汉云台、唐代凌烟阁、北宋崇谟阁、南宋景灵宫与昭勋崇德阁等，都见于正史记录。[34] 画史著录的汉代和唐代功臣图条目则多传抄自正史，北宋之后的功臣图甚至失之未载。除了功臣图之外，正史尚有个别战争图像的记载。例如《辽史》中更有辽圣宗开泰七年（1018）"诏翰林待诏陈升写南征得胜图于上京五鸾殿"、辽兴宗重熙十六年（1047）"谒太祖庙观太宗收晋图"、辽道宗九年（1063）诏画"滦河战图"以褒耶律仁先（1013~1072）击退叛军皇太弟重元（1021~1063），[35] 均是少有画史著录和当今学者关注的战图材料，[36] 但因未传世而难以确认其样貌。不过，从这些条目可见相对于其他题材的图绘，历代战争图像逆转了画史与正史记录数量的对比，显示其位处传统画史的边界，却也因此得以跨入政史的范畴，其特殊性可见一斑。

四　清宫战勋图像的研究

历代画史罕见的战争题材，却大量出现在乾隆朝制作的一系列铜版画中，这显得十分特殊。其中最先完成的《平定准噶尔回部得胜图》铜版画最为闻名，[37] 其以看似极为写实的风格描绘乾隆"十全武功"中最初也是最重要的准噶尔和新疆的战役，[38] 长久以来都是清史通论和清代艺术展览中不可或缺的宫廷图作。[39] 对历史学者而言，《平定准噶尔回部得胜图》为清帝国大肆推动的武勋文化之一环，与战碑、方略、战争仪式等同属满洲尚武精神的表征。[40] 对艺术史学者来说，《平定准噶尔回部得胜图》既是清代画院一大特色的纪实画代表，更是清宫艺术受到西方影响的中西融合风格之见证。[41] 虽然两者都认可《平定准噶尔回部得胜图》是理解清帝国政治与艺术的重要媒介，但是学界借由其所展现的清代历史与美术史样貌，却又不脱既有的刻板印象。若将清宫战勋图像放在历史发展中，不论是前述第二节所言这些铜版画是乾隆朝新出现的武勋文化类型，或第三节所论其亦属历代画史少见的题材，都会发现这些铜版画战图是乾隆朝中期的崭新表现，那么首要之务或许在于厘清如此特别的图像制作为何在此时出现，才能进一步探索其意义。

过去艺术史研究对清宫战图的讨论主要分为两个方向：一是将其放在清宫大量出现纪实图像的脉络中；二是将其视为西方影响的产物。前者指出清宫图绘中存在大量历代少见的描绘当时人物与事件且看似真实之纪实图绘，[42]《平定准噶尔回部得胜图》就是其中一例。学界虽然不乏将个别案例与特定政治脉络联结的研究，特别是对于记录帝国特定人、事、物的讨论，如对皇帝肖像、南巡图、职贡图等的研究逐渐增多，[43] 但对清宫纪实画作的整体考虑和其意义的探索仍有限。少数有所讨论的学者如聂崇正一方面将清宫纪实绘画的数量与质量归结为"欧洲传教士画家供职宫廷"，另一方面则是清代皇帝的个人因素如"注重其在历史上的地位"、"弘历本人雅好文翰，在位时间长等"，[44] 以及满洲"注重反映自己民族"的特色。然而，这些原因与学界在个案中所见的政治脉络不甚相干；以

《平定准噶尔回部得胜图》来说，也未能解决为什么乾隆朝才出现的问题。

后者"西方影响"说强调清宫图绘中看似视觉真实的效果，挪用了来自欧洲的透视与形塑体积等绘画技法，明显地受到西方影响而产生了中西融合的风格。近年来学界对"西方影响"的预设颇多反省，除了挑战"影响"说的被动性，而改以能动性（agency）来思考中西文化相遇过程中的复杂现象外，[45]也具体探究所谓的"西方"为何，以厘清清宫在全球化脉络下的定位，都让清宫画史有了新的视角。[46]具体就西洋传教士于北京起稿、送至法国制版印刷的《平定准噶尔回部得胜图》而言，最近毕梅雪（Michele Pirazzoli-t'Serstevens）指出流通广泛的佛兰德斯画家 Adam Frans van der Meulen（1632~1690）所制关于法国路易十四（Louis XIV，r. 1643~1715）之铜版战图，[47]比过去学界猜测的 Georg Philipp Rugendas I(1666~1742)的作品，更可能是启发乾隆制作《平定准噶尔回部得胜图》的欧洲来源。[48]的确，耶稣会士于 1697 年准备带到中国的雕版集成（Cabinet du Roi），很可能就囊括 Van der Meulen 的战图铜版画，[49]本书第五章也讨论两者的确有相近的图式，而让我们再次确认清宫与全球视觉网络的关系。然而，辨认出"西方"的来源，尚不足以回答为什么康熙年间就流入清宫的路易十四时期铜版画，要到乾隆朝中期才产生影响；或是从能动性的角度来看，何以乾隆宫廷此时开始选择欧洲铜版战图的媒材等问题。

铜版战图和其他"中西融合"的清宫图绘，的确制造出传统中国画法难以达成的视觉真实效果，[50]但这不表示清宫纪实图像为对当时事物的真实写照，纪实画并非写生意义下的写实作品，却经常是依据稿本并针对不同需要加以调整，而制造出来的虚拟真实。[51]学界对于明清看待欧洲写实表现的态度，已经有相当多的讨论。从晚明画坛的曲折回应，[52]明末清初民间的高度兴趣，[53]到盛清院画的直接援引，已然勾勒出在全球化的风潮下，当"中国风"逐渐席卷欧洲的同时，中国也如火如荼地率行"西洋风"。[54] 然而，这并不意味着对写实表现的追求，会自动随着时间的移转而加强；更不表示欧洲绘法的视觉真实效果，可以自动地加诸所有的绘画题材，衍发出一致的拟真程度。前者如词臣画家邹一桂（1686~1772）的《小山画谱》，批评西法"笔法全无，虽工亦匠，故不入画品"，便是著名的例子；[55] 后者如《康熙皇帝读书像》明显的阴影处理，[56] 就与《康熙南巡图》的正统派做法迥异，[57] 显示西方绘法并非全面地应用在不同主题的图像，不同题材对于视觉拟真的追求有所差别。也就是说，制造西法的视觉真实效果并非清宫图绘的共同目标，应该进一步追问的是，欧洲绘法的视觉真实效果，在清宫不同图绘中有何作用？

就清宫图绘的祥瑞图像、职贡图等沿袭自汉人皇权的视觉传统，特别是欧洲绘法于其中的作用而言，或可参照同样以写实风格著称的北宋宫廷绘画。毕嘉珍（Maggie Bickford）对宋徽宗朝祥瑞图的讨论，尤其对思考清宫的类似题材图绘很有帮助。她一方面比较过去祥瑞题材的表现方式，另一方面对照当时众多的祥瑞论述，认为宋徽宗朝祥瑞图"并不只是报导，亦非插图，更不是徽宗文字记录的图像对照，而是……[祥瑞]本身。……徽宗的图绘以最近、最新的方式精致地演绎古代展示祥瑞征候的传统。……如果画家的作用在于制作能够发挥功能的祥瑞图像，那么正确地描绘……对于达到预期的结果是很关键的"。[58] 也就是说，徽宗朝祥瑞图像的写实风格并非为了以图绘证明祥瑞的真实存在，而是以当时所能掌握的最新图绘技术来正确地制作祥瑞本身。对毕嘉珍而言，清宫制作祥瑞图像时援引的是此历史悠久的祥瑞传统，因此清宫挪用欧洲绘法的目的，容或也未必是以看似写实的风格来证明祥瑞的真实存在，而是以其所能掌控的最新绘法来正确地制作祥瑞本身。[59] 又或者，如果宋代以后的祥瑞文化有了新的变化，那么我们也必须分析清宫祥瑞图像的写实风格，在不同祥瑞文化下有什么意义。

同样的，《平定准噶尔回部得胜图》等清宫战图中，欧洲绘法所造成的视觉真实效果之作用与意义，亦必须与过去的战争图像相参照，才能得到更深入的认识。如此或许也才能跳脱清宫纪实图像或"西方影响"的框架，这也是为什么本书追溯明清战争图像的发展，以期为清宫战图之所以在乾隆朝中期才出现提出解释，并进而理解战勋图像与满洲尚武文化的关系。

五　本书架构

明清的战争图像虽然仍处于政治史与绘画史的模糊地带，却不再受限于传统正史的记载与唐代故实的主题，对于双方交战场景的描绘也大幅增加，因此与历代战争相关图像有了显著的不同。明清虽然也可见皇权承继表彰功臣事迹的功臣图，例如朱元璋在南京建立功臣庙并绘功臣像、[60] 清代的紫光阁功臣像，或是描绘开国事迹以图示子孙，如洪武元年（1368）"命画古孝行、及身所经历艰难、起身战伐之事为图示子孙"、[61] 乾隆时期为了"传之奕世，以示我大清亿万子孙毋忘开创之艰难也"而重绘"开国实录"，[62] 但是更多的明清战争图像在来源、数量和内容等方面都超越了过去。本书第一章显示，明清除了画史著录与正史文献外，士人的文集成为新兴的战图文献来源，不但记录了远比传统画史和正史为多的大量战争图绘，其所记载的相关图像更不限于唐代故实，[63] 绝大部分是关于当代战役的画作，传世的战图作品则可见更多对于战况的描画。士人的文集如此，清代宫廷的战图文献也远较历代正史为多，从奏折档案到皇帝敕编的官方史书等，都有不少为纪念当时战争而制作的图像记录，铜版画战图系列更展现了激烈的战斗场面。为什么明清士人的文集和清代文书记载了为数众多的战争图像？为何偏重当代战争的主题，并逐渐注重交战场景的描绘？如果战争图像长期位于绘画史与政治史的边缘，何以如此边缘的图绘类型，却在明清赫然有所发展和变化？究竟明清的政治与文化发生了什么样的改变，使明清的战图得以突破历代画史与政史的框架？本书将论证明清士人文集中大量与官员战勋有关的图像记录，显示从传统皇权绘制战图的宫廷政史角度并无法解释明清战争图像的变化。相反的，唯有跨出固有政史的藩篱，才能够诠释明代到清初战争图像的发展、此时期的战图和个人勋迹图绘的密切关联，以及乾隆朝大量制作武勋图绘的意义。本书依照战勋图像与武勋表述的时间发展，分为明代、清代前期、乾隆朝回疆战争及其后三大部分。由于乾隆朝之后要到晚清才又出现大量战图，而 19 世纪以降绘制战图的脉络有所不同，且最近也有新的研究，[64] 因而本书并不论及。

第一部分"战勋与宦迹：明代战勋图与个人勋迹图"，分析明代文集中关于当代战勋图绘的记录，经常以官员个人事迹为中心，尤其围绕特定官员的勋功，战争图像的内容因此也得以多元发展。明代宦迹图经常依照时间顺序，选取重要事迹描绘成图，有以册页或长卷不同经历者，也有仅绘个别事件者。这个现象与明代文集记录中为数众多的宦迹图之盛行有关，战争相关的图像属于明代官员视觉文化的一环，也因而蓬勃发展，甚至出现刻版成书的战勋图像。影响所及包括商业的绘图作坊，也针对晚明时人对倭寇的兴趣，以官员战勋图的形式作为商品贩卖。

第二部分"战勋与大清：清代前期战勋表述的文武取径"，分别讨论皇太极时期与康熙朝到乾隆初期宫廷，转换明代官员宦迹图与战勋图的不同方式。第二章先述及中国境外的朝鲜，亦因中国援助李朝抵抗丰臣秀吉的入侵，使得中朝官员的交流密切，也促发了朝鲜官员宦迹图与战勋图的制作。官员

勋迹图在 17 世纪东亚的流行，应该也影响了当时崛起中的满
洲。此章的焦点——清初皇太极（1592~1643）为其父努尔哈
赤（1559~1626）制作的"太祖实录图"，可以说就是这股风
潮下的产物，为汉人皇帝实录与士大夫宦迹图的结合。不过比
起明代官员的宦迹图，"太祖实录图"在选择描绘的内容与战
图表现上都很不寻常，它所描绘的满洲源流、努尔哈赤的神武
形象、扩充八旗，以及满洲从削平诸部到对明作战的进程，表
明它已经不只是努尔哈赤个人事迹的图册，而是皇太极对满洲
开国英雄与开国史的投射。

　　"太祖实录图"作为清宫转换士大夫宦迹图的第一波尝
试，以之后满洲皇帝都未延续如此激进的"实录图"做法而
言，或许不算成功；相反的，第三章讨论虽然康熙朝时仍相当
盛行官员战勋图，但宫廷并未制作战勋图像，却发展出之后为
乾隆所继承之方略、战碑等武勋文化。康熙宫廷的大型视觉计
划侧重的都是呈现皇帝作为"圣主"的形象，其中如《康熙南
巡图》、《万寿盛典初集》等对官员勋迹图之收编，着重描绘
的也是康熙治下的盛典和康熙皇帝的"文"治面向，而非像
"太祖实录图"强调努尔哈赤的个人神"武"。康熙帝并非不
重视武勋表述，但他采取的是以告成太学的军礼、将战碑立于
太学／孔庙以及新创官方史书方略等独特方式建构清朝的武勋
文化；其重点不在形塑皇帝个人的神勇，而是以仪典的方式提
升到帝国的层次。乾隆前期亦是延续康熙对典礼的重视，一方
面将更多相关活动纳入军礼的范畴，另一方面开始以大型贴落
与成套长卷描绘这些仪式。

　　第三部分"战勋与帝国：平定回疆与乾隆麾下的武勋图
像"，分析乾隆如何因应历时多年的平定准噶尔与回部战争，
逐步发展出新的战勋图像。第四章讨论由于大规模的回疆之战
经累多年，一方面乾隆初期延续康熙朝对武勋仪典的重视所展
开的成套仪式图绘，在对回战争迟迟不能举行胜战典礼如凯宴
等的状况下，因无法于战争还在进行的时候绘制而解组；另一

方面为了配合随着战事发展接连的告捷役事和准回观众的觐见等情事，不但出现了新的搭配贴落所在空间的成对展示和画面设计，也产生了新的"得胜图"题材。紫光阁更是在回部之战终于底定后，新规划的展示帝国武勋之空间。虽然紫光阁的设立与历代表彰事迹的功臣图传统有关，但不论是从功臣图的风格与数量、收贮的军器与战利品，还是从新成形的成组战勋大图等，都可见乾隆将紫光阁形塑为展示帝国武勋空间的意图。

第五章论证与紫光阁成组战勋大图配套的小幅《平定准噶尔回部得胜图》，如何转换紫光阁战勋大图，大幅增加战图相对于仪式图的比重，调整西洋透视法并传承"太祖实录图"对丰富作战细节与军事秩序的战争概念，形塑出清军王师作战的恢弘场面与细节，建构了明代以来个人勋迹图所无法企及的帝国武功形象。透过与明代战争图像、法国路易十四时期的铜版战图，以及"太祖实录图"的比较，此章分析乾隆"接受"西方"影响"并加以"中西融合"的原因，在于《平定准噶尔回部得胜图》表现大规模战争场景，以及中国传统绘法难以达成、却能够借由铜版细致线条刻画自前景到远景都展现的逼真物象；然而其中呈现的作战阶层、军事秩序、多元战争母题和鲜明的敌我对比等并非来自欧洲，反倒和"太祖实录图"更为接近，因而得以超越纪念个别官员督导激战的明代个人战勋图模式，建构出清帝国王师的浩大军威视觉效果。

第六章进一步讨论随着之后清帝国境内与边疆战事的爆发，和乾隆后期对开国史战争面向的注重，关于回疆战争的紫光阁战勋大图和小幅《平定准噶尔回部得胜图》，成为帝国武功图像的典范。不仅后来的重要战役相继模仿，并与凯旋典礼一同成为乾隆武勋文化不可或缺且位阶很高的一环，确立了帝国武功图像在满洲尚武文化中的地位；更是完成了康熙以来皇权对士大夫个人勋迹视觉文化的转化。至此，皇清文化霸权不但建立了皇帝文治，如《南巡图》等视觉表述中凌驾官员渺小事迹的帝治气象，也树立了帝国武功图像而展现了超越官员个人战勋图的等级、规模与气势。皇清文化霸权的视觉面向因此不仅文武兼备，武勋图像的盛大发布更是清帝国逆转文武价值位阶的宣示。

战勋图像因而不该是清帝国历史与清代艺术史研究的边缘，而应是重新省思两者核心议题，以及双方关系之关键。不论是清帝国的军事文化还是清宫的纪实图绘，均非一成不变或理所当然的满洲特质，而是需要透过转化汉人精英视觉文化而建立的皇清文化霸权。尤其乾隆朝最后形成以战勋图像等为核心的满洲帝国武功，更是历经长期试验发展的结果，亦即以下所勾勒从个人勋迹到帝国武功图像之历史轨迹。

注　释

1　例如 Ping-ti Ho, "In Defense of Sinicization: A Rebuttal of Evelyn Rawski's 'Reenvisioning the Qing'," *The Journal of Asian Studies* 57:1 (1998.2): 123-155, 中译见何炳棣《捍卫汉化：驳伊夫林·罗斯基之〈再观清代〉》，张勉励译，《清史研究》2000 年第 1、3 期，第 113~120、101~110 页。Evelyn S. Rawski, "Re-envisioning the Qing: The Significance of the Qing Period in Chinese History," *The Journal of Asian Studies* 55:4 (1996.11): 829-850.

2　例如 Joanna Waley-Cohen, "The New Qing History," *Radical History Review* 88 (Winter 2004): 193-206; 叶高树：《最近十年（1998~2008）台湾清史研究的动向》，《台湾师大历史学报》第 40 期，2008 年 12 月，第 137~193 页；叶高树：《"满族汉化"研究上的几个问题》，《中央研究院近代史研究所集刊》第 70 期，2010 年 12 月，第 195~218 页；党为：《美国新清史三十年：拒绝汉中心的中国史观的兴起与发展》，上海人民出版社，2012；定宜庄、欧立德：《21 世纪如何书写中国历史：新清史研究的影响与响应》，《历史学评论》第 1 辑，社会科学文献出版社，2014，第 116~146 页。

3　例如叶高树《"参汉酌金"：清朝统治中国成功原因的再思考》，《台湾师大历史学报》第 36 期，2006 年 12 月，第 153~192 页。

4　王成勉：《没有交集的对话——论近年来学界对"满族汉化"的争议》，汪荣祖、林冠群主编《胡人汉化与汉人胡化》，中正大学台湾人文研究中心，2006，第 57~81 页。

5 　例如 Pamela Kyle Crossley et. al. eds., *Empire at the Margins: Culture, Ethnicity, and Frontier in Early Modern China* (Berkeley: University of California Press, 2006)。

6 　例如欧立德《清代满洲人的民族主体意识与满洲人的中国统治》，华立译，《清史研究》2002 年第 4 期，第 86~93 页。本书以"王权"和"皇权"指称帝制中国最高统治者皇帝的相关权力（emperorship）。

7 　例如 Pamela Kyle Crossley, *A Translucent Mirror: History and Identity in Qing Imperial Ideology* (Berkeley: University of California Press, 1999)。

8 　例如 Michael G. Chang, *A Court on Horseback: Imperial Touring and Construction of Qing Rule, 1680-1785* (Cambridge, MA: Harvard University Asia Center, 2007)。

9 　Mark C. Elliott, *The Manchu Way: The Eight Banners and Ethnic Identity in Late Imperial China* (Stanford: Stanford University Press, 2001).

10 　Antonio Gramsci, *Selections from the Prison Notebooks*, ed. And trans. Quentin Hoare and Geoffrey Nowell Smith (New York: International Publishers, 1971), 12.

11 　关于文化霸权概念对历史学研究的利弊等，参见 T. J. Jackson Lears, "The Concept of Cultural Hegemony: Problems and Possibilities, " *The American Historial Reivew* 90:3 (1985.6): 567-593。

12 　Wai-kam Ho and Judith G. Smith eds., *The Century of Tung Ch'i-Ch'ang* (Kansas City, Missouri: Nelson-Aktins Museum of Art, 1992)；黄玮铃：《画图留与人看：由王原祁的仕途与画业看清初宫廷山水画风的莫立》，硕士学位论文，台湾大学艺术史研究所，2005。

13 　Jonathan Hay, "The Kangxi Emperor's Brush-Traces: Calligraphy, Writing, and the Art of Imperial Authority, " in Wu Hung and Katherine Tsiang Mino eds., *Body and Face in Chinese Visual Culture* (Cambridge, Mass.: Harvard University, 2004), 1-48；陈捷先：《康熙皇帝与书法》，《故宫学术季刊》第 17 卷第 1 期，1990 年 9 月，第 1~18 页，收入陈捷先《透视康熙》，三民书局，2012，第 89~114 页；Yun-chiu Mei, The Pictorial Mapping and Imperialization of Epigraphic Landscapes in Eighteenth-Century China (Ph. D. diss., Stanford University, 2008), 37。

14 　姚继荣：《清代方略的研究》，西苑出版社，2006，第 195 页。不过姚继荣并未深入讨论何以清代方略会受到官员战事奏议合集的影响，笔者拟于未来再行研究。

15　拙文提出，虽然皇帝诗文至少从唐代起就以"御制"、"圣制"被标举，但除了北宋真宗因澶渊之盟与辽互称兄弟后有着强烈"天有二日"之焦虑，故一再透过各种方式建构天子权威，包括史家多有讨论的大中祥符之天书封禅运动、创建收藏皇帝著作的殿阁、刊刻御制文集、选官笺注御制文集等，但历代并未沿袭，即便宋朝也只延续御书阁之制。然而康熙皇帝并不像真宗需要合法化其皇位继承，也没有如澶渊之盟后树立独一无二天子地位的焦虑，他选择了如此少见的方式不免让人疑惑。另外，明代宫廷虽然也编纂及刊印御制诗文，但流传有限，从内府藏板缺乏重视与管理来看也可见并未建立传统。然而，若从康熙经常收编与转换文士文化的做法来看，在明清文人出版诗文集已是常态文化的背景下，康熙四十二年（1703）命宋荦（1634~1714）刊刻御制诗集，或可视为直接承袭自明清士人而非远溯宋真宗或明代宫廷。张其凡：《宋真宗天书封祀闹剧之剖析，真宗朝政治研究之二》，收入氏著《宋初政治探研》，暨南大学出版社，1995，第198~255页；葛剑雄：《十一世纪初的天书封禅运动》，《读书》1995年第11期，第68~78页；刘静贞：《北宋前期皇帝和他们的权力》，稻香出版社，1996，第107~148页；汪圣铎：《宋真宗》，吉林文史出版社，1996，第87~150页；邓小南：《祖宗之法：北宋前期政治述略》，三联书店，2006，第281~339页；方建新、王晴：《宋代宫廷藏书续考——专藏皇帝著作的殿阁》，《浙江大学学报》2008年第3期，第110页；黄建军：《宋荦与康熙文学交往考论》，《湖北民族学院学报》2010年第6期，第76页；马雅贞：《皇苑图绘的新典范：康熙〈御制避暑山庄诗〉》，《故宫学术季刊》第32卷第2期，2014年12月，第39~80页；郭嘉辉：《略论〈大明太祖皇帝御制集〉及其史料性质》，《中国文化研究所学报》第61期，2015年7月，第176页；连文萍：《追寻胜国遗胄——朱彝尊对明代皇族诗歌的编纂与评述》，《兴大人文学报》第47期，2011年9月，第6~7、15~16页。

16　Stephen Hart Whiteman, Creating the Kangxi Landscape: Bishu Shanzhuang and the Mediation of Qing Imperial Identity (Ph. D. diss., Stanford University, 2011), 178-218；Stephen H. Whiteman, "From Upper Camp to Mountain Estate: Recovering Historical Narratives in Qing Imperial Landscapes," *Studies in the History of Garden and Designed Landscapes: An International Quarterly* 33: 4 (2013): 65；马雅贞：《皇苑图绘的新典范：康熙〈御制避暑山庄诗〉》。

17　马雅贞：《皇苑图绘的新典范：康熙〈御制避暑山庄诗〉》。

18　Patricia B. Ebrey, *Accumulating Culture: The Collections of Emperor Huizong* (Seattle: University of Washington Press, 2008); Cheng-hua Wang, Material Culture and Emperorship: The Shaping of Imperial Roles at the Court of Xuanzong (r. 1426-35) (Ph. D. diss., Yale University, 1999).

19　石守谦：《明代绘画中的帝王品味》，《台湾大学文史哲学报》第40期，1993年6月，第225~291页。

20　虽然目前学界普遍认为宋徽宗对文物的收藏与图录的制作，和北宋士大夫的金石收藏文化有关，但对于两者的具体关系仍有争议。例如伊佩霞（Patricia B. Ebrey）认为文人的收藏活动与政治无涉，但视宋徽宗透过文物的收藏与整理和士大夫竞争文化发言权，树立自己在文化上至高无上的地位；Foong Ping 与许雅惠的书评，则都指出伊佩霞忽略了宋徽宗的收藏活动与其他皇权先例的联结，如此也牵涉如何确切评估宋徽宗文艺活动与文人的关系；许雅惠的书评认为文人对古铜器的收藏与图录带有经世甚至政治批判的意义；姜斐德（Alfreda Murck）更不赞成伊佩霞所论宋徽宗支持文人画的论点。无论如何，即便在徽宗朝，宫廷也非全面地收编士大夫文化。Foong Ping, "Accumulating Culture: The Collections of Emperor Huizong (review)," *Harvard Journal of Asiatic Studies* 71: 2 (2011): 409-421; 许雅惠：《评 Patricia B. Ebrey. *Accumulating Culture: The Collections of Emperor Huizong*》，《新史学》第 21 卷第 3 期，2010 年 9 月，第 241~248 页；Alfreda Murck, "Accumulating Culture: The Collections of Emperor Huizong (review)," *The Journal of Asian Studies* 69:1 (2010): 210-212。

21　Joanna Waley-Cohen, *The Culture of War in China: Empire and the Military under the Qing Dynasty* (New York: I.B. Tauris, 2006).

22　Joanna Waley-Cohen, *The Culture of War in China.*

23　Joanna Waley-Cohen, *The Culture of War in China*, 17-22.

24　关于欧洲战争画的研究专著，可参见 Valentin Groebner, *Defaced: The Visual Culture of Violence in the Late Middle Ages* (New York: Zone Books, 2004); Pio Cuneo ed., *Artful Armies, Beautiful Battles: Art and Warfare in Early Modern Europe* (Leiden: Brill, 2001); Peter Paret, *Imagined Battles; Reflections of War in European Art* (Chapel Hill: The University of North Carolina Press, 1997); John Rigby Hale, *Artists and Warfare in the Renaissance* (New Haven: Yale University Press, 1990)。

25　余辉：《陈及之〈便桥会盟图〉卷考辨——兼探民族学在鉴析古画中的作用》，《故宫博物院院刊》1997 年第 1 期，第 17~51 页。

26　传世有台北故宫藏传李公麟《免胄图》，图版见台北故宫博物院编辑委员会编辑《故宫藏画大系》第 1 册，台北故宫博物院，1993~1998，第 88~91 页。

27　例如"李公麟……便桥会盟图"，张丑纂《法书名画见闻表》，《张氏四种》，收入《丛书集成续编》艺术类第 95 册，新文丰出版社，1989 年据翠琅玕馆丛书本排印，第 742 页；郁逢庆编《续书画题跋记》卷三《宋刘松年便桥见虏图》，收入徐蜀编《国家图书馆藏古籍艺术类编》第 11 册，北京图书馆出版社，2004 年据清抄本影印，第 22~23 页；"宋李公麟兔胄图", 张照等纂修《秘殿珠林石渠宝笈·续编》, 收入《秘殿珠林·石渠宝笈合编》, 上海书店出版社, 1988, 第 946 页。传世品虽常托名元代以前, 例如北京故宫博物院藏传辽陈及之的《便桥会盟图》、大阪藤田美术馆藏传李公麟的《便桥会盟图》以及上海刘海粟美术馆藏传金李早的《阅兵图》, 但根据余辉的研究, 前二应为元代作品, 后者可能是清代所作。余辉:《陈及之〈便桥会盟图〉卷考辨》,《故宫博物院院刊》1997 年第 1 期, 第 17~51 页。就笔者所知, 这些唐代故实的绘画仅有两则文献指出是唐人所作, 一为北宋董迪《广川画跋》提及阎立本曾作渭桥图, 另为厉鹗引明人陈继儒《白石樵稿》"唐文皇与突厥便桥会盟图, 颜师古创写以示后世, 刘松年复摹丈许"。余辉认为董迪所见应为摹本, 但相信"阎立本是第一位画便桥会盟的画家"。然而, 两则记录虽托名更早的唐代画家, 但很难确认。厉鹗:《南宋院画录》卷四《陈继儒刘松年便桥会盟图跋》, 收入《丛书集成续编》第 101 册, 新文丰出版社, 1989 年据武林掌故丛编本排印, 第 555 页。

28 关于《宣和画谱》的研究很多, 近来的整合分析参见陈韵如《画亦艺也: 重估宋徽宗朝的绘画活动》, 博士学位论文, 台湾大学艺术史研究所, 2009。

29 白适铭:《盛世文化表征——盛唐时期"子女画"之出现及其美术史意义之解读》,《艺术史研究》第 9 辑, 中山大学出版社, 2007, 第 1~62 页。

30 刘九庵:《吴门画家之别号图及鉴别举例》,《故宫博物院院刊》1990 年第 3 期, 第 54~61 页; Anne de Coursey Clapp, *The Painting of T'ang Yin* (Chicago: University of Chicago Press, 1991), 47-100; Anne de Coursey Clapp, *Commemorative Landscape Painting in China* (Princeton, New Jersey: P. Y. and Kinmay W. Tang Center for East Asian Art, 2012), 79-110。

31 Julia Murray, "What is 'Chinese Narrative Illustration'?" *The Art Bulletin* 80:4 (1998.12): 602-615; Julia Murray, *Mirror of Morality: Chinese Narrative Illustration and Confucian Ideology* (Honolulu: University of Hawaii Press, 2007).

32 王正华:《过眼繁华: 晚明城市图、城市观与文化消费的研究》, 收入李孝悌编《中国的城市生活: 十四至二十世纪》, 联经出版公司, 2005, 第 1~57 页; 王正华:《乾隆朝苏州城市图像: 政治权力、文化消费与地景塑造》,《中央研究院近代史研究所集刊》第 50 期, 2005 年 12 月, 第 142~153 页。

33 例如《旧唐书》记贞观年间"诏刻石, 为人马以像行恭拔箭之状, 立于昭陵阙前", 刘昫等撰《旧唐书》卷五十九《丘和传附子行恭传》, 中华书局, 1975, 第 2327 页; 后有宋代勒石摹刻, 以及金代赵霖《昭陵六骏图卷》。Zhou Xiuqin, "Emperor Taizong and His Six Horses," *Orientations* 32:2 (2001.2): 40-46, http://www.dpm.org.cn/www_oldweb/Big5/phoweb/

Relicpage/ 2/R927.htm, 最后访问日期: 2014 年 5 月 7 日。

34　关于明代以前功臣像的讨论, 参见古晓凤《唐代凌烟阁功臣研究》, 硕
　　士学位论文, 陕西师范大学, 2008; 张晓雄:《唐德宗与凌烟阁功臣
　　画像》,《湖北师范学院学报》(哲学社会科学版) 2009 年第 4 期, 第
　　92~94 页; 王隽:《宋代功臣像考述》,《河南大学学报》(社会科学版)
　　2011 年第 6 期, 第 68~75 页; 张鹏:《金代衍庆宫功臣像研究》,《美术
　　研究》2010 年第 1 期, 第 42~50 页。

35　脱脱等编《辽史》卷十六《本纪十六·圣宗七》、卷二十《本纪二十·兴
　　宗三》、卷九十六《列传二十六》, 中华书局, 1974, 第 184、238、1397 页。

36　田村实造:《慶陵の壁画》, 同朋舍, 1977, 第 155~156 页。

37　此套铜版画战图在档案、文献与现代的名称众多。包括《清宫内务府造
　　办处档案总汇》之 "平定准噶尔回部得胜图"、"回部得胜图"、"得胜
　　图"、"德胜图";《皇朝通志》之 "平定准噶尔回部战图";《秘殿珠林石
　　渠宝笈·续编》之 "平定伊犁回部战图";《国朝宫史续编》之 "平定伊
　　犁回部全图";《乾隆皇帝的文化大业》之 "平定回疆图";《清代宫廷绘
　　画》、《乾隆西域战图秘档荟萃》之 "平定西域战图" 等。本书统一以
　　《平定准噶尔回部得胜图》通称。

38　最近关于清帝国西征的整合研究, 见 Peter C. Perdue, *China Marches West:*
　　The Qing Conquest of Central Eurasia (Cambridge Massachusetts: Harvard
　　University Press, 2005)。

39　清史综论如 Jonathan D. Spence, *The Search for Modern China* (New York:
　　Norton, 1990), no page number; Mark Elliott, *Emperor Qianlong: Son of*
　　Heaven, Man of the World (New York: Longman/Pearson, 2009), 103;
　　朱诚如主编《清史图典》第 6 册, 紫禁城出版社, 2002, 第 67~88
　　页。清代艺术展览的部分参见 Susan Naquin, "The Forbidden City Goes
　　Abroad: Qing History and the Foreign Exhibitions of the Palace Museum,
　　1974-2004," *T'oung Pao* XC 4-5 (2004): 341-397; Chuimei Ho and Bennet
　　Bronson, *Splendors of China's Forbidden City: The Glorious Reign of*
　　Emperor Qianlong (London: Merrel Publisher, 2004); Evelyn S. Rawski and
　　Jessica Rawson eds., *China: The Three Emperors, 1662-1795* (London: Royal
　　Academy of Arts, 2005)。

40　Joanna Waley-Cohen, *The Culture of War in China.*

41　例如聂崇正《清代宫廷铜版画〈乾隆平定准部回部战图〉》,《故宫博物
　　院院刊》1989 年第 4 期, 第 55~64 页。关于《乾隆平定准部回部战图》
　　的研究很多, 除了上述以图证史与风格融合的角度之外, 最为大宗的
　　是挖掘档案等史料, 还原制作过程的讨论; 近年来拍卖会陆续出现相关

作品，引发更多的兴趣，相关图绘与二手研究清单，见网站 http://www.
battle-of-qurman.com.cn, 最后访问日期：2015 年 4 月 15 日。

42　聂崇正：《清宫纪实绘画简说》，《美术》2007 年第 10 期，第 104~109 页；
聂崇正：《清代外籍画家与宫廷画风之变》，《美术研究》1995 年第 1 期，
第 27~32 页。

43　例如汪亓《康熙皇帝肖像画问题》，《故宫博物院院刊》2004 年第 1
期，第 40~57 页；陈葆真：《〈心写治平〉——乾隆帝后妃嫔图卷和相
关议题的探讨》，《台湾大学美术史研究集刊》第 21 期，2006 年，第
89~150 页；Hui-chi Lo, Political Advancement and Religious Transcendence:
The Yongzheng Emperor's (1678-1735) Development of Portraiture (Ph.D.
diss., Stanford University, 2009)；陈葆真：《雍正与乾隆二帝汉装行乐图
的虚实与内涵》，《故宫学术季刊》第 27 卷第 3 期，2010 年 3 月，第
49~101 页；Kristina R. Kleutghen, "One or Two, Repictured," *Archives of
Asian Art* 62 (2012): 25-46；Kristina R. Kleutghen, "Contemplating Eternity:
An Illusionistic Portrait of the Qianlong Emperor's Heir," *Orientations* 42:4
(2011.5): 73-79；赖毓芝：《图像帝国：乾隆朝〈职贡图〉的制作与帝都呈
现》，《中央研究院近代史研究所集刊》第 75 期，2012 年 3 月，第 1~76 页；
Chin-sung Chang, Mountains and Rivers, Pure and Splendid: Wang Hui (1632-
1717) and the Making of Landscape Panoramas in Early Qing China (Ph. D.
diss., Yale University, 2004)；Ya-chen Ma, Picturing Suzhou: Visual Politics
in the Making of Cityscapes in Eighteenth-Century China (Ph. D. diss.,
Stanford University, 2006)；Maxwell K. Hearn, "Document and Portrait: The
Southern Tour Paintings of Kangxi and Qianlong," in Ju-hsi Chou and Claudia
Brown eds., *Chinese Painting under the Qianlong Emperor: The Symposium
Papers in Two Volumes, Phoebus* 6:1 (1988): 91-131；Maxwell K. Hearn,
The Kangxi Southern Inspection Tour: A Narrative Program by Wang Hui (Ph.
D. diss., Princeton University, 1990)；Maxwell Hearn, "Art Creates History:
Wang Hui and the Kangxi Emperor's Southern Tour Paintings," in *Landscapes
Clear and Radiant: The Art of Wang Hui (1632-1717)* (New York: The
Metropolitan Museum of Art, 2008), 129-184；Dorothy Berinstein, "Hunts
Processions, and Telescopes: A Painting of an Imperial Hunt by Lang Shining
(Guiseppe Castiglione)," *RES* 35 (Spring 1999): 171-184；马雅贞：《风俗、
地方与帝国：〈太平欢乐图〉的制作及其对 "熙皞之象" 的呈现》，《中央
大学人文学报》第 45 期，2011 年 1 月，第 141~194 页。

44　聂崇正：《清代外籍画家与宫廷画风之变》，《美术研究》1995 年第 1 期，
第 27~32 页；刘潞、郭玉海也同样强调 "清帝对纪实性图画的偏爱"。
刘潞、郭玉海：《清代画图与新修清史》，《清史研究》2003 年第 3 期，
第 11~18 页。

45　例如马雅贞《清代宫廷画马语汇的转换与意义——从郎世宁的〈百骏图〉
谈起》，《故宫学术季刊》第 27 卷第 3 期，2010 年 3 月，第 103~138 页；

马雅贞:《商人社群与地方社会的交融——从清代苏州版画看地方商业文化》,《汉学研究》第 28 卷第 2 期, 2010 年, 第 87~126 页。

46　赖毓芝:《从印度尼西亚到欧洲与清宫——谈院藏杨大章额摩鸟图》,《故宫文物月刊》第 297 期, 2007 年 12 月, 第 24~37 页; Daniel Greenberg:《院藏〈海怪图记〉初探——清宫画中的西方奇幻生物》, 康淑娟译,《故宫文物月刊》第 297 期, 2007 年 12 月, 第 38~51 页; 赖毓芝:《图像、知识与帝国: 清宫的食火鸡图绘》,《故宫学术季刊》第 29 卷第 2 期, 2011 年 12 月, 第 1~75 页; 赖毓芝:《清宫对欧洲自然史图像的再制: 以乾隆朝〈兽谱〉为例》,《中央研究院近代史研究所集刊》第 80 期, 2013 年 6 月, 第 1~75 页。

47　Evelyn S. Rawski and Jessica Rawson eds., *China: The Three Emperors (1662-1795)*, 407; Michèle Pirazzoli-t'serstevens, *Castiglione: Giuseppe Castiglione 1688-1766, peintre et architecte à la cour de Chine* (Paris, Thalia édition, 2007), 192.

48　Paul Pelliot, "Les 'Conquêtes de l'Empereur de la Chine'," *T'oung Pao* 20:3/4 (1920–21): 271. 中文翻译见伯希和《乾隆西域武功图考证》, 冯承均译, 收入伯希和等《西域南海史地考证译丛·六编》(《中国西北文献丛书·西北史地文献》第 40 卷第 115 册), 兰州古籍书店, 1990, 第 520 页。另外, 刘晞仪认为, Van der Meulen 和 Rugendas 对《平定准噶尔回部得胜图》都有所影响, 并认为先于铜版战图制作的紫光阁大轴战图, 也是受到路易十四战争织锦画的影响。Liu Shi-yee, "Union or Rivalry of East and West: Emperor Qianlong's Deer Antler Scrolls," *Orientations* 46: 6 (2015.9): 58-69.

49　虽然 1688 年抵达北京的耶稣会士带了关于卢浮宫等的铜版画, 但一则法文档案显示 1697 年耶稣会士准备将一套包含所有铜版画的雕版集成送往中国。前者参见伊夫斯·德·托马斯·德·博西耶夫人《耶稣会士张诚——路易十四派往中国的五位数学家之一》, 辛岩译, 大象出版社, 2009, 第 1 页; 后者参见 Abbé de Vares, Registre des Livres de figures et Estampes qui ont été distribués suivant les ordres de Monseigneur le marquis de Louvois depuis L'Inventaire fait avec M. l'abbé Vares au mois d'aout 1684, Bibliotheque Nationale de France, Estampes Réserve: pet. fol. rés. YE. 144. 感谢 Robert Wellington 提供资料, 以及 Jennifer Milam 的协助。

50　王耀庭主编《新视界——郎世宁与清宫西洋风》, 台北故宫博物院, 2007; 聂崇正:《清宫绘画与"西画东渐"》, 紫禁城出版社, 2008; Kristina R. Kleutghen, *Imperial Illusions: Crossing Pictorial Boundaries in the Qing Palaces* (Seattle: University of Washington Press, 2015).

51　关于清宫依据稿本制造出虚拟真实的讨论, 参见赖毓芝《图像、知识与帝国: 清宫的食火鸡图绘》; 赖毓芝:《图像帝国: 乾隆朝〈职贡图〉的制作与帝都呈现》。

52　James Cahill, *The Compelling Image: Nature and Style in Seventeenth-century Chinese Painting* (The Charles Eliot Norton Lectures, 1979; Cambridge, Mass.: Harvard University Press, 1982)；Michael Sullivan, *The Meeting of Eastern and Western Art* (Berkeley: University of California Press, 1989)；Richard Barnhart, "Dong Qichang and Western Learning — a Hypothesis in Honor of James Cahill," *Archives of Asian Art* 50 (1997/1998): 7-16.

53　王正华:《乾隆朝苏州城市图像：政治权力、文化消费与地景塑造》；马雅贞:《商人社群与地方社会的交融——从清代苏州版画看地方商业文化》。

54　参见马雅贞《"相遇清代：中国与西方的艺术交流"国际研讨会报导》，《明清研究通讯》第 34 期，2012 年 12 月 15 日，http://mingching.sinica. edu.tw/Report_detail.jsp?id=90&currentPage=Report，最后访问日期：2013 年 10 月 30 日；Kristina R. Kleutghen, "Chinese Occidenterie: The Diversity of 'Western' Objects in Eighteenth-Century China," *Eighteenth-Century Studies* 47:2 (2014.1): 117-135。另参见 Cheng-hua Wang, "Prints in Sino-European Artistic Interactions of Early Modern Period," in Rui Oliveira Lopes edited, *Face to Face: The Transcendence of the Arts in China and Beyond–Historical Perspectives* [Lisbon: CIEBA/FBAUL (Artistic Studies Research Centre / Faculty of Fine Arts, University of Lisbon), 2014]: 424-457；Cheng-hua Wang, "A Global Perspective on Eighteenth-Century Chinese Art and Visual Culture," *Art Bulletin* 96:4 (2014.12): 379-394。

55　Ju-hsi Chou, "Painting Theory in Eighteenth-Century China," in Willard Peterson ed., *The Power of Culture: Studies of Chinese Cultural Histories* (Hong Kong: The Chinese University Press, 1994), 321-343. 虽然邹一桂亦提出"画以象取之造物"，强调"未有形缺而神全者"，而不无逆转中国传统"神形"观的意味，但对于西法仍有所保留。赖毓芝:《清宫对欧洲自然史图像的再制：以乾隆朝〈兽谱〉为例》，第 46 页。

56　汪亓:《康熙皇帝肖像画问题》,《故宫博物院院刊》2004 年第 1 期，第 40~57 页。

57　Maxwell K. Hearn, "Document and Portrait: The Southern Tour Paintings of Kangxi and Qianlong," in Ju-hsi Chou and Claudia Brown, eds., *Chinese Painting under the Qianlong Emperor: The Symposium Papers in Two Volumes, Phoebus*, vol. 6, no. 1 (1988): 91-131；Maxwell K. Hearn, The Kangxi Southern Tour: A Narrative Program by Wang Hui（Ph.D. diss., Princeton University, 1990）；Chin-sung Chang, Mountains and Rivers, Pure and Splendid: Wang Hui (1632-1717) and the Making of Landscape Panoramas in Early Qing China（Ph.D. diss., Yale University, 2004）；

Maxwell K. Hearn ed., *Landscapes Clear and Radiant: The Art of Wang Hui (1632-1717)* (New York: The Metropolitan Museum of Art, 2008).

58 Maggie Bickford, "Emperor Huizong and the Aesthetic of Agency," *Archives of Asian Art* 53 (2002/2003): 71-104.

59 郎世宁所作的《百骏图》虽然并非祥瑞图，但其中图像语汇的政治意涵，与西洋绘法的关系也有限。马雅贞:《清代官廷画马语汇的转换与意义》，《故宫学术季刊》第 27 卷第 3 期，2010 年 3 月，第 103~138 页。

60 明初功臣像的记录或因迁都北京后较为零散，潘柽章《国史考异》引《南京太尝寺志》"功臣庙画廊"，潘柽章:《国史考异》卷二《高皇帝·中·一》，收入《续修四库全书》史部 452 册，上海古籍出版社，1997 年据北京图书馆藏清初刻本影印，第 21 页；成化年间"渐磨灭，请完饰之，复略疏其事，刻其图以报，使上而九重远而四海悉知，祖宗垂裕之心、崇报之盛"，俞汝楫:《礼部志稿》卷四十六《奏疏二·祀典疏·议复南京祀典疏》，收入《景印文渊阁四库全书》第 597 册，台湾商务印书馆，1983 年据台北故宫博物院藏本影印，第 865 页；应即"刻成功臣图本"或"功臣庙壁图一卷"，雷礼:《国朝列卿纪》卷六十三《南京工部尚书行实·刘宣》，收入《四库全书存目丛书》史部第 93 册，庄严文化事业，1996 年据山东省图书馆藏明万历徐鉴刻本影印，第 715 页；黄虞稷:《千顷堂书目》卷九《典故类》，收入《景印文渊阁四库全书》第 676 册，第 238 页。

61 雷礼:《皇明大政纪》卷二《洪武元年四月丁未》，收入《四库全书存目丛书》史部第 7 册，庄严文化事业有限公司，1996 年据吉林大学图书馆北京大学图书馆藏明万历三十年（1602）秣陵周时泰博古堂刻本影印，第 595 页；张翼:《宝日堂初集》卷三《表·拟上命绘古孝行及身所经历艰难起身战伐之事为图示子孙翰林院待制詹同等贺表洪武元年》，收入《四库禁毁书丛刊》集部第 76 册，北京出版社，2000 年据中国科学院图书馆藏明崇祯二年（1629）刻本影印，第 67~68 页。

62 清高宗御制，董诰等奉撰《御制诗集·四集》卷七十七《敬题重绘太祖实录战图八韵》，收入《景印文渊阁四库全书》第 1308 册，第 550 页。

63 例如，宋濂:《题李广利伐宛图》，清圣祖敕辑《御定历代题画诗》，收入《中国书画全书》第 9 册，上海书画出版社，1999，第 236 页；胡广:《书肥水报捷图后》(应为东晋时晋军收复寿阳，谢石与谢玄派飞马向建康报捷之事)，胡广:《胡文穆公文集》卷十八《书肥水报捷图后》，收入《四库全书存目丛书》集部第 29 册，庄严文化事业有限公司，1996 年上册据复旦大学图书馆藏清乾隆十五年（1750）刻本影印，下册据复旦大学图书馆藏清乾隆十六年（1751）胡张书等刻本影印，第 139~140 页；"唐寅画诸葛武侯出师图"，张际亮:《思伯子堂诗集》卷十二《李兰屏比部兰卿彦章太守招饮石画园读画论诗相欢竟日别离之感亦复系之因成七律四首》，收入《续修四库全书》集部第 1526 册，上海古籍出版社，1997 年据上海辞书出版社图书馆藏清同治八年（1869）姚浚昌刻本影印，第 621 页。

64 Zhang Hongxing, "Studies in Late Qing Battle Paintings," *Artibus Asiae* 60:2 (2000): 265-296；张弘星：《流散在海内外的两组清宫廷战图考略》，《故宫博物院院刊》2001 年第 2 期，第 1~13 页；Yin Hwang, Victory Pictures in a Time of Defeat: Depicting War in the Print and Visual Culture of Late Qing China, 1884-1901 (Ph. D. diss., University of London, School of Oriental and African Studies, 2014)。

I

战勋与宦迹:

明代战勋图与个人勋迹图

第 一 章

明代战争相关图像与官员视觉文化 *

题李霖寰少保平播册

亲从黄石授书来，盟府勋名切上台。

主帅几谁劘虎穴，文人今有画麟台。

旌旗陡觉风云变，图版重将混沌开。

元老黑头真不数，金瓯还倚补天才。

郭青螺六命册

日月旗常姓自悬，铙歌凯曲舞衣前。

师行长子标铜柱，帝念封君比渭川。

摩顶麒麟堪入画，盟书带砺永相传。

上公九命君家事，次第承恩已六篇。

董其昌，《容台集》卷三 [1]

　　董其昌（1555~1636）乃中国艺术史上备受推崇的书画创作者、南北宗画论家与书画鉴藏家，可以说是文人艺术的巨匠。这两则为平定播州杨应龙之乱的两位要角——李化龙（1554~1611）与郭子章（1543~1618）——所题之《题李霖寰少保平播册》和《郭青螺六命册》，却和学界编纂其书画鉴藏题跋所见的文人艺术或古典题材相去甚远。[2] 虽无法确认此二册是以文字还是图像为主，[3] 但是以当代战功为题结集而成的作品，与一般艺术史学者对于文人艺文活动的认识很不相同。[4]
此二册虽未见流传，但明人文集中关于描画战勋图绘的记录其
实颇多，也尚有少数留存，为我们提供了理解明代视觉文化
的不同视角。这些当代战争题材的图绘既不属传统文人画的范
畴，也非商业作坊所生产的仿古画作，多是名不见经传的职业画
家所制，而是有独特的需求、表现和流传网络，因此与近来兴起
的明代雅俗交错之文化研究大异其趣。[5]究竟为什么战功图像会
在明代盛行？涵盖的内容为何？属于什么样的制作和视觉文化？

　　同时，董其昌文集内的这两则记录提醒我们，近年来学界
对于明代社会的新理解，如商业繁荣、出版业兴盛、糅杂的雅
俗文化等，[6]和同时频频发生的寇乱边事并非分属不同的世界。
王鸿泰最近的研究指出，晚明士人的文化与城市生活，和同时
存在的边防战事其实不无关系，认为明代士人的习武风尚和异
类交游是在国家危机、社会繁华以及个人挫折的复杂情势下衍
发出的时尚。[7]士人文化与寇乱边事的关系不仅有间接的尚武风
气，还包括对于战争的直接表述，不论是嘉靖年间（1522~1566）
倭寇所引发的海防课题，还是万历年间（1573~1619）的三大征
等，参与其中的官员乃至直接或间接受到影响的民间，都有相
应的图像和文化表述。以"嘉靖大倭寇"为例，过去学者多视
之为私人海上贸易冲突的结果，最近从信息传播以及万历年间出
版和地方官的角度，来反思晚明之所以流传特定倭寇形象的讨
论，[8]便可见寇乱并非只是军事或经济问题，其文化面向的意义
仍有待开发。艺术史学者石守谦也曾指出，金陵文化的主导者
从权贵豪富转移到地方文人，与苏州文士为避倭乱而寄居南京
不无关系，且对浙派绘画的发展有所冲击。[9]而倭乱除了对嘉靖
时期的江南文化有间接影响外，也引发了直接的响应。当时平
倭的参与者就曾制作相应的图像，并邀请江南文士题赠诗文。
例如嘉定人王翘就曾为受谗谴的邵应魁绘制战功图，徐学谟
（1521~1593）、王世贞（1526~1590）和王世懋（1536~1588）
都题诗赠之。[10]此外，坊间也存在可能为苏州片的《胡梅林

平倭图》,[11] 以及描述胡宗宪（1512~1565）平定王直（汪直）和徐海勾结倭寇、侵犯闽浙沿海事的《胡少保平倭战功》小说等。[12] 可见不论对明代文士还是商业作坊而言，战争都并非置身于外的事件，而是艺文生产活动的一环。

值得注意的是，这些和明代战争相关的文艺论述，都以个人事迹为中心，尤其是围绕特定官员的勋功，与清代乾隆以后多以交战对象来表述的方式很不同。为什么明代牵涉多方的战争，多以个人勋迹来总结？这种现象与纪念战功的官员并不限于武职（如邵应魁将军），也包含层级更高兼理军政的文官（如李化龙、胡宗宪少保）间有什么关系？究竟明代这些和战争相关的文本与图画，出现的脉络为何？以下先厘清战争图的相关问题，讨论其出现与官员视觉文化的关系，并以版刻个案分析明代战勋相关图绘的发展，最后略论其影响。

一 明代官员的战争图

描绘当代战争的图画在传统的书画著录中几乎完全不见踪迹，也少见于一般的绘画图录，但若检索明人文集，其实可以发现不少纪念官员战勋的相关战争图条目。之中除了少部分如《题李广利伐宛图》是题写描绘过去征战的图画外，[13] 绝大多数应是明中叶后针对时人时事所题。其中题写纪念武将的战功图，如《题陈总兵百战图二首》、[14]《题张将军百胜图》、[15]《凯旋图为总兵官彰武伯杨公题》、[16]《题邵将军海上战功图》、[17]《题大将军出师图》、[18]《大海波宁图为沈将军赋》等，[19] 却非文集资料中的大宗。相反的，为兼辖军政的文官所描绘的战争图数量较多。除了类似的命名如《凯旋图序》（总督王以旂）、[20]《凯旋图颂》（副都御史罗明）、²¹《出师御敌图记》（宪使李君）、²²《刘观察出师图序》、²³《题岭海升平图寿殷中丞》、²⁴《题熊心开中丞闽海升平图》外，²⁵文官战勋图涵盖的画名还有《临戎决胜图序》（河南都御史邓璋）、²⁶《大司马大总制范溪郑公制虏图序》，²⁷以及强调平定主题的《朱宪副平贼图记》、²⁸《西平图咏序》（云南巡抚陈用宾）、²⁹《平蛮奏凯图为司徒王公赋》等。³⁰可见作画纪念战勋并不是武将的专利，负责边事兼理军政的中高层文官更是明代战争图的重要主角。

文官战勋图在文献中数目较多和文集的性质有关，仕宦网络的相互题写而得以留下记录的机会自然较多，不过其他因素的作用也值得考虑。首先是收藏流传的问题，士人家族累世的社会经济地位使其不仅具备保存先祖文物的条件，后世子孙也较可能延请其他文士题跋，而增加被记载的机会。例如，弘治年间罗明（1429~1489）的《凯旋图》就是"越四十六年，嘉靖甲午（1534）某（徐阶）始从其孙元凯观之"，³¹清代陈用光（1768~1835）甚至观看了秦瀛（1743~1821）《八世祖舜峰先生会试朱卷及凯还图画像》，³²均是经过几个世代的家族收藏后，请人题写而留下的记录。相对来看，武将的战争图绘并未出现跨越数代的家族收藏记载，也未见传世作品。另外，除了保存和流传的优势外，文官战图的制作情境似乎也较

032

多元。虽然文集中关于武将战勋图的制作脉络资料有限，但从上述《邵将军战功图》来看，乃幕客王翘为受谗谴的邵应魁绘制，或为邵氏所主导的可能性很大。文官的战勋图亦有自己"属善绘者貌其平贼之状"，[33] 但更多资料显示经常为其属下和部民所作，更不乏武职僚属所赞助者。例如，《郑公制虏图》是"上谷民部赵君某、大将军麻君某、少参刘君某、金宪刘君某、副总兵董君某，念奇绩不宜泯泯，且当公岳降之辰，乃绘图上寿"；[34]《刘观察出师图》乃部属参将艾升"追叙前勋，以出师绘图"；[35] 王以旂的《凯旋图》亦是"镇守总兵王君缙奉公部曲，乃绘凯旋图以状军容之盛"。[36] 可见武将隶属于文官之下，战勋亦常归属上司，再加上这些和文官个人战勋有关的绘画有时也会和祝寿结合，像前述《题岭海升平图寿殷中丞》与《郑公制虏图》便是典型的例子。多元的制作脉络使然，无怪乎战功图多以文职官员为主。

　　多数文集记载的战争图绘已经佚失，中国国家博物馆所藏的《平番图》卷（图1-1），可作为理解明代官员战争图的一个例子。[37] 此卷根据卷末朱启钤（1871~1964）与瞿宣颖（1892~1968）从图中所列人名的考证，应为万历三年（1575）平定甘肃洮州十八番之事。的确从卷中"固原兵备刘伯燮督兵"、"陕西总兵官孙国臣统兵"等榜题来看，正是《明史》所云之"洮州之变"。[38] 不过，

图 1-1　明《平番图》卷　绢本　设色　43.8 厘米 × 971.2 厘米　中国国家博物馆藏

图 1-2　明《平番图》卷（局部）卷初《军门固原发兵》

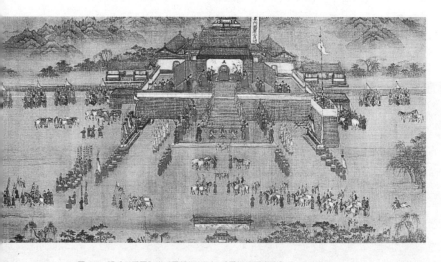

图 1-3　明《平番图》卷（局部）卷末《军门固原赏功》

此卷要纪念的并非姓名罗列其中的官员，而是榜题上未现其名，但坐镇于卷初《军门固原发兵》（图 1-2）与卷末《军门固原赏功》（图 1-3）仪典中的陕西总督石茂华（？～1584）。[39] 石茂华自万历元年（1573）起负责陕西三边军务，[40] 督理诸部属平定洮州西羌乃其职守，上述卷初和卷末两段正中着红色官服、端坐面对下跪武将的长官应该非他莫属。榜题首先出现的官员刘伯燮在其文集《鹤鸣集》中也记录其所赞助的一组三套《平番图》，就是要让石茂华、孙国臣和自己各留一册：

> 右平番图，滇南永昌生陆希颜……为余貌此册，凡三。戊寅夏迄己卯春成……一送之大司马石公所，一致之孙都护，其一余藏之……万历癸未上元日。[41]

而《平番图》卷中最先出现榜题的亦是刘伯燮和孙国臣，那么统领两人的，除了石茂华外，应别无他人之想。

《平番图》卷纪念石茂华战勋的主要内容——以发兵和赏

图 1-4 明《平番图》卷（局部）"行军阵容、作战场景"

功的典礼为开始和结束，之间描绘行军阵容以及作战场景（图1-4）——[42] 在其他战争图绘中也可以见到，算是集大成的综合图绘。第一，仪典在明代以前与战争相关的图像中就是最常出现的主题，例如传北宋李公麟（1049~1106）的《免胄图》（台北故宫博物院藏）、传辽代陈及之的《便桥会盟图卷》（北京故宫博物院藏）等都是描绘历史故事中的会盟、受降或献俘的典礼。[43] 明代描绘当代战事的图绘中也有描绘受降等典礼的，如下文会述及的《三省备边图记》之《抚处铜鼓诸叛苗图》（图1-5）、《抚叛苗者亚图》（图1-6）；[44] 上述文集记载的《出

图 1-5　明 苏愚《三省备边图记》之《抚处铜鼓诸叛苗图》 中国国家图书馆藏

图 1-6　明 苏愚《三省备边图记》之《抚叛苗者亚图》 中国国家图书馆藏

师御敌图记》、《刘观察出师图序》容或也有类似《平番图》卷的发兵场景，而《平蛮奏凯图为司徒王公赋》或《凯旋图序》或可想见也描绘了赏功之类的仪典。第二，行军主题在明代战争画中愈形突出。传为金代的《赵通泸南平夷图》卷已有将领率领骑兵队伍的描绘（图1-7）。[45]《平番图》卷中盛大的军伍，也可以在关于周鼎"善写真，客左良玉（1559~1645）幕中，尝绘出师图，人马器仗、旌旗壁垒、铙吹钲鼓、镫袍盾橹、车牛驴驼辎重之类，备极精工，累纸十余丈，彩攒锦簇，复饶疏落之致"的记录见到。[46]显示前述明代文集中屡屡出现的《出师图》，应该也都有军容壮盛的行军场面。第三，交战场景在明代战争画中逐渐增多。传为金代《赵通泸南平夷图》卷中，乾隆帝标为"此段画赵通出师攻克村囤诸落事"（图1-7）与"此段画用火揉破轮缚大囤事"（图1-8）的段落，几乎未描绘具体的攻防战况。相反的，《平番图》卷中攻破番族的场景，就生动地刻画了明兵在着火的屋舍间打杀"番贼"的景况。明代通俗小说中有不少呈现主要人物打斗的插图，[47]《三省备边图记》甚至描绘对抗平地倭寇、山寇、海寇与据城堡而守的潮寇，而出现了依战场、对象而不同的作战图式。

　　不过整体来看，《平番图》卷中对战斗的描绘约占五分之一，更多的是仪典和行军的场景。此中突显的并非征伐战功的武力，而是整饬的军事仪仗与典礼，可以说和石茂华并未着戎装出现于交战的场景，却是着官服主持仪典的做法一致。这与《三省备边图记》中虽然发展出复杂的作战图式，但其中的主角——"奉敕整饬都清、伸威、兴泉等处兵备"之苏愚——并非着戎衣（图1-9），[48]而是以一袭官服和官帽在伞盖与旗帜的簇拥下，与其说是指挥战局不如说为视察战场的形象，有异曲同工之处。明代文官的战勋图固然蔚为流行，但强调的不是其军事领袖的武艺，而是仍在文官形象的框架内，描写其坐镇出兵、运筹帷幄或奖功犒赏等行事。

　　进一步来看，《平番图》卷首（图1-10）与卷尾（图1-11）

图 1-7 （传） 金《赵遹泸南平夷图》卷（局部） 绢本 设色 43.8 厘米 ×971.2 厘米 Nelson Gallery-Atkins Museum of Art 藏 "此段画赵遹出师攻克村囤诸落事"

图 1-8 （传）金《赵遹泸南平夷图》卷（局部） "此段画用火揉破轮缚大囤事"

图 1-9　明 苏愚《三省备边图记》之《连澳攻海寇图》　中国国家图书馆藏

图 1-10　明《平番图》卷（局部）　卷首

图 1-11 明《平番图》卷（局部）卷尾

甚至都不是和战争相关的场面，而是固原城墙和邻近的建筑。这些建物或有榜题"东岳庙"突显其存在，或具"总督三边"、"望军楼"、"校场"、"后乐亭"等文字标示，显然并非如一般长卷模糊带过的开场或结尾风景，而是刻意标举的建筑。那么，何以要在纪念石茂华平定洮州之役的图卷中，特别描绘这些建筑？首先，卷前与卷尾都出现了标示"三边雄镇"的固原州城，虽原是发兵之所在，但尤其是卷首完整的堂皇城郭，不禁令人联想到方志记载城墙乃"万历三年（1575）总督石茂华以土筑不能垂远，乃甃以砖"，[49] 因此《平番图》卷特别以固原全城突出其作为边防要城的重要性，应该和石茂华以砖加固城墙的事迹有关。的确，后世地方志提到石茂华的政绩时，"奏甃砖城，建尊经阁，城南书院置学田，设昭威台于东城以望边烽，开城北暖泉入清水河济民汲食。州人颂德弗衰，申请入名宦祠"，[50] 名列首位的就是"奏甃砖城"，可见《平番图》卷雄伟的固原城墙全景，应兼有突显石茂华宦迹之作用。值得注意的是，卷首位于固原东郊东岳山顶的东岳庙[51]、位处城南的校场[52]和在城南的后乐亭[53]，都显示《平番图》卷是从东南方描绘固原城，或许也和石茂华在城墙的另一政绩——昭威台有关系，"按台在州城东南城上，明总督石公茂华所建。环甃以砖，有阶可循，盖筑以望烽堠也"，[54] 不知是否正是图中标示"三边雄镇"之处？画中固原城东南校场旁的高台标举着"望军楼"，也不免让人联想到望烽的作用。[55] 无论如何，《平番图》卷描绘的固原州城除了点出发兵之位置，还有暗示石茂华在此重要边城的政绩之意义。相对于此，东岳庙和后乐亭虽非石茂华所建，却也是其前几任兼有武勋和政绩的总督所创。东岳庙为嘉靖二十七年（1548）任总督的王以旂（1486~1553）所创修，[56] 上有"东岳庙感应碑，按碑刊于明嘉靖二十八年（1549），总制王公以旂，知州倪公云鸿建在东岳山。其略云提兵过境，神灵呵护，因纪其事"。[57] 而王以旂"安静不扰凡五年。最首功番房共六百余级，塞定边瓦楂梁三十余里，收属番三千四百余人置嘉裕关外"，[58] 前述明人文集中就有其《凯旋图》的记录。后乐亭则是嘉靖十一年（1532）在任的唐龙（1477~1546）所建，"公余在州城南三里，开鱼池，建后乐亭，以通流泉焉"，[59] 乃其著名事迹。唐龙于"（嘉靖）十三年（1534）破虏之犯甘肃入安会者，最功得四百余级"，[60] 并且曾上"救荒十四事，赈御兼筹"，[61] 可以说和石茂华平定洮州之功与"开城北暖泉入清水河济民汲食"的文武宦迹相当。也难怪《平番图》卷特别标记出，撷取自同样具有文武形象的范仲淹（989~1052）名言"后天下之乐而乐"，所命名的后乐亭。[62]

　　从《平番图》卷可以发现，纪念文官的战勋图固然囊括作战情景，但凸显的并非其军事武功，军容与典礼占据的篇幅更为重要，甚至还特意标举其相关的宦迹，显示文官的战勋和其政绩密不可分。事实上，战争图虽是为了纪念总督或巡抚等平定乱事而作，但更是其作为官员的个人政绩图绘的一环。下节便以明代所谓的宦迹图为中心，讨论其与战争图之关系，以及相关题材的议题。

二　宦迹图与官员圈的视觉文化

　　明代官员的战争图除了独立出现外，也见于学界目前
以宦迹图通称的图绘。现存《王琼事迹图册》（中国国家博
物馆藏）第十六开《经略三关》（图1-12）就是描绘王琼
（1450~1532）带兵出征的场景，[63]《梁梦龙恩荣百纪图册》（中
国首都博物馆藏）的《旄钺三边》、《黄嵯防御》等页，[64] 或
也与梁梦龙（1527~1602）的边疆军务有关。文集也有不少将
战勋纳入个人事迹图绘的例子，如《咏徐大夫素履十二图》就
有《持节平番》和《靖海扬戈》，[65] 或是《题明范文忠公画像
并宦迹图》也描绘了范景文（1587~1644）的《援庐奏捷》、
《豫师护陵》、《援滁拒寇》等勋迹。[66] 可见战勋作为官员功绩
的一部分，亦是所谓宦迹图会出现的题材。宦迹图中与战争相
关的描绘，和独立出现的文官战勋图一样，皆不强调军事武

042

图1-12　明《王琼事迹图册》第十六开《经略三关》册页　纸本　设色
45.9厘米×91.4厘米　中国国家博物馆藏

力。就少数留存的绘画来看，宦迹图中的战勋并无刻画作战的场景，而以出征（如王琼的《经略三关》和梁梦龙的《旄钺三边》）和典礼（如梁梦龙的《黄嵯防御》）为主，其中出现的主角也是穿着官服而非戎装的形象，可以说和单独的文官战勋图特色一致。[67]因此讨论明代文官战勋图的兴起，也必须与宦迹图一并考虑。

学界对所谓宦迹图的讨论方始，杨丽丽透过对北京故宫博物院所藏《徐显卿宦迹图》的引介，将其院藏肖像图中，属于"某个人的多幅具有纪事性质的肖像画，内容有宦迹、省亲、家庆、祭祖、行乐、游乐、患疾等"，通称为宦迹图。[68]虽然这些内容并非均为官宦任事相关的事迹，但主角均曾为官员，主要仍是以为官生涯为主，其中今人视之为私生活的部分，下文会述及对明人而言乃属官宦经历的一环，因此本书仍沿用此名称。不过这类的画作在明代并无统一的名称，多半直接以官途经历的代名词命名，如"履历图"、[69]"宦途履历图"、[70]"巡历图"、[71]"行历图"等名，[72]甚至有《王阳明先生图谱》之称者，[73]突显出这类图绘依照个人生涯的时序，选择重要事件描画为图的特色。[74]除了特别标举经历的名称外，亦有以所绘主角的事迹数目合称者，或是再加上对个人的赞词，例如《咏徐大夫素履十二图》、[75]《江陵刘侍御四美册》。[76]此外，尚有以宦游称之的《宦游纪胜杂题为唐大参赋》，包括"鹿鸣燕罢"、"琼林醉归"、"京庚巡行"、"藩垣议政"、"金门待漏"、"公余行乐"等十则经历，[77]亦是按时间先后描画官员生平事件。反倒是称明人此类图绘为"宦迹图"的记录到晚清才出现，目前所见两则记载皆因后世子孙请托题跋而留下记录，与前述战勋图一样，多是累世保存于家族内。黄彭年（1824~1890）《陶楼文钞》有《题明范文忠公画像并宦迹图》之项，[78]陆心源（1838~1894）《穰梨馆过眼录》则有《张恭懿公宦迹图卷》的条目。[79]看来明代纷杂的品名，到清代后期才逐渐统一起来，绘画著录终于偶尔出现宦迹图的记录。虽然已不再局限于文集记载中，但是出现于绘画著录的频率仍然很低。即便是现代图录囊括的图版也很有限，以下对宦迹图的讨论只能说还在起步的阶段。

就目前所见记录而言，宦迹图的主角与战勋图类似，多是进士出身的中高层官员，因而这些宦迹图选择描绘的事件有许多共通者。最常见的有登科庆祝的乡试鹿鸣宴和会试琼林宴，以及拜恩于朝的金门待漏，前者是标举进阶为官员的重要程序，后者是正式成为官员的象征。《徐显卿宦迹图》就有"鹿鸣彻歌"、"琼林登第"，《梁梦龙恩荣百纪图册》也有"鹿鸣嘉宴"、"恩荣赐宴"，《题储御使四图》亦有"归宴"、"待漏"，[80] 前述《宦游纪胜杂题为唐大参赋》更将"鹿鸣燕罢"、"琼林醉归"、"金门待漏"都涵括其中。进入官宦生涯后，这些中高层的官员多半有代表朝廷出使巡行的经历，因此也可见到《奉使晋阳》（《梁梦龙恩荣百纪图册》）、《行骢》（《题储御使四图》）、《巡视风庐》（《王琼事迹图册》）等巡历。而如前所言总督边疆军务者若遇战事，则有战勋的相关图绘。

除了这些和任官事迹直接相关者外，宦迹图经常出现的内容还包括为官者公务之外与退任之后的事件。不论是公暇如《宦游纪胜杂题为唐大参赋》的《燕居展卷》、《公余行乐》，[81] 还是退休返乡如《梓里荣归》（《王琼事迹图册》），抑或退休后的生活如《咏徐大夫素履十二图》的《归田课孙》等，仍和官员的身份不可分割。[82] 为官的荣耀甚至上溯父母，宦迹图中描画的各个阶段都不时出现双亲的影子。例如《南宫第一时双亲具健》（《题宫定庵四迹图》）、《赴雪省亲》（《题明范文忠公画像并宦迹图》）、《萱寿迭封》（《江陵刘侍御四美册》）、《幽陇沾恩》（《徐显卿宦迹图》）。[83] 显示宦迹图涵括的不仅仅是为官的事迹，不论公私，只要是与仕宦相关的生涯进程，也都纳入其中。因此有些宦迹图甚至从科考中试前描画起，如《兄弟读书图》（《题宫定庵四迹图》）、《庭闱受业》（《咏徐大夫素履十二图》）等；少数可能是逝世后才制作者，甚至包括《子姓祭扫》、《遣官谕祭》（《王琼事迹图册》）之死后哀荣。

正如明代官员的战勋图既单独出现，也见于宦迹图中，上述这些宦迹图一再描画的内容，亦经常独立制作。尤其是鹿鸣宴、琼林宴以及待漏图，虽然传世的作品寥寥可数，但是明人文集中的记录却不胜枚举。换个角度来看，由于宦迹图的记录里详列各条目者并不多，上述归纳的常见内容其实不够全面，倒是可以从明人文集中经常出现的项目，逆推以补充其他描绘为官生涯的重要主题。前述出使、巡行的主题，就还有区分出边地者，如《题臧梧冈司寇行边图》[84]、《省边图》[85]。并有与观风合称，如《骢马观风图序》[86]、《题恩县行台屏风画使者观风图》[87]。从《观风图咏》之序说明其乃"录公善政懿哉"来看，[88] 除了描绘官员出使地方的仪仗行列外，可能还有具体政绩的描画。如此和描画德政的《侍御使八闽陈公德政图》[89]，或是《留犊图寄赠樊使君》[90] 之类的主题亦相似。相关的尚有《观阙荣还图》[91]、《送别少司徒张公督饷北还图诗序》[92] 等返回朝廷的题材；而面对天颜的光荣，亦有《傅曰川兄弟入朝图》[93]、《徐吏部父子朝天图》[94]、《面恩图颂》[95] 等主题；甚至还有的以感谢帝恩来概括个人的为官经历，如《恩遇图序》、[96]《四朝恩遇图》等。[97] 个人的仕宦荣迹之外，也兼及因任官远离双亲而生的思念，[98] 如《题杨金宪润思亲卷》[99]、《题宦游思亲卷》[100]，或是仕宦之中庆贺父母俱在或寿秩之《具庆图为李岱给事中作》、[101]《杨给事归庆图》等图绘。[102] 另外值得注意的是，这些明人文集中独立的事迹图绘，也有可能合为成套的宦迹图。例如描绘傅曰川兄弟的事迹，就有《入朝图》、[103]《雁行待漏图》。[104] 林大春《井丹先生集》亦将《造士图赞》、《巡海图赞》、《迎恩图赞》、《劝农图赞》并置，[105] 虽然未以统一的名称冠之，但很可能也是为同一人所作。

从这些种类繁多的题材记录来看，宦迹图相关的图绘在明代应该相当流行，而且也发展出固定的模式，并引发了不同的反应。虽然这些官员间流行制作的相关图绘之传世和出版有限，但对照文集记录，可以发现其中格套的存在。例如《陈伯

图 1-13　明《陈伯友早朝像》轴·绢本　设色　102.4 厘米 ×140 厘米　北京故宫博物院藏
资料来源：杨新主编《明清肖像画》，香港商务印书馆，2008，第 63 页。

友早朝像》轴（图 1-13）刻画主角身穿朝服双手持笏，立于重重殿檐前的宫城门外，[106] 和王材（1509~1586）所言的"自一命以上拜恩于朝，还旅舍必求绘事者貌之，其上则五云缭绕，重宫复殿，玉柱蟠龙，金栊栖雀，银河回合，碧树参差，约如圣天子临御之所。下则梁冠带佩，衣裳秉笏，曳舃透迤，拱肃迟仁，于阙廷之外，名之曰金门待漏图"，可以说十分相近。不过，此格式显然有夸大之嫌，王材便言"然朝廷之典，非大礼称庆……皆幞袍靴笏而已"。[107] 莫怪乎王畿（1497~1582）

特别将其生平事迹的图绘名为《贱历图》,[108]虽然除了画其"穷苦诸图"外,亦包含"通仕诸图",可见仍是在宦迹图的范畴之内,但很可能因为强调光荣履历的图绘过于泛滥,故以恰恰相反的"贱历"来宣示其不同流俗。相对来看,文官周煦为其寡母所赞助的《志穷卷四图》则特地不以男性官员习见的"履历图"名之,透过对照来突显出其母一生"青年守志"、"遗腹传芳"、"孤儿发科"、"四世承欢"的成就。[109]

相对于这些特殊的对比,其他非文官更多的是沿用仕宦相关的模式,[110]可见宦迹图的影响。非文官或袭用宦迹图系列,例如官刻描绘道士邵元节（1459~1539）《钦遣使臣赍敕征聘》、《钦命祷雨相》、《庆八旬合家欢乐相》等二十六幅像的《赐号太和先生相赞》,[111]刘大夏（1436~1516）题《杨参将出征小像》、《战罢归来小像》等则是武将的例子;或模仿个别的任官主题,例如从《题晏太监行边图》便可见非行政官员出身的太监也制作了描绘其出使的画作,[112]甚至女性谒见帝后之特殊事迹亦比照男性官员,而有《赵淑人宫门待漏图》。[113]但值得注意的是,这些沿用宦迹图模式的非文官,或为文官的亲戚、同事等,与官员仍有关系。显示宦迹相关图绘的主角仍是以文官及其网络为主,官员圈俨然发展出独特仕宦主题之视觉文化。

事实上,明代官员视觉文化的主题不限于上述宦迹图,描绘同年登科的官员身穿官服在园林中聚会之官员雅集图,如《五同会图》、《十同年图》等,[114]应该也是官员视觉文化的一环。除了肖像之外,学者宋后楣论及明代画马时,提到《骢马行春图》、《骢马荣任图》、《骢马朝天图》、《五马趋朝图》、《五马朝回图》等在文集中的记载数量很多,于15世纪中叶的御史间非常盛行,[115]经常在其出使或返朝时被作为送行的礼物。甚至《送寇公去任图》之类赠别地方官的送别图,[116]也和官员视觉文化息息相关。这些与明代官员视觉文化有关的图绘,多显示对绘画传统图式的借用。例如《十同年图》等图沿用描绘高官的《杏园雅集图》，[117] 将官员改以正面的肖像方式描绘，而与前述《陈伯友早朝像轴》的肖像表现接近；《五马趋朝图》挪用任仁发的九马图图式，以骏马来比喻官员坐骑朝廷马匹出使、上任等仕宦事迹；[118]《送寇公去任图》则运用明代胜景图的模式，以美好的地景象征地方官对当地的良善治理。这些在文官网络圈流行的图绘，借由挪用既有的绘画图式，再针对为官特定事件与场合略作调整，而得以成为官员网络的媒介，官员之间透过馈赠、出示和题跋等方式维系与彰显社交关系。

总的来看，明代中期之后兴起了蓬勃的官员视觉文化。不论是个人系列的宦迹图，还是独立的仕宦主题像，乃至于非肖像的马画等官员视觉文化的图绘，都是以个人事迹为中心。一方面，明代多元的视觉文化固然为官员视觉文化的产生提供了背景，[119] 中后期科举竞争与政治党争日益激烈，以致能够通过科考，[120] 成为中高层文官，并能在宦途中生存的比例较过去更小，因此仕宦生涯也更成为值得称述的荣耀，可能因而促成宦迹图的流行。另一方面，明代由士人自己、友人门僚或子孙结集刊刻个人奏议的数量较历代多出许多，[121] 此固然与出版便利有关，容或也与对个人宦历记录的越发重视不无关系。前述以个人事迹为中心的文官战勋图，可说是在明代盛行记录为官事迹尤其是官员视觉文化的脉络下兴盛起来的。

三 刻版成书的战勋图像

不过，战勋图与宦迹图其他常见的主题还是有所不同。毕竟负责统督军务的职位有限，发生战事的比例也不见得高，两者的纪念意涵终究有所差异。以王材为"家于京三世"的荣子安所题的《金门待漏图序》为例：

> 四方之士，出于荒朴，其颛质未散，耕无畎，贾无
> 资，则励志于学……居京都者，自提抱所见，罔非浮靡谲
> 怪之机，市易供用之事，富者土木于膏爨，贫者营时给
> 日，未始为信宿计也，视为学不可期，故仕者鲜……然服
> 是服以入者既鲜，则绘之亦足以夸其族戚里间，而示其子
> 孙，易其市易供用之心，浮靡谲怪之智，土膏木爨之愚，
> 营时给日之鄙。[122]

他为了突显荣子安是少数"以都人登内列"者，而强调一般京
居者多受世俗诱惑而不志于学的问题，而在明中后期商业繁荣
且科考激烈的时代，其他地区又何尝不面临同样的状况？因此
一般的宦迹图除了夸耀之外，应该不无王材所言之"示其子
孙"的教化功能，希望后代从祖先具体的范例见贤思齐，莫怪
乎经常出现"以示后世子孙"之类的嘱咐。[123] 相比之下，官
员战勋图绘并不具此种教化功能，毕竟战争并非一般所乐见。
刘伯燮（1532~1584）请人制作三套《平番图》后的自叙，仅
言"令三氏子孙自后倘有合焉，以备世讲"，[124] 突显其难得之
外，并无激发有为者亦若是的意图。

　　倘若宦迹图的教化作用以"示其子孙"为主，而多为家
族收藏，那么在明中期之后出版文化兴盛的背景下，为什么除
了前述特殊的官刻《赐号太和先生相赞》外，均未出版？为什
么与边事和战勋有关的官员事迹，[125] 却有三本特别于标题标
举"图"的刻书——《安南来威图册》、《三省备边图记》与
《剿贼图记》——传世？[126] 一方面，明代官员与战事宦迹相关
的记述出版数量较历代多出很多，应该提供了此三书出版的背
景。若检视《四库全书总目提要》之"史部杂史类"，自编，
或子孙所选，或友僚所辑而被划归为"杂史"的书中，很多都
与边事战争有关，还有不少是从文集中析出别行者。编刊的原

因除了记录与宣扬个人战勋之外，甚至还有为了澄清坊间言论而特别著述说明者，或可一窥当时对战事相关著述的兴趣。另一方面，何以这三本战勋图像跳脱一般宦迹图与战争图的传统绘画媒材，而选择雕版刊印？这些问题限于资料而难以具体回答，以下分别从其制作梗概以及与相关图像的比较，或可以窥知一二，进而借以观察明代战争图的发展与特色，及其与晚明出版文化的关系。

《安南来威图册》

《安南来威图册》现藏中国国家图书馆，主要记录招抚安南叛明莫登庸（1483？~1541）之事。[127] 前半为附有图说和序咏等同名的《安南来威图册》（为与全书之名区别，以下称此前半为《安南来威图》）；后半版心为《安南辑略》，收有与此事件相关的文书。虽二者均以"安南"为题，但其实都是以当时任广西太平府知府的江一桂（1484~1545）为中心，强调其在安南事件中的作用。《安南辑略》上卷就录有行状、墓志铭、传记等以其个人经历为主的记录。《安南来威图》则从《白石先生像赞》、《白石先生小像》和其逝世前几个月嘉靖皇帝（1522~1566）派其出使云南的升迁敕令为始，上卷描绘江一桂招抚莫登庸的过程，如《单骑奉辞》（图1-14）、《因垒歌凯》、《定平报成》；中卷刻画后续的仪典和效应，如《开璧受降》、《典纳方物》；下卷图绘建宁、凤阳、太平等处子民对其德政之感念，如《留都遗爱》、《光榔生祀》等，再加上中间穿插收录《征南奏捷赋并序》、《奏绩序》、《本邑崇祀文》等，可以说《安南来威图》是侧重江一桂的安南事迹和地方德政之宦迹图。事实上，《安南辑略》上卷内以江一桂个人经历为主的记录，就包括凌瑁于1566年所书《修攘图册序》。此乃江一桂"之子太学生原泉君、孙乡进士仪卿君，取建宁、凤阳、太平旧所尝为

图 1-14 明 冯时旸、梁天锡、江美中辑撰《安南来威图册》之《单骑奉辞》 中国国家图书馆藏

图，绘为一册，凡士民之扳留，戎卫之奢服，辕门之委任，土夷之信服，一一为之胪列，为之标目，一展卷而以政得民，以威服众……"，[128] 可见原来江一桂的宦迹图应是以《修攘图册》为名。到了编辑《安南来威图》时，将凌琯的 1566 年序复制于书前，但更动时间为 1571 年，题名改成《安南来威图册序》，并加上《郡博冯子、邑令梁子尝为公标校来威图》等。[129]

不过，《安南来威图》目录和内容不完全一致，[130] 且《安南来威图册》并无总合《安南来威图》和《安南辑略》的目录，何时结合为一书的状况不明，可能此书经过多次的编辑与出版。而且《明史》与黄虞稷（1629~1691）《千顷堂书目》皆称"江美中安南来威辑略"，[131] 与不见于现存《安南来威图册》的《前给事中严从简安南来威辑略序》和沈懋孝《安南来威辑略后语》所题者，或应为同一书。[132] 但这些有限的记载均未提及有图，是否《安南来威辑略》就是《安南来威图册》？严从简序自称"前给事中"，并言"予罪窜星源……后获安南来威辑略"，应是其在 1567 年到 1575 年降职为婺源县丞之间或是之后所题，[133] 很可能晚于收录了凌琯 1566 年序的《安南辑略》，但从现存《安南来威图册》未录严序来看，也许严从简所序并非《安南辑略》，而是另一独立出版但今已不存的

《安南来威辑略》？还是因为严从简的经历或其他不知名的原因，使得现存的《安南来威图册》删去其为《安南辑略》所书之序？

无论如何，《安南来威图册》系列可能印刷并更动了数次，而其制作应和江氏三世的生涯密切相关。江一桂并无功名，是由乡荐起家，虽然《安南来威图册》对其宦迹记载历历，但就其中主要标举的安南事件来说，《明实录》中完全没有江一桂牵涉此事的记录，若非《安南来威图册》的留存，其在此事件中的作用几乎不见于明代史料。相反的，《明实录》中唯一关于他的条目，却是"革云南按察司副使江一桂职，仍命所司逮治之。以一桂先任广西太平府知府，赃污不职，为巡抚都御史张岳论劾，故也"。[134] 此革职令与前述《安南来威图册》所录明世宗派其出使云南升迁敕令，仅相隔三月。而革职令发出后数日，江一桂便过世了。也难怪沈懋孝在《安南来威辑略后语》中感叹："忠信行蛮貊，而不获于当路，其命也。夫不有兹编，后世曷知？"[135] 而列名为主要编纂者的江美中亦无功名，地方志言江一桂招抚之事，"一切多美中赞画"，[136] 或许也因此江美中于书中特别强调其父的安南事迹。不过相关的纪念活动多是其孙江朝阳于嘉靖三十四年（1555）中举后，[137] 陆续花了十余年才请人完成墓志铭、传记、宦迹图序等文章，在此基础上也才得以编纂《安南辑略》，并进而发展为《安南来威图册》。

江美中与江朝阳以刻版刊印的江一桂宦迹图，除了跳脱宦迹图通用的绘画媒材之外，还有几个不寻常的特色值得一并考虑。首先，江氏并非一般宦迹图中常见的进士出身之中高阶官员。像江氏这样由乡荐起家而任职中低阶外官者，通常难以跻身标榜"琼林宴"、"金门待漏"等的宦迹图主角行列。虽然少数中低阶官员亦绘有为官经历，但多为单独制作标举德政者，如《邓程番遗爱图》乃为"贵州有府名程番"所作，[138] 或是《绘图赠美鄞令蒋君德政序》。[139] 只有极少数具有难得事迹者，如

《郑节推八事卷》中除了德政外，尚有《连城御寇》、《胥水征
蛮》等非一般府县政府常见的政绩，才会模仿中高层官员制作
系列宦迹图。尤有甚者，《郑节推八事卷》对中高层官员宦迹
图的模式亦步亦趋，非但题名类似，而且由于郑氏缺乏一般宦
迹图起首常见的"鹿鸣宴"等登科履历，故以太学的《桥门卒
业》来代替。[140] 相反的，《安南来威图册》不但名称不再依循
宦迹图的通例，也不同于前述如《志穷卷四图》以特别命名来
突显特定主题的方式，而是根本摒弃宦迹图以主角生平经历为
序的叙事结构。《安南来威图册》的目录特地宣称："外攘本于
内修……于是覆迹诸所绘图以附焉。"[141] 将其在安南事件之前任
职的建宁与凤阳政绩，连同于太平府等处的德政置于招抚莫登
庸一事之后。也就是说，《安南来威图册》以安南经历为中心，
将江一桂的宦迹履历重新组合，而舍弃了一般宦迹图的时间序
列架构。《安南来威图册》如此主题鲜明的编排，比起一般宦迹
图更为灵活地突出了江一桂的事迹。再结合媒材来看，宦迹图
常见的绘画形制，多为一二十则以内的事迹，像《梁梦龙恩荣
百纪图册》是极少见的特例。相反的，版刻书籍动辄超过数十
乃至数百页的容量，《安南来威图册》就收纳了图像之外其他相
关的文书记录，如"投降本"，以及部民之美辞，如《征南奏
捷赋并序》、《奏绩序》等，用图文并重的方式更加突显江一桂
的事迹。宦迹图常用的绘画媒材即便有副本，其流通仍旧有限，
而《安南来威图册》刻版成书能够大量复制而传布。江美中和
江朝阳透过印刷媒材和以安南事件为中心的编辑架构，互为表
里地使《安南来威图册》较一般宦迹图更为突出江一桂的政绩。

《三省备边图记》

　　如果《安南来威图册》借由以安南事件为中心重组江一桂
事迹，以及以刻版印刷等方式跳脱一般宦迹图的框架，《三省

备边图记》则透过版画的媒材呈现出明代战争图新的发展。此书为苏愚自己所编纂，依据邹尔瞻序言，"公驻镇都匀，暇日念曩时勘勤之状，乃各为图以纪其事"，[142] 应是苏愚 1582 年尚在贵州时，[143] 就开始将其在福建、广东和贵州三省之边事战功绘图纪事，该年冬请邹尔瞻序之，隔年（1583）任江西布政使后自序于夏五月，故大约此时完成刻版。《三省备边图记》所记，包括从隆庆元年（1567）苏愚备兵兴泉到 1569 年平定福建倭寇海寇，1572 年末到翌年平广东山寇，1574 年平潮寇，1579 年到 1581 年底抚苗，以及之后招抚阳洞僮人。全书大抵依照时序和区域编排，描绘苏愚在三省之边事战勋，并细分为平定或招抚倭寇（闽）、海寇（闽）、山寇（粤）、潮寇（粤）、苗（黔）、僮（黔）等。除了《永宁破倭寇图》和《安海平倭寇图》为两图合有《永安平倭记》外，其他均一图在先，一记在后。各细类之末均以朝廷钦赏图与记作为总结，如《平倭寇钦赏图》和《平倭钦赏记》，《有苗来格之图》和《格苗钦赏记》等。现存《三省备边图记》最后《抚阳洞钦赏记》不全而缺页，但从编排结构来看，以《抚阳洞钦赏记》作结应尚为完整。因此，现中国国家图书馆所藏孤本《三省备边图记》计有福建十图、广东九图、贵州六图的状况，可能很接近原貌。相较于明人文集中记载的战勋图来说，《三省备边图记》共描绘二十五幅战争相关图像，数量不可不谓惊人。相较之下，一般文集对战争图的记录多半简略，而无详细内容的描述，但从前述《平番图》卷来看，很可能是以典礼、军伍和交战等元素组合而成，或是撷取个别单元而为《出师图》、《凯旋图》等，基本上都是以卷或册的形制总括来代表某个战争。相反的，《三省备边图记》的二十五图不但将苏愚的战勋区分为三省，更细分为针对不同寇夷的图式，并在各寇内又再切割出数个战役，如此将战伐图像层层分类，而得以发展出新的变化。[144]

　　首先，《三省备边图记》针对平地倭寇、海寇、山寇、潮寇，依据战场、对象的不同衍生出四种图式，并在其中呈现出双方战况激烈的场景。第一种图式平地倭寇之战，包括《永宁破倭寇图》（图1-15）、《练兵平倭寇图》等，通常以画面中央平地上明兵与倭寇两群人马各由左右向中央冲锋的打斗场景为主，周围环以山石、城墙、军旗掩映等背景。透过突显明兵的数量和士兵高举武器勇猛冲锋之貌，与倭寇大部分返身败逃或受伤仆倒在地，形成明显的对比，呈现出明兵在战斗之中明显占优势的情况。双方向画面中央冲锋的动感，以及其手执长兵器如长矛或大刀所造成的方向各异之线条，都加强了战场骚乱的动势，造成激战的效果。再加上双方挥刀的姿势，步兵、骑兵等不同军种，酣战中的兵士与新进入战场的倭寇，以及倭寇受伤仆倒在地或砍取倭寇首级等血腥场面的细节，都大大提高了画面的真实感，让观者如临战场。同样的，第二种图式平山寇之役，包括《南岭破山寇图》（图1-16）、《九丫树破寇图》等，也沿用前述战斗表现模式，但将战场转变成在山岭之中，并在山坳与山脊间加上士兵行军与兵刃相接的场面，而表现出不同于平地的作战景象。第三种图式平海寇之战，有《漳潮征海寇图》、《连澳攻海寇图》（图1-9）等。右方一隅经常是身着官服在岸上指挥的地方官，望向左方大片布满战船的海面。

图1-15　明 苏愚《三省备边图记》之《永宁破倭寇图》　中国国家图书馆藏

占多数的明朝战船驶向左方，兵士手执兵器航于海涛之间，前锋船只的士兵开始与倭寇作战，海寇之船则着火败逃或坠海。画面边缘有时绘有众多绑着旗子的船只桅杆，其作用如同前二图式掩映在土坡后的军士一样，具有暗示战况规模更大的效果。第四种攻城之图仅有一幅《平潮阳剧寇图》（图 1-17），但十分有特色。画面以紧闭城门的环形城堡为中心，倭寇露出头颅与兵器缩于城墙之后，城堡之外则是一面举盾牌一面向城墙移动与射箭的大批明兵，形成动感很强的骚动场面。战争图至此非但脱离早期如金代《赵遹泸南平夷图》的简单模式，也远比前述《平番图》卷重复三次在山间攻破番贼的场景来得有变化，而发展出不同细节以因应不同战场与对象，展现了更为生动的作战图景。

不仅如此，《三省备边图记》所描绘的战勋相关典礼也更为复杂。《抚处铜鼓诸叛苗图》（图 1-5）、《抚叛苗者亚图》（图 1-6）等描画文官接受苗族降贡之景，虽然是过去战争图绘常见的受降之典，但是画家增加了一些元素，使此景的叙事性效果大为增加。如众多执兵器军旗的兵士立于军帐四周，两名着官服的地方官坐于军帐中，苗族首领带着坛罐、牛只，率领人民跪于帐前请降，还可见到人民身旁散置的包袱，以及为数众多的苗族人民正自远方房舍穿过山石走来等。相较于《赵遹泸南平夷图》仅描绘数名降者双手捧物献予将领的简单描画，《三省备边图记》的场景显然复杂许多。而且《三省备边图记》还出现新的仪式题材，《平山寇升赏图》（图 1-18）、《平倭寇钦赏图》等描绘战争抵定后，朝廷中央遣员封赏苏愚的情形。画面左方通常为来自朝廷的使者从官舍外骑马行来，官舍内外排立着士兵与敲锣打鼓庆祝的民众，等待受升赏的苏愚在厅堂中央恭候遣使的到来。虽然在《三省备边图记》中这类升赏、钦赏图的格式一致，但其套用于各类平抚战争和受降典礼之后，倒也有强化全书区隔出不同战争图式的作用。

图 1-16　明 苏愚《三省备边
图记》之《南岭破山寇图》
中国国家图书馆藏

图 1-17　明 苏愚《三省备边
图记》之《平潮阳剧寇图》
中国国家图书馆藏

图 1-18　明 苏愚《三省备边
图记》之《平山寇升赏图》
中国国家图书馆藏

《剿贼图记》

较之《三省备边图记》的图式,《剿贼图记》表现出战争图于晚明进一步的变化。此书为玄默(玄姓后为避康熙玄烨讳改为元,因此清代文献有时亦称元默)所编,[145] 共有二十四图,依照时间先后,描绘其自崇祯六年(1633)抵河南彰德府追剿高迎祥等众,[146] 至 1635 年春追至河南确山县一带。不过吴阿衡(?~1638)书于 1634 年的序似乎认为剿贼进行到 1634 年春已经告一段落,"乃公于客夏受事,越仲春而贼已无踪"所指乃 1633 年夏到 1634 年春;[147] 其在总结玄默之功时所提的"吴城一捷,俾贼不得南下,而南阳亦获其安",[148] 亦是《剿贼图记》图 16《剿贼吴城图》所绘 1633 年底到 1634 年初之事。而从吴序言"敢并斯言副之剞劂,以并存实录云",[149] 可见在 1634 年原已准备刊刻,但限于资料不知是否付梓。后来随着玄默追击至河南南部,《剿贼图记》又增加其至 1635 年春的事迹。据《明史》,玄默崇祯八年(1635)夏"被逮去,久之得释归,八年卒",[150] 元克中亦曰"议者乃谓豫抚趋之被逮还都事虽得而白,而公以不能杀贼,赍志而殁",故《剿贼图记》应是 1635 年玄默去世前完成。若再参照《剿贼图记》最后的图记,"余一面疏请听洪公指画,一面与抚卢公,并行营诸将,同心戮力,誓大彰国威以收荡平之绩",其中仍抱着希望的语气来看,应非被逮去之后所述。因此很可能《剿贼图记》是在 1635 年春夏之间完成。无论是 1634 年春或翌年春夏间,《剿贼图记》都是于剿贼尚在进行时就制作的。比起《安南来威图册》是江一桂逝世多年后子孙才编纂,《三省备边图记》乃苏愚总结十余年边事战勋而作,《剿贼图记》出版速度之快,在战事烽火中还要写记、找人绘图、请序、刊刻等,几乎可以比拟前述王材题《金门待漏图序》所言"自一命以上,拜恩于朝,还旅舍,则必求绘事者貌之"的急切状,[151] 也可见晚明时版刻之便利与战勋图制作之流行。[152]

　　不仅如此，《剿贼图记》还展现了战争图绘在晚明的新发展。如果《三省备边图记》出现了因应不同战场与对象的作战图式，各图均充满战争细节制造出战况激烈的效果；《剿贼图记》则跳脱描绘骚动交战场面的模式，而改用山水广景为背景，人物数量大幅减少，且活动只限于画面中有限的数隅。这种着重展现山水而缩减作战细节，以致叙事性减弱的特点，[153]与晚明戏曲插绘的构图从庭园人物转向山水广景，连带地叙事性降低的趋势一致。[154] 从另一角度来看，《剿贼图记》在摆脱战争图式框架的同时，则于突显个别战役背景的部分有所强调。除了透过不同的山水景致区分出各战不同的场景，而免于《三省备边图记》各图式流于格套的呈现外，有时更针对战役所在的特定地景与活动，描绘出不同的战争图。例如《武林累捷图》（图 1-19）利用人物尺寸与山势的对比，描画数名官兵攀爬峻山之貌；《河北贼散图》（图 1-20）亦运用人物和山石比例，刻画军士于山间搜捕的状况；《冰坚贼渡图》（图 1-21）甚至绘出大片结冰之河道，展现士兵捉贼渡河的场景。比起《三省备边图记》的战争图式，以及只置换地名和寇夷类别而极为类似的图名，《剿贼图记》的各图题名较具个别性，也呈现了描画不同战争地景的兴趣。

059

图 1-19　明 玄默《剿贼图记》之《武林累捷图》　中研院历史语言研究所傅斯年图书馆藏

图 1-20　明 玄默《剿贼图记》之《河北贼散图》　中研院历史语言研究所傅斯年图书馆藏

图 1-21　明 玄默《剿贼图记》之《冰坚贼渡图》　中研院历史语言研究所傅斯年图书馆藏

小　结

　　虽然明代与边事和战争相关的绘画流传于今的很少，但上述三本留存的版刻图绘使我们一窥其演变与特色。不论是《安南来威图册》转换一般宦迹图来突出江一桂的事迹，还是《三省备边图记》呈现的各种作战图式，抑或是《剿贼图记》个别性的战争场面等，数十年的发展以及衍发的特质其实都颇有可观之处，也可见其益发流行的趋势。事实上，除了这三本标举出图绘的刻书之外，有些记述个人相关边事和战争事迹的书亦附有插图，如附有万历二十年（1592）序的《王公忠勤录》便有王重光《征蛮之图》、《抚蛮之图》，[155] 附有天启三年（1623）序的《巡城录》之《围城日录》亦有刘锡玄（1574~ ？）《二月初八日西门御坡上贼、十六日北城开门杀贼之图》、《十二月初七日王军门解围图》等。[156] 前者充满细节的构图与《三省备边图记》接近，而后者描绘特定日期不同守城进程的个别化呈现，则与《剿贼图记》类似；亦可见战争相关图绘，于明后期越来越盛行的潮流。[157] 总体来看，晚明这些以当代战勋为题的版刻图绘，皆与纪念文官宦迹有关，乃前述明代官员视觉文化的一环。

余　论

　　明代战勋图盛行的范围很可能和宦迹图一样，主要限于官员圈，但其影响并非仅限于官员圈之内，而可能扩及坊间商业作坊。现存两件描绘嘉靖时期倭寇事件的绘画长卷——传为仇英的《倭寇图》卷（图 1-22）（东京大学史料编纂所藏）与

图 1-22　明（传）仇英《倭寇图》卷　绢本 设色　32厘米 × 523厘米　东京大学史料编纂所藏

图 1-23　明《抗倭寇图》卷（局部）　绢本 设色　32厘米 × 522厘米　中国国家博物馆藏

《抗倭寇图》卷（中国国家博物馆藏）（图1-23），[158]很可能是从纪念胡宗宪平倭主题发展而成的苏州片产品。此二卷虽然不尽相同，东京大学史料编纂所本较为丽谨的人物刻画比较接近仇英风格，[159]中国国家博物馆本浅淡的青绿山水为吴派流风，但是制作时代应该都比画面描绘的嘉靖朝要晚，或为万历年间丰臣秀吉（1537~1598）侵略朝鲜，引发时人对之前嘉靖平定倭寇的新兴趣下的产物，[160]尤其可能是晚明苏州片作坊假托仇英与文征明等吴派画家的作品。[161]两卷的母题与构图几近相同，从卷首停泊靠岸的倭船、登上高处叠罗汉眺望的倭人、搬运赃物与火烧房舍的掠夺情形、成群走避的民人、官船与倭寇交锋相对的高潮，到最后官军队伍整饬从城门行军而

来的描画都十分类似。这种复制类似母题与构图的模式，十分接近晚明苏州片流行的《清明上河图》做法。[162] 从两卷母题和构图雷同，风格略异，但均为晚明苏州片画风等来看，应该是苏州作坊的商品。

特别值得注意的是，传仇英的《倭寇图》卷与《抗倭寇图》卷，与清人张鉴（1768~1850）《文征明画平倭图记》对画面内容的描述若合符节，择要征引如下。

　　明文征明画胡梅林平倭图卷，乃扬州阮氏文选楼所藏。云台师云："此卷笔迹不类衡山，且此时衡山年已八十有七，其自署门下文征明，或即兵部主事杨芷倩衡山生徒所为，以应梅林之索者乎。子其为我考之。"鉴按，此卷高尺有呎，长二丈一尺。卷首书"靖海奇功"四字，画尾书《纪事》一篇，皆御史张寰所作。中有长兴顾箬溪书《海寇篇》。考诗及纪事所载年月，殆记丙辰乍浦梁庄之捷也……今考图中一人，贝胄组甲，丰颐而短鬓，按辔乘紫骝马，一武士执大纛前导，稍次两武士，一执终葵，一执钺者，即总督胡宗宪也……绩溪之右，一官朱衣纱帽，颐溜上微锐，弯眉蜂目，乘青骢并驱而前者，其尚书赵文华乎……又其后高冠圆领，朱袍服绣，丰下而须，以其次论之，则巡抚阮鹗也……又其后一官，方面左顾，年稍轻者，巡按赵孔昭也……其余文臣四人皆朱衣乌帽，或郎中郭仁，副使刘焘、徐汝，参政汪柏，参议王询……此图中之文职可考者也。其武臣可考者，一将面丰无须，胄而组甲，前拥二旗，旁竖大旗，一上画虎，而翼在胡赵二人后者，疑总兵徐珏……又一将居前，侧身乘紫骝马，胄首朱甲，执长旗督战，前五兵手弓矢弯注，又八兵执长枪前驱转斗，则都指挥戴冲霄也……又一将右视坐船中，前一卒执旗立，将以右手指船头，首级累累然者，疑游击尹秉衡等……尹之左一船稍后，中坐一将弁而朱袍缓带来献

俘者，通眉丰下，按膝凝视船头反接而囚者四，此总兵
卢镗也……又二船横阵于倭艇之中，十余人与倭鏖战，一
船首置一佛郎机，一兵俯身然药绳就放，后一将方面广
颡，要县弓籣，左执旗，以右手指麾督战，此总兵俞大猷
也……一船稍先出，与此船并后，一将微髭怒目，执黄旗
督战，此或参将丁仅，壁乍浦城以为内援者，不尽可考
也。此图中之武职可考者也。其面缚步行，身缠徽缧而俘
者三人，曰徐海之弟也，曰陈东，海之书记也，曰麻叶，
海之党也。又一小鹿头船，船首两人持篙，一椎髻小童立
于篷昔而觇其后，其艇乌篷棂窗，窗中一女子红袖拥髻，
注目外视，一女子青衫红裳，相凭而立，不类民人逃窜
者，疑妓女翠翘、绿姝也……其余兵士有河朔、有永保、
有保靖、有容美土兵，故不一律也。吁！画之能事至此，
纤悉与当日情事相合，非苟焉而已。[163]

其中假托文征明的风格，以及翠翘、绿姝的描写很可能和嘉靖
之后关于她们的小说戏曲广为流传有关，[163] 推测张鉴所见阮
元（1764~1849）所收的《胡梅林平倭图》卷也可能是苏州作
坊的产物。尤其是若与《抗倭寇图》卷比对，画中人物都可
以一一指认（图 1-24~ 图 1-34），[165] 应该是同一系列的苏州
片商品。

张鉴所记《胡梅林平倭图》卷是否原名如此难以确定，但
是从卷首书"靖海奇功"与纪事、海寇篇等来看，就算这些部
分是流传过程中才添入画卷，对张鉴等观者来说与画面内容相
符并无可议之处，而视此画为纪念胡宗宪平定倭寇的战勋图，
阮元（号云台）甚至还推测其制作情境为"兵部主事杨芷倩衡
山生徒所为，以应梅林之索者乎"，也与前述明代战勋图经常
为部属所赞助的情形类似。倘若如此，那么《抗倭寇图》卷与
传仇英的《倭寇图》卷应该不只是与倭寇主题相关的叙事画，
还和《胡梅林平倭图》卷类似，是与纪念胡少保平倭相关的作

图 1-24　明《抗倭寇图》卷（局部）"胡宗宪"

图 1-25　明《抗倭寇图》卷（局部）"赵文华"

图 1-26　明《抗倭寇图》卷（局部）"阮鹗"

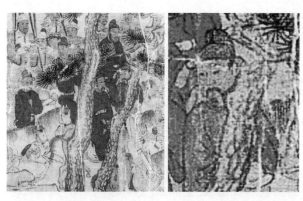

图 1-27　明《抗倭
寇图》卷（局部）
"赵孔昭"

图 1-28　明《抗倭
寇图》卷（局部）
"文臣四人"

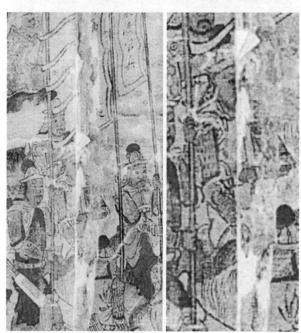

图 1-29　明《抗倭
寇图》卷（局部）
"徐珏"

图 1-30　明《抗倭寇图》卷（局部）"尹秉衡"

图 1-31　明《抗倭寇图》卷（局部）"卢镗"

图 1-32　明《抗倭寇图》卷（局部）"俞大猷"

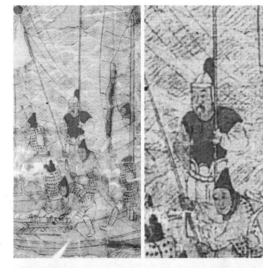

图 1-33 明《抗倭寇图》卷（局部）"丁仅"

图 1-34 明《抗倭寇图》卷（局部）"翠翘、绿姝"

品。[166] 虽然《抗倭图》卷与传仇英的《倭寇图》卷对倭寇与民人的描绘较一般明代战勋图为多，或与前述晚明对之前嘉靖倭寇的新兴趣有关；但无论如何，前述《胡梅林平倭图》卷首和题跋都视之纪念胡宗宪的战勋图，再加上若和《平番图》卷亦附有参与战事将领名字的榜题来看，《胡梅林平倭图》卷与《抗倭寇图》卷中得以一一辨认官员的特色，乃是文官战争图共通的特点之一。同样的，《抗倭寇图》卷与传仇英的《倭寇图》卷中段高潮的兵寇交战，以及卷末着官服的官员骑马行伍，亦是文官战勋图常见的做法。可见《胡梅林平倭图》卷、《抗倭寇图》卷与传仇英的《倭寇图》卷，都运用了文官战勋图的模式，来展现其与纪念胡宗宪平倭的关系。

从《胡梅林平倭图》卷、《抗倭寇图》卷与传仇英的《倭寇图》卷的例子来看，官员视觉文化并非只局限在士大夫间的交际网络，在晚明边事频繁的脉络下，纪念官员战功的图绘也有商业化的潜力。前述《安南来威图册》、《三省备边图记》或《剿贼图记》是否也具有潜在的市场需求并不可知，但前述《胡少保平倭战功》，以及附有插图的《戚南塘剿平倭寇志传》[167]、《征播奏捷传通俗演义》、《近报丛谭平虏传》等应不无可能。[168]

无论如何，明代以个人事迹为中心的战争图绘与宦迹图在官员圈十分流行是不争的事实。虽然从目前的出版图录来看，运用格套的比例不少，且并无著名画家的参与，受到的注目远比其他肖像画少很多，[169] 然而从上述的讨论来看，明代官员视觉文化的盛行仍相当值得注意。其中种类繁多的宦迹图内容、官员雅集图乃至于马画等，其实相当兴盛。战争题材在画史中也从原来边缘的角色，变为官员纪念勋迹的重要母题，可以说明代蓬勃的官员视觉文化，带动了晚明描绘作战的图式从各类地形的激战到较具个别性表现的发展。在晚明战事频仍的时代，官员视觉文化也不受限于官员圈，而有转为商品的潜力，亦突破了过去对苏州片作坊以仿古题材为主的认识。[170]

换个角度来看，这些不属于传统画史分类范畴的明代个人战勋图与宦迹图，多以流行的地域和时代风格，以及既有的图绘格套，来描画与仕宦生涯相关但其实包罗万象的题材，作品的形式与功能也可以五花八门，而与传统画类常见区域和画派风格的发展十分不同，不可一概而论。其最大的共通点，就是以官员此特定资格身份者为核心，透过宦迹相关主题呈现对为官身份的认同或认可，具有明确当代限定的纪实性；而非中国传统画类如山水图、花鸟图，或常见题材如园林图、隐居图，通常是超越时代且无特别指涉，即便某些题材如隐居图经常和士大夫有关，但仍是任何身份的人都可能拥有、入画或认同的。虽然传统画史也不乏写实的花卉或肖像等作品，但鲜少出现如此与集体的为官身份紧密联结者。因此，以官员视觉文化来通称这些明代个人战勋图与宦迹图，以及衍生出的环绕官员网络之《五马趋朝图》和《送寇公去任图》等，一则更具有包容性，二则也更为精确地说明它们与传统画史作品在内容、分类与属性等方面的差别，而其作为另类画史包罗的广度和流行度，亦成为理解明代文化不可小觑的一环。本书接下来的数章，还将论述明代个人战勋图与宦迹图对清宫纪实画的影响很大，是了解晚期帝制中国视觉文化不可或缺的图绘类型，更是探讨清宫武勋文化与皇清文化霸权的参照关键。

注　释

*　本章原刊《明代研究》第 17 期，2011 年 12 月，第 49~89 页。后承蒙植松瑞希译成日文《戰勳と宦蹟：明代の戰爭圖像と官員の視覺文化》，载《东京大学史料编纂所研究提要》（23），2013 年 3 月，第 316~347 页，后收入须田牧子编《「倭寇図卷」「抗倭図卷」をよむ》，勉诚出版，2016，第 139~201 页。此处略加修订。

1　董其昌:《容台集》卷三《七言律诗·题李霖寰少保平播册》，收入《四库禁毁书丛刊》集部第 32 册，北京出版社，2000 年据北京大学图书馆藏明崇祯三年（1630）董庭刻本影印，第 36 页。

2　刘晞仪:《董其昌书画鉴藏题跋年表》，Wai-kam Ho and Judith G. Smith eds., *The Century of Tung Ch'i-Ch'ang* (Kansas City, MO.: Nelson-Aktins Museum of Art, 1992), 487-575。

3　郭子章的文集有《题平播、经理二图像赞，裂石歌，忠勋祠记》，此平播图像不知是否即为董其昌所题的李化龙《平播册》。郭子章撰，郭子仁编《青螺公遗书》卷二十八《题、跋、书后》，中研院傅斯年图书馆藏光绪八年（1882）冠朝三乐堂本，第19~20页。Clunas 在讨论文征明时，强调其文集中文字篇章的物质性，即作为书法作品与礼物的交换作用。或也可同此看待董其昌文集中的题跋，视之为书法作品。Craig Clunas, *Elegant Debts: The Social Art of Wen Zhengming* (Honolulu: University of Hawaii Press, 2004).

4　不过，董其昌也是《民抄董宦事实》中声名狼藉的恶绅。不著撰人:《民抄董宦事实》，收入《丛书集成续编》第278册，新文丰出版社，1989年又满楼丛书排印，第73~95页；王守稼、缪振鹏:《画坛巨匠、云间劣绅：董其昌评传》，《东南文化》1990年第1期，第158~165页。

5　Craig Clunas, *Superfluous Things: Material Culture and Social Status in Early Modern China* (Urbana: University of Illinois Press, 1991)；王鸿泰:《雅俗的辩证——明代赏玩文化的流行与士商关系的交错》，《新史学》第17卷第4期，2006年，第73~143页；石守谦:《雅俗的焦虑：文征明、钟馗与大众文化》，《台湾大学台大美术史研究集刊》第16期，2004年，第307~342页。

6　例如 Timothy Brook, *The Confusions of Pleasure: Commerce and Culture in Ming China* (Berkeley: University of California Press, 1998); Dorothy Ko, *Teachers of Inner Chambers: Women and Culture in Seventeenth-Century China* (Stanford: Stanford University Press, 1994), 59-64. 关于明清出版的研究讨论，参见涂丰恩《明清书籍史的研究回顾》，《新史学》第20卷第1期，2009年，第181~215页。

7　王鸿泰:《武功、武学、武艺、武侠：明代士人的习武风尚与异类交游》，《中央研究院历史语言研究所集刊》第85本第2分，2014年6月，第209~267页。另参见 Kathleen Ryor, "*Wen and Wu* in Elite Cultural Practices during the Late Ming," in Nicola Di Cosmo ed., *Military Culture in Imperial China* (Cambridge, Massachusetts: Harvard University Press, 2009), 219-242。

8　吴大昕:《猝闻倭至：明朝对江南倭寇的知识（1552~1554）》，《明代研究》第7期，2004年，第29~62页；吴大昕:《海商、海盗、倭：明代嘉靖大倭寇的形象》，硕士学位论文，暨南国际大学历史研究所，2001。

9　石守谦:《失意文士的避居山水》，《风格与世变》，允晨出版公司，1996，第328页。

10　王世贞：《弇州四部稿》卷五十《诗部·题邵将军海上战功图》，收入《景印文渊阁四库全书》第1279~1284册，台湾商务印书馆，1983年据台北故宫博物院藏本影印，第10页a；徐学谟：《徐氏海隅集》卷二十二《七言绝句·题邵将军功图有序》，收入《四库全书存目丛书》集部第124~125册，庄严文化事业有限公司，1996年据北京大学图书馆藏明万历五年刻四十年（1612）徐文暐重刻本影印，第9页a~9页b；王世懋：《王奉常集》卷十四《诗部·题邵侯战功册》，收入《四库全书存目丛书》集部第133册，庄严文化事业有限公司，1996年据首都图书馆藏明万历刻本影印，第8页b。

11　关于"明文征明画胡梅林平倭图卷"的详细描述，参见张鉴《冬青馆集》甲集卷四《文征明画平倭图记》，收入《续修四库全书》集部第1492册，上海古籍出版社，1995年据上海辞书出版社图书馆藏民国四年（1915）刘氏嘉业堂重刻吴兴丛书本影印，第5页b~11页a；与目前藏于东京大学史料编纂所和中国国家博物馆的《倭寇图卷》和《抗倭图卷》极为接近，详见下文讨论。图版前者参见仇英《倭寇圖卷》，近藤出版社，1974；后者见中国国家博物馆编《中国国家博物馆馆藏文物研究丛书·绘画卷·历史画》，上海古籍出版社，2006，第54~67页。

12　周楫纂《西湖二集》卷三十四，陈美林校注，三民出版社，1998，第688~718页。清初的《胡少保平倭记》乃改编自《西湖二集》。钱塘西湖隐叟：《胡少保平倭记》，上海古籍出版社，1990年据上海图书馆藏钞本影印。当然明代小说以倭寇为题材，和时事小说流行亦有关系，不过对于时事小说的定义仍有争议。陈大康：《明代小说史》，人民文学出版社，2007，第580~613页；张平仁：《明末清初时事小说考订》，《古籍整理研究学刊》2004年第2期，第29~32页；陈大道：《明末清初"时事小说"的特色》，《小说戏曲研究第三集》，联经出版公司，1990，第181~220页。除了时事小说外，晚明时事戏的发展也值得注意，参见巫仁恕《明清之际江南时事剧的发展及其所反映的社会心态》，《中央研究院近代史研究所集刊》第31期，1999年，第1~48页，感谢马孟晶告知此文章。

13　宋濂：《题李广利伐宛图》，参见清圣祖敕辑《御定历代题画诗》，收入《中国书画全书》第9册，上海书画出版社，1996，第236页。

14　蔡潮：《霞山文集》卷三《贵阳诗稿·题陈总兵百战图二首用正韵》，高桥情报，1990年据东京内阁文库藏明刊本影印，第10页a~10页b。

15　林弼：《林登州集》卷五《七言律诗·题张将军百胜图》，收入《景印文渊阁四库全书》第1227册，第2页b。

16　韩雍：《襄毅文集》卷二《七言古诗·凯旋图为总兵官彰武伯杨公题》，收入《景印文渊阁四库全书》第1245，第8页a~9页b。

17　王世贞：《弇州四部稿》卷五十《诗部·题邵将军海上战功图》，第10页a。

18　公鼐：《问次斋稿》，赵广升点校，中国戏剧出版社，2008，第113页。

19　何乔远：《镜山全集》卷七《诗·大海波宁图为沈将军赋》，高桥文化，1980
　　年据日本内阁文库藏崇祯十四年（1641）刊本影印，第8页b~9页a。

20　王邦瑞：《王襄毅公集》卷九《凯旋图序》，国家图书馆藏，隆庆五年
　　（1571）湖广按察使温如春刊本，第23~26页。

21　徐阶：《少湖先生文集》卷五《凯旋图颂》，收入《四库全书存目丛书》
　　集部第80册，庄严文化事业有限公司，1996年据天津图书馆藏明嘉靖
　　三十六年（1557）宿应麟刻本影印，第6页a~7页a。

22　张瀚：《奚囊蠹余》卷十三《出师御敌图记》，收入《四库全书存目丛书》
　　集部第101册，庄严文化事业有限公司，1996年据中山大学图书馆藏明
　　隆庆六年（1572）刻本影印，第9页b~10页a。

23　范钦：《天一阁集》卷二十二《刘观察出师图序》，收入《续修四库全书》
　　集部第1341册，上海古籍出版社，1995年据宁波市天一阁博物馆藏明
　　万历刻本影印，第1页a~3页b。

24　黄克晦：《吾野诗集》卷三《题岭海升平图寿殿中丞》，收入《四库全书
　　存目丛书》集部第189册，庄严文化事业有限公司，1996年据复旦大学
　　图书馆藏清乾隆二十五年（1760）黄隆恩刻本影印，第68页a~68页b。

25　丁启浚著，丁榙辑《平圃诗集》卷一《题熊心开中丞闽海升平图》，高
　　桥情报，1991年据日本内阁文库藏崇祯十四年（1641）刊本影印，第
　　28~29页。

26　何孟春：《何文简公集》卷十《临戎决胜图序》，据国家图书馆藏明万历
　　二年永州府同知邵城刊丁亥汤日昭增补本，第31页。

27　张佳胤：《居来先生集》卷三十六《大司马大总制范溪郑公制虏图序》，
　　收入《四库全书存目丛书》补编第51册，庄严文化事业有限公司，1996
　　年据中国科学院图书馆藏明万历刻本影印，第1页a~4页a。

28　杨一清：《石淙文集》，收入陈子龙等编《明经世文编》卷一百一十八
　　《朱宪副平贼图记》，收入《续修四库全书》集部第1656~1662册，上海
　　古籍出版社，1995年据明崇祯平露堂刻本影印，第17页a~19页b。

29　邓原岳：《西楼全集》卷十二《西平图咏序》，收入《四库全书存目丛书》
　　集部第173~174册，庄严文化事业有限公司，1996年福建省图书馆藏
　　明崇祯元年（1628）邓庆寀刻本影印，第6页b~8页a。

30　李堂：《董山文集》卷五《平蛮奏凯图为司徒王公赋》，收入《四库全书

存目丛书》集部第 44 册，庄严文化事业有限公司，1996 年据北京大学图书馆藏明嘉靖刻本影印，第 11 页 a。

31　徐阶：《少湖先生文集》卷五《凯旋图颂》，第 6 页 a~6 页 b。

32　陈用光：《太乙舟诗集》卷四《丙寅十二月十九日小岘先生　作东坡生日因得观其八世祖舜峰先生会试朱卷及凯还图画像丁卯元旦夜作七古一首》，收入《续修四库全书》集部第 1493 册，上海古籍出版社，1995 年据湖北省图书馆藏清咸丰四年（1854）孝友堂刻本影印，第 3 页 a~4 页 a。

33　杨一清：《石淙文集》，收入陈子龙等编《明经世文编》卷一百一十八《朱宪副平贼图记》，第 17 页 a~19 页 b。

34　张佳胤：《居来先生集》卷三十六《大司马大总制范溪郑公制房图序》，第 1 页 a~4 页 a。

35　范钦：《天一阁集》卷二十二《刘观察出师图序》，第 1 页 a~3 页 b。

36　王邦瑞：《王襄毅公集》卷九《凯旋图序》，第 23~26 页。

37　图版参见中国国家博物馆编《中国国家博物馆馆藏文物研究丛书·绘画卷·历史画》，第 28~51 页。

38　张廷玉等撰《明史》卷三百三十《列传·西番诸卫　安定卫　阿端卫曲先卫　赤斤蒙古卫　沙州卫　罕东卫　罕东左卫　哈梅里》，郑天挺点校，中华书局，1974，第 8546~8547 页。相关的历史，参见朱敏《〈平番得胜图卷〉考略》，《中国国家博物馆馆刊》2013 年第 6 期，第 28~50 页。

39　陈履生亦认为此卷主要是为了纪念石茂华，参见陈履生《从"榜题"看〈平番得胜图卷〉》，《中国国家博物馆馆刊》2013 年第 6 期，第 1~27 页。

40　《明神宗实录》卷十七，万历元年九月庚寅条，中研院历史语言研究所校勘，中研院历史语言研究所，1966 年据北平图书馆藏红格钞本微卷影印，总页第 498 页。

41　刘伯燮：《鹤鸣集》卷二十七《杂文·平番图跋》，收入《四库未收书辑刊》五辑第 22 册，北京出版社，1997 年据明万历十四年（1586）郑懋淘刻本影印，第 12 页 b~13 页 a。山东省博物馆藏两立轴上有"原任副总兵种继督战"、"陕西总兵孙国臣统兵"、"固原兵备刘伯燮监军"等榜题，不知是否将此册的两页改装为立轴。感谢板仓圣哲与须田牧子告知此藏品。

42　陈履生对于画面榜题与分段有详细的讨论，参见陈履生《从"榜题"看〈平番得胜图卷〉》，第 1~27 页。

43　传李公麟《免冑图》卷图版参见台北故宫博物院编《故宫书画图录》第15 册，台北故宫博物院，1995，第 289~294 页；藤田美术馆收藏，贝冢茂树等编辑《文人画粹编·董源巨然》第二卷，中央公论社，1975，图66。传（辽）陈及之《便桥会盟图卷》图版参余辉主编《故宫博物院藏文物珍品 4·元代绘画》，商务印书馆，2005，图 116，第 232~241 页；余辉：《陈及之〈便桥会盟图〉考辨——兼探民族学在鉴析古画中的作用》，《故宫博物院院刊》1997 年第 1 期，第 17~51 页。

44　苏愚：《三省备边图记》，收入《北京图书馆古籍珍本丛刊》史部地理类第 22 册，书目文献出版社，1997 年据明万历刻本影印，第 877~941 页。关于《三省备边图记》的讨论，见本章第三节。

45　相关的讨论参见姜一涵《十二世纪的三幅无名款山水故实画》（上）、（下），《故宫季刊》第 13 卷第 4 期、第 14 卷第 1 期，1979 年，第25~53 页、第 45~57 页；Lawrence Sickman and Kwan-shut Wong, "Chao Yü's Pacification of the Barbarians South of Lü by a Sung Artist," in Wai-kam Ho et al., *Eight Dynasties of Chinese Painting: the Collections of the Nelson Gallery-Atkins Museum, Kansas City, and the Cleveland Museum of Art* (Cleveland: Cleveland Museum of Art in cooperation with Indiana University Press, 1980), 37-41；林莉娜：《千载寂寥、披图可鉴：宋人画赵遹泸南平夷图新探》，《故宫文物月刊》第 89 期，1990 年，第 10~27 页；傅熹年：《访美所见中国古代名画札记（下）》，《文物》1993 年第 7 期，第 73~80 页，后收入傅熹年《傅熹年书画鉴定集》，河南美术出版社，1999，第 80~97 页；Maxwell K. Hearn, "Painting and Calligraphy under the Mongols," in James C. Y. Watt et al., *The World of Khubilai Khan: Chinese Art in the Yuan Dynasty* (New York: The Metropolitan Museum of Art, 2010), 211-213；林梅村：《元大都的凯旋门——美国纳尔逊·阿金斯艺术博物馆藏元人〈宦迹图〉读画札记》，《上海文博论丛》2011 年第 2 期，第 14~29 页。

46　《六安州志》卷二百六十三《人物志·方技》，转引自何治基撰《（光绪）安徽通志》，收入《中国省志汇编》第 3 册，台北华文书局，1967 年据清光绪三年（1877）重修本影印，第 22 页 a。

47　例如《玉茗堂批点皇明开运辑略武功名世英烈传》卷一的《徐元帅大破帖木儿》。不著撰人：《玉茗堂批点皇明开运辑略武功名世英烈传》，台北故宫博物院据明崇祯元年（1628）刊本摄制微片，第 4 页 b~5 页 a。

48　苏愚：《三省备边图记》，序页第 8 页 a。

49　王学伊等修纂《（宣统）固原州志》卷二《地舆志·疆域、城池》，收入《中国方志丛书·华北地方·甘肃省》第 337 号，成文出版社，1970 年据宣统元年（1909）刊本影印，第 6 页 b。

50　《（宣统）固原州志》卷二《地舆志·疆域、城池》，第 55 页 b~56 页 a。

51 《（宣统）固原州志》卷一《图说》，第 42 页 a。

52 《（宣统）固原州志》卷一《图说》，第 41 页 a。

53 《（宣统）固原州志》卷八《艺文志·记》，第 56 页 a。

54 《（宣统）固原州志》卷二《地舆志·疆域、城池》，第 21 页 b~22 页 a。

55 虽然若依晚清方志所言"大校场，在州城东南郊太白山下。地极宏阔，
下环清水河，萦抱如带。营门屹立，中建演武厅五楹，并阅射楼一座，
楼称高峻……"，望军楼或属校场一部分的阅射楼。《（宣统）固原州志》
卷一《图说》，第 41 页 a。

56 《（宣统）固原州志》卷一《图说》，第 42 页 a。

57 《（宣统）固原州志》卷十《艺文志·碑类》，第 14 页 b。

58 刘敏宽修纂《（万历）固原州志》卷上《官师制》，台北故宫博物院藏明
万历四十四年（1616）刊本，第 36 页。

59 《（宣统）固原州志》卷二《地舆志·疆域、城池》，第 52 页 b~53 页 a。

60 《（万历）固原州志》卷上《官师制》，第 35 页。

61 《（宣统）固原州志》卷二《地舆志·疆域、城池》，第 52 页 b~53 页 a。

62 感谢李卓颖提醒后乐亭与范仲淹文武形象之关联。

63 图版参见中国国家博物馆编《中国国家博物馆馆藏文物研究丛书·绘画
卷·历史画》，第 21 页。

64 此册虽题为"恩荣百纪"，但目前残存不到三分之一。部分图版参见中
国古代书画鉴定组编《中国古代书画图目》，文物出版社，1986。感谢
中国首都博物馆保管组主任武俊玲女士的协助，得以观览全册。

65 骆徒宇：《澹然斋存稿》卷一《咏徐大夫素履十二图》，台北中央图书馆，
明崇祯十年（1637）武康骆氏原刊本，第 34 页 a~37 页 b。

66 黄彭年：《陶楼文钞》卷十一《题明范文忠公画像并宦迹图》，收入《续
修四库全书》集部第 1552~1553 册，上海古籍出版社，2002 年据复旦大
学图书馆藏民国十二年（1923）章钰等刻本影印，第 2 页 a~8 页 b。

67 目前仅见北京故宫博物院所藏《张瀚宦迹图卷》两卷各有一图绘张瀚穿
戎装，其一题"余亦批执较阅"而强调此特殊性。的确在其他图中，

张瀚都是以文官官服的形象出现，可见文官以戎装出现的形象应为特例。部分图版参见杨新主编《故宫博物院藏文物珍品全集 8·明清肖像画》，商务印书馆，2008，第 24~31 页。此外，宦迹相关图绘的赞助人亦与战勋图类似，除了自己之外，有时亦是部民或僚属所作以呈，例如《郡邑诸大夫相与召画史写君状貌为琼林春意图》。周瑛：《翠渠摘稿》卷一《琼林春意图序》，收入《景印文渊阁四库全书》第 1254 册，第 4 页 b~5 页 b。

68　杨丽丽：《一位明代翰林官员的工作履历：〈徐显卿宦迹图〉图像简析》，《故宫博物院院刊》2005 年第 4 期，第 63 页。关于此图的讨论，尚有朱鸿《〈徐显卿宦迹图〉研究》，《故宫博物院院刊》2011 年第 2 期，第 47~80 页。毛文芳也提到康熙文人的行乐图类型有标示个人功业、编年画像与行迹图等，参见毛文芳《图成行乐：明清文人画像题咏析论》，台湾学生书局，2008，第 27~41 页。明代以前关于个人事迹图绘的文字记录几乎未见，留存下来的也极少，与明代中叶之后的大量文集条目，形成显著对比。如《十咏图（送丁秀才赴举）》、《送郝玄明使秦图》，参见 Ann Clapp, *Commemorative Landscape Painting in China* (Princeton, New Jersey: P.Y. and Kinmay W. Tang Center for East Asian Art, 2012), 15-40。以及可能是描绘元初官员事迹的传金代《赵通泸南平夷图》卷，见傅熹年《访美所见中国古代名画札记（下）》；Maxwell K. Hearn, "Painting and Calligraphy under the Mongols," 211-213。

69　例如《云衡履历图》，见边贡《华泉集》卷九《文集·云衡履历后序》，收入《景印文渊阁四库全书》第 1264 册，第 8 页 a~9 页 a；刘春：《东川刘文简公集》卷七《都宪王公履历图序》，收入《续修四库全书》集部第 1332 册，上海古籍出版社，1995 年据北京图书馆藏明嘉靖三十三年（1554）刘起宗刻本影印，第 2 页 a~3 页 a；"《蒲州集》二本……系明陈绾撰……卷八杨南海履历图序"，见姚觐元《清代禁毁书目四种》，《抽毁书目》，收入《续修四库全书》史部第 921 册，上海古籍出版社，2002 年据上海辞书出版社图书馆藏清光绪十年（1884）刻咫进斋丛书第三集本影印，第 20 页 b。又，晚清唐鷟安题《孙峰溪金宪云山履历图》，不知是否依据孙氏所著《云山履历稿》，抑或另有他据。葛嗣浵：《爱日吟庐书画续录》卷八《乡先哲遗墨》，收入《续修四库全书》子部第 1088 册，上海古籍出版社，2002 年据清宣统二年（1910）葛氏刻本影印，第 1 页 a。

70　例如《宦途履历图诗》，见邱浚《琼台会稿》卷十《宦途履历图诗序》，收入《丛书集成三编》文学类第 38~39 册，新文丰出版社，1996 年据丘文庄公丛书本影印，第 30 页 b~32 页 a。

71　例如《题王显宗巡历图》，见贝琼《清江诗集》卷八《题王显宗巡历图》，收入《景印文渊阁四库全书》第 1228 册，第 15 页 b。

72　例如《少保雨川葛翁行历图像序》，见王世贞《弇州四部稿》卷六十九《文部·少保雨川葛翁行历图像序》，第 8 页 a~10 页 b。另有康熙时张贞

《丁野鹤先生行历图记》记载丁耀亢（1599~1669）自写"行历一卷"，应亦是沿袭明代的用法。见张贞《杞田集》卷四《丁野鹤先生行历图记》，收入《四库未收书辑刊》七辑第 28 册，北京出版社，1997 年据清康熙四十九年（1710）春岑阁刻本影印，第 1 页 a~2 页 b。

73 邹守益：《王阳明先生图谱》，收入《四库未收书辑刊》四辑第 17 册，北京出版社，1997 年据清钞本影印，第 468~485 页。

74 此与年谱形式的传记亦有关系，尤其是依照个人生涯时序的自叙年谱。自叙年谱的讨论参见 Pei-yi Wu, *The Confucian's Progress: Autobiographical Writings in Traditional China* (Princeton: Princeton University, 1989), 32-41. 自个人生涯选择重要事件描绘为图的做法，若是应用于过去不平凡的人物如释迦牟尼、孔子等，则有《释氏源流》、《圣迹图》等模式。关于《圣迹图》的讨论，参见许瑜翎《明代孔子"圣迹图"研究：以传世正统九年本〈圣迹图〉为中心》，硕士学位论文，台湾师范大学美术研究所中国美术史组，2010；Julia Murray, *Mirror of Morality: Chinese Narrative Illustration and Confucian Ideology* (Honolulu: University of Hawaii Press, 2007)。

75 骆徒宇：《澹然斋存稿》卷一《咏徐大夫素履十二图》，第 34 页 a~37 页 b。

76 刘伯燮：《鹤鸣集》卷十三《七言杂体·江陵刘侍御四美册》，第 9 页 a~10 页 b。

77 吴玄应：《雁荡山樵诗集》卷十一《宦游纪胜杂题为唐大参赋》，台北故宫博物院，1997 年据明嘉靖三十五年（1556）乐清吴氏家刊本摄制微卷，第 9~11 页。这种宦游图和清代如张宝（1763~1832）《泛槎图》或麟庆（1791~1846）《鸿雪因缘图记》主要描绘仕宦游历风景的方式不太相同。张宝：《泛槎图》，北京古籍出版社，1988；范白丁：《〈鸿雪因缘图记〉成书考》，《新美术》2008 年第 29 期，第 44~48 页。不过，清代亦有如《阿克敦奉使图》的首幅图式为下文将述及之金门待漏像者，亦有描绘其奉使至朝鲜之风景者。图版参见阿克敦《奉使图》，黄有福、千和淑校注，辽宁民族出版社，1999。

78 黄彭年：《陶楼文钞》卷十一《题明范文忠公画像并宦迹图》，第 2 页 a~8 页 b。

79 陆心源：《穰梨馆过眼录》卷二十二《张恭懿公宦迹图卷》，收入《续修四库全书》子部第 1087 册，上海古籍出版社，2002 年据清光绪十七年（1891）吴兴陆氏家塾刻本影印，第 12 页 a~21 页 b。

80 李濂：《嵩渚文集》卷十四《七言古诗三·题储御使四图》，收入《四库全书存目丛书》集部第 70~71 册，庄严文化事业有限公司，1996 年据杭州大学图书馆藏明嘉靖刻本影印，第 12 页 b~13 页 b。

81　关于行乐图的研究，参见 Cheng-hua Wang, Material Culture and Emperorship: The Shaping of Imperial Roles at the Court of Xuanzong (r. 1426-35) (Ph. D. diss., Yale University, 1998), 216-221; Hui-chi Lo, Political Advancement and Religious Transcendence: The Yongzheng Emperor's (1678-1735) Deployment of Portraiture (Ph. D. diss., Stanford University, 2009), 5-21。

82　骆徒宇：《澹然斋存稿》卷一《诗·咏徐大夫素履十二图》，第 34 页 a~37 页 b。

83　《云衡履历图序》言："其事可以纪者二十四条……其图属乎亲者六，属乎师者一，属乎君者十有七，他不与焉。"见边贡《华泉集》卷九《文集·云衡履历后序》，第 8 页 a~9 页 a。

84　许成名：《龙石先生诗抄》卷一《题臧梧冈司寇行边图》，国家图书馆藏明万历三年（1575）聊城丁氏芝城刊本，第 9~10 页。

85　周伦：《贞翁净稿》卷七《省边图二首》，收入《四库全书存目丛书》集部第 51 册，庄严文化事业有限公司，1996 年据苏州市图书馆藏明嘉靖三十七年（1558）周凤起刻本影印，第 7 页 a。

86　"奉命巡按云南，居岁余，戎夷安之"，见沐昂《素轩集》卷十一《骢马观风图序》，收入《续修四库全书》集部第 1329 册，上海古籍出版社，1995 年据南京图书馆藏明刻本影印，第 11 页 b~12 页 b。

87　薛瑄：《河汾诗集》卷五《七言律诗·题恩县行台屏风画使者观风图》，收入《四库全书存目丛书》集部第 32 册，庄严文化事业有限公司，1996 年据北京图书馆藏明成化五年（1469）谢廷桂刻本影印，第 31 页 a。

88　莫如忠：《崇兰馆集》卷十八《杂著·观风图咏册》，收入《四库全书存目丛书》集部第 104~105 册，庄严文化事业有限公司，1996 年据中国社会科学院文学研究所藏明万历十四年（1586）冯大受董其昌等刻本印，第 4 页 a~5 页 b。

89　俞允文：《仲蔚先生集》卷十《侍御使八闽陈公德政图序》，收入《四库全书存目丛书》集部第 140 册，庄严文化事业有限公司，1996 年据北京大学图书馆藏明万历十年（1582）程善定刻本影印，第 7 页 a~8 页 b。

90　杨干庭：《杨道行集》卷六《七言歌行·留犊图寄赠樊使君》，收入《四库全书存目丛书》集部第 168~169 册，庄严文化事业有限公司，1996 年据原北平图书馆藏明万历刻本影印，第 28 页 a~28 页 b。

91　徐阶：《少湖先生文集》卷三《记类·观阙荣还图记》，第 22 页 b~24 页 a。

92　康海：《对山集》卷十《送别少司徒张公督饷北还图诗序》，收入《四库全书存目丛书》集部第 52~53 册，庄严文化事业有限公司，1996 年据北京师范大学图书馆藏明嘉靖二十四年（1545）吴孟祺刻本〔卷八卷九配钞本〕影印，第 15 页 a~16 页 b。

93　陆钺：《春雨堂稿》卷五《记》，据日本尊经阁文库藏弘治年间刊本影印，汉学研究中心藏，第 8 页。亦见李东阳《怀麓堂集》卷十《诗稿十·题傅日川修撰日会中书兄弟趋朝图》，收入《景印文渊阁四库全书》第 1250 册，第 21 页 a~21 页 b。

94　焦竑：《焦氏澹园集》卷四十二《七言律诗·徐吏部父子朝天图》，收入《四库禁毁书丛刊》集部第 61 册，北京出版社，2000 年据中国科学院图书馆藏明万历三十四年（1606）刻本影印，第 9 页 b。

95　亢思谦：《慎修堂集》卷三《赋颂·面恩图颂有序》，收入《四库未收书辑刊》五辑第 21 册，北京出版社，1997 年据明万历詹思虞刻本影印，第 3 页 a~5 页 b。

96　林文俊：《方斋存稿》卷六《恩遇图序》，收入《景印文渊阁四库全书》第 1271 册，第 32 页 b~33 页 b。

97　毛纪（1463~1545），"自以位登台辅，全节完名，制为四朝恩遇图一册，凡十有六帧"。见永瑢《四库全书总目》卷六十四《史部二十》，收入《景印文渊阁四库全书》第 2 册，第 6 页 b~7 页 a。

98　明代甚至发展出相当明确的文官省亲制度，参见赵克生《明代文官的省亲和展墓》，《东北师大学报》2008 年第 232 期，第 17~23 页。

99　薛瑄：《河汾诗集》卷五《七言律诗·题杨金宪润思亲卷》，第 30 页 b。

100　韩经：《恒轩遗稿》卷一《七言律诗·题宦游思亲卷》，国家图书馆，据明正统间刊本拍摄微卷，第 13 页 a。

101　张悦：《定庵集》卷一《诗类·具庆图为李岱给事中作》，收入《四库全书存目丛书》集部第 37 册，庄严文化事业有限公司，1996 年据上海图书馆藏明弘治十七年（1504）刻本影印，第 73 页 b~74 页 a。

102　《杨给事归庆图》，"曰此吾归庆图，吾系官于京三年，每思及吾亲初度之辰，归以庆焉而不得也，将寓此以为寿"。何孟春：《何文简公集》卷九《序上》，第 12 页 a。

103　陆钺：《春雨堂稿》卷五《记》，第 8 页 a~8 页 b。亦见李东阳《怀麓堂集》卷十《诗稿十·题傅日川修撰日会中书兄弟趋朝图》，第 21 页 a~21 页 b。

104　倪岳:《青溪漫稿》卷二《七言古诗·题傅曰川日会雁行待漏像图限韵短歌》,收入《景印文渊阁四库全书》第 1251 册,第 21 页 a~21 页 b。

105　林大春:《井丹先生集》卷十七《杂著》,中研院历史语言研究所傅斯年图书馆,据日本宫内厅书陵部藏万历十九年(1591)刊本影印,第 27 页 a~28 页 a。

106　图版见杨新主编《故宫博物院藏文物珍品全集 8·明清肖像画》,第 63 页。

107　王材:《念初堂集》卷十四《序》,高桥情报,1990 年据东京内阁文库藏雍正五年(1727)正气堂重刊本影印,第 10 页 b~12 页 a。

108　王畿:《樗全集》卷二《贱历图跋》、《贱历图谱引》,收入《四库全书存目丛书》集部第 178 册,庄严文化事业有限公司,1996 年据清华大学图书馆藏清乾隆二十四年(1759)王宗敏刻本影印,第 13 页 a~15 页 a。

109　王材:《念初堂集》卷三《赋·志穷卷四图》,第 10 页 a~10 页 b。原来可能只有描绘三件事迹而为《三穷图》,当时题跋的人很多,例如邹守益《三穷图问答》,邹守益:《东廓邹先生文集》卷一《序类》,收入《四库全书存目丛书》集部第 65~66 册,庄严文化事业有限公司,1996 年据北京大学图书馆藏清刻本影印,第 39 页 b~41 页 a。

110　当然就像战争图在之前已有其传统,也不限于描绘文官,宦迹图相关的题材亦未必仅限于官员,例如明初《题甘肃军人思亲图》或许就不必然是受到宦迹图的影响。萧仪:《袜线集》卷十三《五言律·题甘肃军人思亲图》,收入《四库全书存目丛书》集部第 31 册,庄严文化事业有限公司,1996 年据江西省图书馆藏清乾隆五年(1740)重刻本影印,第 3 页 b。

111　赵前:《明司礼监刻本〈赐号太和先生相赞〉》,《紫禁城》2005 年第 5 期,第 104~111 页。

112　黄绾:《久庵先生文选》卷四《七言绝句·题晏太监行边图》,汉学研究中心据日本尊经阁文库藏明万历刊本影印,第 5 页 a。

113　"先伯祖妣赵淑人朝孝节烈皇后、孝哀悊皇后,因而传写者也。"朱彝尊:《曝书亭集》卷五十四《跋十三·题赵淑人宫门待漏图》,收入《景印文渊阁四库全书》第 1317~1318 册,第 15 页 b~17 页 b。

114　关于《五同会图》与《十同年图》的讨论,参见苏玟瑄《从明代官员雅集图看明代雅集图及群体肖像的发展》,硕士学位论文,台湾师范大学美术研究所中国美术史组,2010。

115　Houmei Sung, "The Symbolic Language of Chinese Horse Painting," *National Palace Museum Bulletin* 36: 2 (2002.7): 62-73, in Houmei Sung,

Decoded Messages: The Symbolic Language of Chinese Animal Painting
(New Haven: Yale University Press, 2009), 171-206.

116 关于《送寇公去任图》的讨论，参见马雅贞《中介于地方与中央之间：
〈盛世滋生图〉的双重性格》，《台湾大学美术史研究集刊》第 24 期，
2008 年，第 287~289 页。

117 王正华认为《杏园雅集图》是英宗初年描绘宣宗朝事，反映宣宗朝
承袭永乐朝鼓励皇帝、高官、院画家互动的独特宫廷文化。Kathlyn
Liscomb 也指出永乐朝高官赞助的祥瑞图绘等，反映了当时特殊的政治
文化。二者的研究都显示明初高官的相关图绘和当时宫廷特别的文化有
关，而与本书所论明中期以降中高层官员的视觉文化有所不同。Cheng-
hua Wang, *Material Culture and Emperorship*, 340-347；Kathlyn Liscomb,
"Foregrounding the Symbiosis of Power：A Rhetorical Strategy in Some
Chinese Commemorative Art," *Art History* 25: 2 (2002.4): 135-161.

118 Houmei Sung, "The Symbolic Language of Chinese Horse Painting," 62-73,
in Houmei Sung, *Decoded Messages: The Symbolic Language of Chinese
Animal Painting*, 171-206.

119 关于明代多元视觉文化的讨论，参见 Craig Clunas, *Empire of Great
Brightness: Visual and Material Cultures of Ming China, 1366-1644* (London:
Reaktion Books, 2007)；Craig Clunas, *Pictures and Visuality in Early
Modern China* (London: Reaktion Books, 1997)。

120 关于明清科举文化的研究，参见 Benjamin A. Elman, *A Cultural History of
Civil Examinations in Late Imperial China* (Berkeley, California: University
of California Press, 2000)。

121 若检索《四库全书总目提要》之《史部诏令奏议类》，可略见明代个人
奏议出版的情况，此课题有待未来进一步的研究。

122 王材:《念初堂集》卷十四《金门待漏图序》，第 10 页 b~12 页 a。

123 王畿:《樗全集》卷二《贱历图跋》、《贱历图谱引》，第 13 页 a~15 页 a；
刘春:《东川刘文简公集》卷七《都宪王公履历图序》，第 2 页 a~3 页 a。

124 刘伯燮:《鹤鸣集》卷二十七《杂文·平番图跋》，第 12 页 b~13 页 a。

125 虽然《安南来威图》因安南事件以招抚收场而无战争场景的描绘，但是
招抚可视为广义军事的一环，且招抚受降也是明代战勋图不可分割的一
部分，故于此亦纳入一并讨论。

126 后文会提及晚明尚有关于宋代先人战迹的图绘（报功图，参后注 157），

以及描写当代战争的刊本(《王公忠勤录》与《巡城录》)亦附战勋插图。但由于《安南来威图册》、《三省备边图记》与《剿贼图记》乃笔者目前所知描述当代战争主题的刊本中,于标题中特别突显出"图"者,可见插图在此三刊本的重要性,故此节特别讨论之。

127　冯时旸、梁天锡、江美中辑撰《安南来威图册》,收入《北京图书馆古籍珍本丛刊》史部杂史类第 10 册,书目文献出版社,1988 年据明隆庆刻本影印,第 373~479 页(此书因原版刻页数混乱,故以影印本之新编页数注)。又,Kathlene Baldanza 曾比对中越文献(包括《安南来威图册》)对此事的不同记录,参见 Kathlene Baldanza, The Ambiguous Border: Early Modern Sino-Viet Relations (Ph. D. diss., University of Pennsylvania, 2010), Chapter Four。

128　凌琯,嘉靖壬戌(1562)进士,传记见过庭训纂集《明分省人物考・四》,收入周骏富辑《明代传记丛刊》第 132 册,明文书局,1991 年据刊本影印,第 431~432 页。冯时旸、梁天锡、江美中辑撰《安南来威图册》,第 430~431 页。

129　冯时旸、梁天锡、江美中辑撰《安南来威图册》,第 375~376 页。

130　例如《白石先生像赞》、《白石先生小像》以及嘉靖皇帝派其出使云南的升迁敕令就未列于目录之内。冯时旸、梁天锡、江美中辑撰《安南来威图册》,第 377~379 页。

131　张廷玉等撰《明史》卷九十七《志七十三》,第 3872 页;黄虞稷:《千顷堂书目》卷五《史部》,收入《丛书集成续编》第 4 册,新文丰出版社,1989 年据适园丛书排印,第 189 页。

132　严从简:《殊域周咨录》卷六《安南下》,收入《续修四库全书》史部第 735~736 册,上海古籍出版社,1995 年据北京图书馆藏明万历刻本影印,第 38 页 a~39 页 b;沈懋孝:《长水先生文钞》之《四余编》,收入《四库禁毁书丛刊》集部第 159~160 册,北京出版社,2000 年据中国科学院图书馆南京图书馆藏明万历刻本影印,第 16 页 a~17 页 b。

133　《明实录・穆宗实录》卷三,隆庆元年一月壬午条,中研院历史语言研究所校勘,中研院历史语言研究所,1966,总第 90 页。

134　《明实录・世宗实录》卷三〇二,嘉靖二十四年八月丁巳条,中研院历史语言研究所校勘,总第 5740 页。

135　沈懋孝:《长水先生文钞》之《四余编》,第 16 页 a~17 页 b。

136　葛韵芬:《重修婺源县志》卷二十八《人物七・孝友一》,收入《中国地方志集成・江西府县志辑》第 27~28 册,江苏古籍出版社,1996 年据民国十四年（1925）刻本，第 12 页 a。

137　丁廷楗修，赵吉士纂《（康熙）徽州府志》卷十四《宦业》，收入《中国方志丛书》第 237 号，成文出版社，1975 年据清康熙三十八年（1699）刊本影印，第 40 页 b~41 页 a。

138　李东阳：《怀麓堂集》卷九《诗稿九》，第 3 页 a~3 b。

139　李堂：《堇山文集》卷十一《绘图赠美鄞令蒋君德政序》，收入《四库全书存目丛书》集部第 44 册，庄严文化事业有限公司，1996 年据北京大学图书馆藏明嘉靖刻本影印，第 13 页 a~14 页 a。

140　吴玄应：《雁荡山樵诗集》卷十一《五言绝句》，第 12~13 页。

141　冯时旸、梁天锡、江美中辑撰《安南来威图册》，第 378 页。

142　苏愚：《三省备边图记》之《序》，第 3 页 a。

143　苏愚自言"癸未（1583）春余自黔趋闽"，故应是 1582 年于贵州开始筹划制作。苏愚：《三省备边图记》，第 91 页 a。

144　以下对《三省备边图记》四图式与下段战争相关典礼的分析，是据笔者的硕士学位论文改写而成。马雅贞：《战争图像与乾隆朝（1736~95）对帝国武功之建构》，第 16~19 页。

145　关于玄姓改元之记录，转引自《天津〈元氏族谱〉原谱序（乾隆十二年）》，http://blog.sina.com.cn/s/blog_43f3947c0100m9w6.html，最后访问日期：2010 年 11 月 12 日。吴阿衡（？~1638）的序曰："图纪一书，公不张大其事，亦不详着其画，然而简稽之精识，折执之大力，筹较之苦心，已具犁然于兹矣。"故可知为玄默所编纂。参见玄默《剿贼图记》之《序》，中研院历史语言研究所傅斯年图书馆藏，雍正九年（1731）重刊本，第 3 页 a。此书陆续由玄默的子孙重刻，包括其玄孙元展成于雍正九年重刻，见元展成《重刊剿贼图记后叙》，参见玄默《剿贼图记》，中研院历史语言研究所傅斯年图书馆藏，第 53 页。元展成子元克中又于乾隆三十四年（1769）重刻，其题识曰："先大人重刻于桂林藩廨，复刻于皋兰抚署。"可见元展成重刊不止一次。见玄默《剿贼图记》，同治十一年（1872）石印本，中国国家图书馆藏。同治十一年，石印本附《明史·列传》、吴阿衡之序、元展成序、王湑在雍正十一年（1733）之题跋，以及元克中题识。除了傅斯年图书馆本与同治十一年石印本外，尚有道光元年（1821）金陵甘福之重雕本（中国国家图书馆藏），附《明史·列传》、吴阿衡序、元展成序和甘福序。因傅斯年图书馆本前有吴阿衡序但缺前两页，后有王湑在雍正十一年之题跋缺后半，故与金陵甘福重雕本为不同版本。此外，美国国会图书馆亦藏前有吴阿衡序的《剿贼图记》，不论《美国国会图书馆藏中国善本书目》

还是《域外汉珍本文库》均称其为明刊本；然而其中的第十、十七、二十一图，均为三半版所拼成，而与其他图都是两半版合成不同，且三半版所拼成的构图无法相连，尤其第二十一图的两版与第一图相同，都可见此本的问题。唯笔者尚未亲见，无法确认版本时间，但此本其他图与目前笔者所见之重刻本与石印本之文字内容和插图均一致。无论如何，由于玄默子孙重刻的记述或言"披阅之余，觉钺铁马印，凛然生气具在，用是重为刊刷"，或"当年筹兵取将，灭贼保疆之绩，犁然在目"而"重刻而新之"，后刊本与原明刊本应该差距不大，或可据之推想原本风貌。本书附图因而采笔者所见最早的傅斯年图书馆雍正本。王重民辑录《美国国会图书馆藏中国善本书目》，文海出版社，1972，第153页；玄默：《剿贼图记》，收入域外汉珍本文库编纂出版委员会《域外汉珍本文库》第四辑史部十七，西南师范大学出版社，人民出版社，2013，第131~159页。

146　关于高迎祥等众与明兵之攻伐情形，参见 Roger V. Des Forges, *Cultural Centrality and Political Change in Chinese History: Northeast Henan in the Fall of the Ming* (Stanford: Stanford University Press, 2003), 182-193.

147　玄默：《剿贼图记》，中国国家图书馆藏，道光元年（1821）刊本，第3页 a。

148　玄默：《剿贼图记》，第2页 b。

149　玄默：《剿贼图记》，第3页 a。

150　张廷玉等撰《明史》卷二百六十《列传·陈奇瑜　玄默》，第6733页。

151　王材：《念初堂集》卷十四《序》，第10页 b~12页 a。

152　《明代研究》匿名审查人提醒，《剿贼图记》出版之快，或也与时人对时事新闻的需求有关。

153　《三省备边图记》的图记着重的是对各地战役的整体说明，图绘则强调战况之激烈，再加上图式的格套处理，其实文字记录与图绘间的关系并不紧密。虽然如此，透过各图式充满士兵、倭寇、武器、军旗等细节的描绘，观者得以据之拼凑或联想战争的状况，因此画面的叙事性还是很强。《剿贼图记》的文字记录虽然也接近《三省备边图记》对各次战役的整体说明，也同样与图的关系不大，但《剿贼图记》却是以山水广景为主，且人物数量少，在画面中的活动范围也有限，因此叙事性大为减弱。

154　马孟晶：《耳目之玩：从〈西厢记〉版画插图论晚明出版文化对视觉性的关注》，《台湾大学美术史研究集刊》第13期，2002年，第219~220页。感谢马孟晶提醒《剿贼图记》可能受到晚明版画流行名山图的影响。例如《天下名山胜概记》，收入刘昕主编《中国古版画·地理卷·名山图》，湖南美术出版社，1999 年影印墨绘斋崇祯六年（1633）刻本，第 1~55 页。

155　雷思忠集，曹思彬校正《王公忠勤录》，中研院历史语言研究所傅斯年图书馆藏，图页第 2 页 b~4 页 a。另参周心慧主编《新编中国版画史图录·第六册·明万历版画（三）》，学苑出版社，2000，第 221~223 页；周芜编《中国版画史图录》，上海人民美术出版社，1988，第 168 页，感谢林丽江告知此资料。

156　刘锡玄：《巡城录》，国家图书馆藏，无页数。另参见周芜编《中国版画史图录》，第 170~171 页。关于刘锡玄的研究，参见何淑宜《时代危机与个人抉择：以晚明士绅刘锡玄的宗教经验为例》，《新史学》第 23 卷第 2 期，2012 年 6 月，第 57~106 页。

157　明后期除了描绘当代个人相关战争事迹很流行外，亦有关于宋代先人事迹（报功图）的图绘。例如《武威石世源流世家明代忠良报功图》（又名《石守信报功图》，安徽省博物馆藏），感谢林丽江告知此图。根据王伯敏的研究，此图应是明代后期徽派的版画，参见王伯敏《石守信报功图探讨》，收于氏著《中国版画史》，南通图书公司，出版时间不详，第 129~138 页，图 71~72。图版参见周芜《徽派版画史论集》，安徽人民出版社，1984，图 1。另有上海博物馆藏《赐胡氏世家朝代忠良江左名师报功图》与《新安明经胡氏授田宅于绩之胡里镇八景中历代报功图》，王伯敏亦认为是晚明徽州刻手所作，参见王伯敏《大型古版画〈报功图〉》，《东南文化》1998 年第 1 期，第 133~135 页。

158　图版参见仇英《倭寇图卷》与中国国家博物馆编《中国国家博物馆馆藏文物研究丛书·绘画卷·历史画》，第 54~67 页。关于《抗倭图卷》的介绍，见孙键《明代倭患与〈抗倭图卷〉》，收入中国国家博物馆编《中国国家博物馆馆藏文物研究丛书·绘画卷·历史画》，第 229~233 页；陈履生：《纪功与记事：明人〈抗倭图卷〉研究》，《中国国家博物馆馆刊》2011 年第 2 期，第 8~33 页；朱敏：《解读明人〈抗倭图卷〉：兼谈与〈倭寇图卷〉的关系》，《中国国家博物馆馆刊》2011 年第 2 期，第 47~64 页；吴大昕：《倭寇形象与嘉靖大倭寇：谈“倭寇图卷”、“明人抗倭图”、“太平抗倭图”》，《明代研究》第 16 期，2011 年，第 141~161 页，感谢李卓颖告知此文。关于《倭寇图卷》的研究，参见须田牧子《〈倭寇图卷〉再考》，彭浩译，《中国国家博物馆馆刊》2011 年第 2 期，第 34~46 页。感谢板仓圣哲提供《中国国家博物馆馆刊》的最新研究。笔者的研究在日本学界引发更多相关讨论，见鹿毛敏夫《“抗倭图卷”“倭寇图卷”与大内义长·大友义镇》，《东京大学史料编纂所研究提要》（23），2013 年 3 月，第 296~307 页；须田牧子：《〈倭寇图卷〉的研究现况》，黄荣光译，《中国国家博物馆馆刊》2013 年第 6 期，第 51~55 页；须田牧子：《特定共同研究倭寇プロジェクト、三年間の成果》，《东京大学史料编纂所研究提要》（25），2015 年 3 月，第 109~116 页；板仓圣哲：《蘇州片と“倭寇图卷”“抗倭图卷”》，《东京大学史料编纂所研究提要》(25),2015 年 3 月，第 117~131 页；关周一：《總括コメント》,《东京大学史料编纂所研究提要》(25),2015 年 3 月，第 132~139 页。

159　感谢东京大学史料编纂所须田牧子与东京大学东洋文化研究所板仓圣哲的协助，得以观览《倭寇图卷》。

160　须田牧子从两卷红外线摄影辨认出"日本弘治三年"与"弘治四年"，认为正是王直败走与捕获斩首的标志性年份，故二图是对"'嘉靖大倭寇'中明军获胜的象征性描绘"，参见须田牧子《〈倭寇图卷〉再考》，第 43~46 页。关于万历时期对嘉靖倭寇的兴趣，参见吴大昕《猝闻倭至：明朝对江南倭寇的知识（1552~1554）》,《明代研究》第 7 期，2004 年，第 29~62 页；吴大昕：《海商、海盗、倭：明代嘉靖大倭寇的形象》，第 84~107 页。

161　板仓圣哲：《蘇州片と"倭寇图卷""抗倭图卷"》，第 117~131 页。关于苏州片的讨论，见杨臣彬《谈明代书画作伪》,《文物》1990 年第 4 期，第 72~87、96 页；Ellen Laing, "Suzhou Pian and Other Dubious Paintings in the Received Oeuvre of Qiu Ying," *Artibus Asiae* 59: 3/4 (2000): 265-295；李仲凯：《话说苏州片》，载氏著《赝品述往》，泰北文艺出版社，2004，第 99~110 页。

162　关于明清《清明上河图》仿本图式的讨论，参见古原宏伸《清明上河图》（上）、（下）,《国华》第 955、956 期，1973 年 2 月、3 月，第 5~15 页、第 27~44 页；王正华：《过眼繁华：晚明城市图、城市观与文化消费的研究》，收入李孝悌《中国的城市生活：十四至二十世纪》，联经出版公司，2005，第 1~57 页；马雅贞：《中介于地方与中央之间：〈盛世滋生图〉的双重性格》，第 287~289 页。

163　张鉴：《冬青馆集》甲集卷四《文征明画平倭图记》，第 5 页 b~11 页 a。参见仇英《倭寇图卷》。后者见中国国家博物馆编《中国国家博物馆藏文物研究丛书·绘画卷·历史画》，第 54~67 页。山崎岳对此图记有更多历史相关的考证，参见山崎岳《張鑑"文徵明畫平倭圖記"の基礎的考證および譯注——中國國家博物館藏"抗倭圖卷"に見る胡宗憲と徐海？》,《东京大学史料编纂所研究提要》(23),2013 年 3 月，第 348~365 页。

164　关于王翠翘故事于明清之流行，参见陈益源《王翠翘故事研究》，里仁书局，2001，第 1~54 页。相对于张鉴对翠翘、绿姝和其所乘坐鹿头船的描绘，《抗倭图卷》虽可指认出人物，但刻画得不像张鉴所言那般细致。而传仇英的《倭寇图卷》则完全不见此船的出现。不知是与质量精细度有关，还是母题发展时间的差异。

165　比对《胡梅林平倭图卷》的描述与《抗倭图卷》，可以辨认的有胡宗宪、赵文华、阮鹗、赵孔昭、四文臣（可能为郎中郭仁，副使刘焘或徐汝，参政汪柏，参议王询）、徐珏、尹秉衡、卢镗、翠翘、绿姝等。

166 山崎岳考证乍浦、沈庄之役的史实后，亦认同《抗倭图卷》为纪念胡宗宪的勋迹而作。山崎岳：《乍浦、沈庄之役重考：〈抗倭图卷〉虚实的探讨》，《中国国家博物馆馆刊》2013 年第 6 期，第 56~60 页。

167 佚名：《戚南塘剿平倭寇志传》，上海古籍出版社，1994 年据北京图书馆藏明刊本影印。

168 陈大康：《明代小说史》，第 585、593 页。此外尚有以明中期于谦（1398~1457）事迹为题材的小说《于少保萃忠传》，插图收入汉语大词典出版社编《中国古代小说版画集成》第 4 册，汉语大词典出版社，2002，第 873~914 页。

169 例如文人与艺术家写照就有文以诚的专书，Richard Vinograd, *Boundaries of Self: Chinese Portraits, 1600-1900* (Cambridge: Cambridge University Press, 1992)。皇帝的肖像更是近年来备受瞩目的议题，例如 Chenghua Wang, Material Culture and Emperorship, 148-272; Hui-chi Lo, Political Advancement and Religious Transcendence; 陈葆真：《〈心写治平〉——乾隆帝后妃嫔图卷和相关议题的探讨》，第 89~150 页。

170 杨新：《明人图绘的好古之风与古物市场》，《文物》1997 年第 4 期，第 53~61 页。

II

战勋与大清：

清代前期战勋表述的文武取径

战勋与满洲："太祖实录图"与
皇太极对满洲意识的建构

　　明代官员宦迹图与战勋图的流行除了不限官员圈外，也跨越中国边境。随着万历出兵帮助李朝抵抗丰臣秀吉（1537~1598），个人勋迹图绘的盛行不仅延烧到参与的明代官员，例如目前藏处不明的《征倭纪功图》即是纪念明朝水军都督陈璘的事迹，[1]也促发了朝鲜官员制作相关的图像，影响了李朝的战勋图。例如吴熙常（1763~1833）所记刻画郑文孚（1565~1624）于双浦战胜日军的《临溟破倭图》，是"麾下姜文佑目见其鏖战之状，写为此图……公孙某摹写一本，藏为子孙示，属跋于某"，[2]制作和流传脉络都与明代官员战勋图相近。而安邦俊（1573~1654）为殉节而死的赵宪（1544~1592）编辑《抗义新编》，包括"躬耕养亲图、礼宾师奴图、持斧伏阙图、徒步过岭图、请斩倭使图、清州破贼图、锦山死节图、七百义冢图"，[3]也与明代官员宦迹图类似，是依时序描绘事迹。这些李朝官员勋迹图的制作很可能是因为壬辰倭乱引发相关战勋图的制作与题写，而将晚明官员宦迹图与战勋图流传至李朝。为《抗义新编》书序的李廷龟（1564~1632），[4]就记有"吴游击宗道送帖于汉阴李相国，并送锦绢为两轴，求得东韩诸文士题咏……一则以游击东征凯旋，图画其事，题曰请缨奏凯二首"，[5]可见明人请朝鲜士人为其战勋图题咏的例子。虽然这些案例都与壬辰倭乱有关，但个人战勋图的影响可能延续至之后。作于17世纪后半期的《北关遗迹图帖》描画了朝鲜历代从吴延宠（1055~1116）到郑文孚共八位官员的相关战争事迹，[6] 虽然收入人物的时代范围大，但以官员战迹为中心的做法，可能也是承袭晚明以来的风潮。

如果晚明这股描绘官员勋迹的流风播及邻近的李朝，就时间的同时性与地域的邻近性来看，同样与明朝接触频繁的满洲受明代宦迹图的影响应该也不令人感到意外。本章以皇太极（1592~1643）于天聪九年（1635）所完成依时序记录努尔哈赤事迹的"太祖实录图"为中心，首先还原其可能样貌以作为讨论其与晚明官员宦迹图关系的基础；进而与《太祖武皇帝实录》比较，论述"太祖实录图"与皇太极建构满洲意识之关系；最后比较"太祖实录图"与晚明官员战勋图的差异，尤其侧重"太祖实录图"战争母题的发展如何深化战图的表现，有效地呈现满洲开国的进程。[7]

一　还原"太祖实录图"

"太祖实录图"并未存世，但乾隆时期曾数次"依式重绘""太祖实录战图"，留下数本学界因其封面题名"满洲实录"，而以《满洲实录》通称的乾隆"摹本"。[8] 然而已佚天聪九年本的原始题名尚有争议，详见下文讨论；最早的汉文记载来自康熙时纂修的《大清文皇帝太宗实录》天聪九年八月乙酉条："画工张俭、张应魁恭绘太祖实录图成，赏俭人口一户、牛一头，应魁人口一户。"[9] 虽然《国朝宫史续编》亦称"高宗纯皇帝敬览乾清宫所藏太祖实录图，乃盛京旧本，特命依式重绘，一贮上书房，一恭送盛京尊藏"，[10] 但"太祖实录图"的名称未必就是天聪九年制作时的题名。不过以下为区别方便起见，以"太祖实录图"称天聪九年本，乾隆重绘本则以《满洲实录》名之。学界一般认为乾隆朝重绘的《满洲实录》图绘应该保留了皇太极时代"太祖实录图"的样貌。[11] 的确，乾隆朝重绘的《满洲实录》，与雍正和乾隆画院常见大幅改变所"摹"或所"仿"原本的院体风格很不一样，[12] 应该可以接受是相当忠实的摹本，故本书也以乾隆朝重绘的《满洲实录》图画来推想"太祖实录图"的图绘表现。不过，《满洲实录》的文字与现存改缮自皇太极崇德元年（1636）编纂的《太祖武皇帝实录》十分接近，[13]《满洲实录》与"太祖实录图"的关系以及后者的原貌则都有待厘清。

关于"太祖实录图"最早的满文档案记录天聪九年"聪睿汗用先前英明汗实际经历的书文，命两个画匠张俭、张应魁画出。这项托付的事完成了；因为画的好，便赏了张俭两个人、一条牛；给张应魁两个人"。[14] 虽然有学者将"实际经历的书文"译为"实录"并认为张俭与张应魁是为实录作画，[15] 但陈捷先的满文直译可能更贴近实况。陈捷先认为"太祖实录图"是依据满文原档的内容绘制，也就是"太祖实录图"原来并无文字说明，而是以绘画为主描绘努尔哈赤事迹的画集。陈捷先的说法，和户田茂喜、山本守学、Walter Fuchs 等相仿，[16] 而与陶湘、今西春秋及三田村泰助的意见很不同。虽然众学者比对《满洲实录》与《太祖武皇帝实录》的文字时，都注意到两者基本上十分接近，差别只是《满洲实录》的汉文经过乾隆朝的润饰，满文的部分也做了若干调整，然而他们对于《满洲实录》与《太祖武皇帝实录》的关系则有相当不同的判断。陶湘、今西春秋及三田村泰助皆相信"太祖实录图"与《满洲实录》一样图文兼有，而认为《太祖武皇帝实录》是将原来"太祖实录图"的图画去除后的结果，《满洲实录》的文字则是略为修订了原来"太祖实录图"的文字。[17] 陈捷先和户田茂喜、山本守学、Walter Fuchs 则认为原来的"太祖实录图"只有图画而无文字，《满洲实录》的文字实脱胎于《太祖武皇帝实录》。[18]

若只比对《满洲实录》与《太祖武皇帝实录》，上述两个说法的确都有可能，但参照其他史料整合来看，我相信陈捷先等学者的说法应该最接近"太祖实录图"的原貌。《国朝宫史续编》里"太祖实录战图"即归类于书籍的"图刻"类之下，与"盛京事迹图"和"平定伊犁回部全图"等战图并置，而非在"实录"的类别内。[19] 可见分类上"太祖实录图"其实更接近以图画为主的"图刻"，而与"实录"类别所收《太祖高皇帝实录》、《太宗文皇帝实录》、《世祖章皇帝实录》等仅有文字且体例严明的正统实录不类。如此来看乾隆御制诗《敬题重绘太祖实录战图》的注文"实录八册，乃国家盛京旧本，敬贮乾清宫，恐子孙不能尽见，因命依式重绘二本"，[20] 以"重绘"称之；而文字的部分，在具体制作《满洲实录》时，乾隆四十四年（1779）于敏中（1714~1779）的奏文中提到的"前奉谕旨，令主事门应兆恭绘开国实录，图内事迹，应派员缮写，拟分清字、蒙古字、汉字，各派中书四员，在南书房恭缮，并轮派懋勤殿行走翰林一人入直，照料收发。报闻"，[21] 不无《满洲实录》添入文字以说明"图内事迹"的语气。因此，陈捷先等学者将之解读为"太祖实录图"原来只有图画，乾隆令门应兆重绘为《满洲实录》，但为了说明图画，事迹的部分另派员从《太祖武皇帝实录》缮写，这样的说法应该是可以接受的。

　　事实上一旦跳脱现存《满洲实录》图文皆有的框架，还原天聪九年的"太祖实录图"是仅有图画而无文字，并且厘清《满洲实录》乃结合"太祖实录图"的图画与《太祖武皇帝实录》的文字后，能够更精确地解读相关文献与后来的发展。前引满文档案"用先前英明汗实际经历的书文，命两个画匠张俭、张应魁画出"，便是两位画人参考关于努尔哈赤的文书记录来制作绘画，而非为其"实录"配上插图。天聪九年时是否称"太祖实录图"虽不可知，但由于是描绘努尔哈赤事迹的绘画，康熙纂修《大清文皇帝太宗实录》时以"太祖实录图"称之也不无道理。乾隆重绘时加入《太祖武皇帝实录》的文字，既让《满洲实录》有传统实录以文字为主的样貌，也与乾隆视《满洲实录》为"开国实录"而要"传之奕世，以示我大清亿万子孙毋忘开创之艰难也"的目的相合。[22]

尤其重要的是，《满洲实录》将"太祖实录图"与《太祖武皇帝实录》拼凑而成的特质，解答了何以《满洲实录》图绘与文字呈现相当不对称的关系。《满洲实录》共有八十三幅图，[23]极为不平均地穿插于八百多页之间，有时短短的文字条目配有数组图画，有时数十项文字叙述事件才有一幅图。不仅图绘与文字的配对比例混乱不一，文字与图绘的版面安排也无秩序，有时文字在前，有时图绘在先。[24]与其他的清代宫廷制作或是一般中国配有插图的书籍相较，《满洲实录》的设计原则混淆不清，既没有统一的版面规划，也没有一致的图文配置。之所以如此混乱，很可能就是因为硬要将原来只有图绘的"太祖实录图"与只有文字的《太祖武皇帝实录》拼凑在一起时，无法避免不协调的发生。换个角度来看，正是因为"太祖实录图"原来就是图册，而不是作为文字的插图。因此，《满洲实录》的图画比起《太祖武皇帝实录》更能清晰地勾勒出努尔哈赤的崛起过程与满洲渐形扩张势力的发展，详见后文论述。

总之，"太祖实录图"的原貌应该是只有图画而无文字的画册，是皇太极据努尔哈赤生平依时序选择重要事迹所作的图绘。从个人勋迹图在中国官员圈的盛行，和对境内商业作坊与境外朝鲜士人的影响来看，原来天聪九年所作的"太祖实录图"很可能就是此风潮的产物。陈捷先曾推测"太祖实录图"的制作，可能是因为努尔哈赤与皇太极父子很喜爱《三国演义》，而明末《三国演义》有不少附图的刊本，受到其中插图的启发。[25]谢贵安则认为是因为"当时满洲社会文化水平不高，因此在修实录时，不得不附图而行"。[26]但是如果从明代中期以后官员勋迹图绘的流行来看，作为描画当代个人重要事迹的类型，并非"文化水平不高"的产物，而与"太祖实录图"更为接近。虽然相关资料十分有限，但从制作时间与流播东亚的角度而言，都可以将"太祖实录图"放在明代中期之后宦迹图与战勋图流行的脉络中来理解。皇太极纂修"太祖实录图"的时代，正是晚明宦迹图和战勋图制作的盛行期。事实上"太祖实录图"与战事进行时火速筹备刊刻的《剿贼图记》制作的时间几乎完全相同，如前所述，从《剿贼图记》可见晚明版刻的便利与战勋图制作的盛行，"太祖实录图"可以说也是在相同的脉络下完成，只是随着描绘主角身份的差异，而将官员专有的宦迹图转换为皇帝独有的"实录图"。虽然原来的"太祖实录图"与中国实录传统相去甚远，但从描绘人物事迹的角度而言，未尝不具实录的实质意义，也难怪康熙时《大清文皇帝太宗实录》会以"太祖实录图"称之。只是一直要到乾隆重绘并配上《太祖武皇帝实录》文字后，才转变为其要流传万世的"开国实录"。

二 《太祖武皇帝实录》、"太祖实录图"与皇太极对满洲意识的建构

　　以上虽然确认了天聪九年"太祖实录图"原来并无文字，但若将之与现存改缮自皇太极改元崇德时纂修的《太祖武皇帝实录》相较，更能看出"太祖实录图"的编辑意图。现存《太祖武皇帝实录》本身相当特殊，以下先讨论其与满洲意识建构的关系；再分析《太祖武皇帝实录》与"太祖实录图"所选择描绘的事件与事迹内容，论证"太祖实录图"更为清晰地呈现满洲认同与满洲开国史的进程。

《太祖太后实录》/《太祖武皇帝实录》

　　根据《满文老档》，皇太极于崇德元年编纂满蒙汉文《太

祖太后实录》，但目前仅存《太祖武皇帝实录》满文与汉文本。[27]学者普遍认为，现存《太祖武皇帝实录》是经多尔衮修改后顺治初期再改缮的本子，但多同意此本除了删除崇德本《太祖太后实录》的合称与多尔衮抹去其母事等外，与皇太极崇德本的原貌差别不大，[28]因此本书以现存《太祖武皇帝实录》来讨论皇太极崇德元年所修《太祖太后实录》。就纂修名目、体例与内容来说，《太祖太后实录》都与中国历代的传统实录十分不同。以纂修的名目而言，《太祖太后实录》特别举出太后的说法十分特别。陈捷先认为此与皇太极透过强调其母亲为正统皇后，来为自己继承努尔哈赤正名有关。[29]以体例来说，原本传统实录几乎每个年月日都有以皇帝为核心，从起居作息到文武官僚迁降与国家政治经济事件的记录，[30]在《太祖武皇帝实录》中却经常略过数月才有说明，且至甲申岁（1584）才依循传统实录将年月置于段落之首并逐条记载的方式。就内容来看，《太祖武皇帝实录》比起传统实录，所记录的征战尤多，纳妻、宥养、降服、朝贡、建城等政治、经济、社会事件比例较低。虽然这些差异可能与皇太极为自己的继承正名、早期材料的缺乏和努尔哈赤独特的生平有关，但是《太祖武皇帝实录》与历朝开国君主的实录相较，更见不寻常的做法。

相对于历朝开国皇帝的实录从庙号、族谱与出生异象和少年期为始，《太祖武皇帝实录》却自"长白山"、"满洲源流"与"诸部世系"开始，[31]而未直接记述努尔哈赤个人。这种做法显然过于特殊，之后乾隆重修《太祖高皇帝实录》时特地将之调整以符合传统实录的形式。例如《太祖高皇帝实录》删除了大部分的"诸部世系"，虽然大致保留了"长白山"与"满洲源流"的内容，但透过加上"先世发祥于长白山"等文句润饰，[32]使之与传统族谱相近，而不至于和正统实录差别太大。那么，何以皇太极纂修如此特殊的《太祖武皇帝实录》？首先，皇太极追封努尔哈赤为太祖并为其纂修实录，此举本身就有强烈的政治意图。过去中国各朝所修辑的实录都是以建元开国的皇帝为始，[33] 但努尔哈赤在位时的称号是"汗"，[34] 皇太极却在《太祖武皇帝实录》中称努尔哈赤是太祖（皇帝），显然试图透过努尔哈赤的封号"太祖"，将其定位成大清开国之皇帝。

尤其值得注意的是，努尔哈赤的国号是后金，皇太极也是到天聪十年改崇德元年才改称大清并自称皇帝，但终《太祖武皇帝实录》一书，完全未提及后金，显然刻意避后金而不用，而以满洲取代之。"满洲"一词在《太祖武皇帝实录》中具有举足轻重的地位。《太祖武皇帝实录》一开始就标举长白山与满洲源流：

> 长白山。高约二百里，周围约千里。此山之上有一潭，名他们，周围约八十里。鸭绿、混同、爱滹三江，俱从此山流出。鸭绿江自山南泻出向西流，直入辽东之南海，混同江自山北泻出向北流，直入北海。爱滹江向东流，直入东海。此三江中每出珠宝。长白山山高地寒，风劲不休。夏日环山之兽，俱投憩此山中。此山尽是浮石，乃东北一名山也。

> 满洲源流。满洲原起于长白山之东北布库里山下一泊，名布儿湖里，初天降三仙女，浴于泊。长名恩古伦，次名正古伦，三名佛古伦。浴毕上岸，有神鹊衔一朱果置佛古伦衣上。色甚鲜妍。佛古伦爱之不忍释手，遂衔口中。甫着衣，其果入腹中，即感而成孕。告二姊曰，吾觉腹重不能同升，奈何。二姊曰，吾等曾服丹药，谅无死理。此乃天意。俟尔身轻上升未晚，遂别去。佛古伦后生一男，生而能言，俟尔长成。母告子曰，天生汝实令汝为夷国主，可往彼处将所生缘由，一一详说。乃与一舟，顺水去即其地也。言讫，忽不见。其子乘舟顺流而下，至于人居之处，登岸折柳条为坐具，似椅形，独踞其上。彼时，长白山东南鳌莫惠鳌朵里，内有三姓夷酋争长，终日互相杀伤。适一人来取水，见其子举止奇异，相貌非

常。回至争斗之处，告众曰，汝等无争，我取水处，遇一奇男子，非凡人也，想天不虚生此人，盍往观之。三酋长闻言，罢战，同众往观。及见，果非常人，异而诘之。答曰，我乃天女佛古伦所生，姓爱新觉罗，名布库里英雄。天降我定汝等之乱。因将母所嘱之言详告之。众皆惊异曰，此人不可使之徒行，遂相插手为舆，拥捧而回。三酋长息争，共奉布库里英雄为主，以百里女为妻之。其国定号满洲，乃其始祖也。[35]

这种说明始祖源流地理与神话传说的做法，是原来中国实录中所没有的。以《明太祖实录》为例，虽然卷首将明太祖的祖先与黄帝子孙颛顼连上关系，[36]并述及祖先辗转迁徙的过程，但这仅能视为一般族谱撰写的格套。而且《明太祖实录》的做法是从明太祖出生之年为始，将族谱系于其后；相反的，《太祖武皇帝实录》则将"满洲源流"独立成一个章节。因此，满洲源流的记载是强烈的民族宣示，借由长白山三仙女与布库里雍顺的神话，宣称满洲是不同于汉族、蒙古族或其他族群，有独自民族源流的一个部族。之后详细列举的樊察、孟特穆与六祖等族谱，更是建立了自身的一套系谱，揭示了满洲独自的渊源。如此"满洲"是一个源远流长的国家，而不再是努尔哈赤时代祖述金朝的金国。皇太极在《太祖武皇帝实录》一开始就运用神话建构了全新的"满洲"，与他废"女真"取"满洲"、舍"金国"改"大清"的新宣称，是配套的新历史建构。而《太祖武皇帝实录》以满文、蒙文、汉文三种文字分别书写，既宣示了满洲作为有别于蒙、汉的族群意识，也显示原来中国实录传统所象征的汉文化不足以代表满、蒙、汉所组成的大清帝国，[37]而必须以三种文字分书《太祖武皇帝实录》，以彰显满文与蒙文及其所属文化的重要性。

《太祖武皇帝实录》透过对"长白山"与"满洲源流"的诠释，赋予了满洲在东北的崇高地位。《太祖武皇帝实录》的满洲始祖传说将长白山三仙女与布库里雍顺作为爱新觉罗的系谱，结合了满洲与鸭绿江的两座圣山——长白山与布库里山，将满洲的始祖与两个地域的圣山联系起来，使之具有超凡的地位。[38] 所有东北的部落因着与长白山的联系也都属于满洲一族，作为布库里雍顺后裔的努尔哈赤因此亦是长白山地区的共主。

《太祖武皇帝实录》进一步借由区分与定位不同部族，界定满洲与东北不同部落的关系。《太祖武皇帝实录》"诸部世系"列有呼伦国乌拉、哈达、叶赫、辉发四部，为不属满洲的"诸部"。而辽东的其他部落，如苏克素护河部、浑河、完颜、栋鄂、哲陈、长白山、东海窝集部等，则不列入不属满洲的"诸部"之中，暗示他们与满洲有较紧密之关系。《太祖武皇帝实录》字里行间的叙述也一再重复同样的立场，例如"满洲国初苏克素护河部内图伦城"，即预设这些努尔哈赤早期征战的各部原属满洲国之内。透过《太祖武皇帝实录》对不同部族的区分与定位，满洲自身与不同区域部落间的关系也就被界定出来。不过，原来与满洲关系较远的四部终究还是被纳入《太祖武皇帝实录》之中。虽然它们自成"诸部世系"一节，但同时也意味着它们的历史终究被收编纳入满洲的历史。就像之后随着努尔哈赤征服东北的进程，四部也一样全部纳入满洲的掌控之内。

除了"长白山"、"满洲源流"与"诸部世系"之外，《太祖武皇帝实录》的主要内容——努尔哈赤一生事迹——所勾勒出的满洲开国进程，也与满洲意识的建构有关。《太祖武皇帝实录》描述了努尔哈赤从复父祖仇开始、统一东北，到最后建元称帝对明朝作战的开国历程。然而，其中统一东北的过程耗时三十余年，但仅占约四分之一的篇幅，对明战争十一年的记录却占六成以上，可以说是皇太极为了投射其政治野心而建构出的崛起神话。对照柯娇燕（Pamela Crossley）对努尔哈赤的研究，他并不像《太祖武皇帝实录》中所呈现的具有很大的野心，而是一个有军事武力为后盾的渐进保守之部落企业主，只是在势力范围扩大后做出相应的改变措施，且无意将权力完全集中在个人身上。[39] 因此，《太祖武皇帝实录》将努尔哈赤的一生等同于满洲开国的进程，也是皇太极满洲意识建构的一环。

同样的，《太祖武皇帝实录》形塑的努尔哈赤形象，与过去中国传统的开国君主十分不同，应该也与满洲意识有关。《太祖武皇帝实录》比起历代实录对于军事战争的描写，远较其他政治经济事件来得详细，而且在这些武力征服的记述中，太祖被塑造成一个武艺超群、英勇盖世的领袖。《太祖武皇帝实录》在描写努尔哈赤领军攻打东北诸部时，尤其凸显他卓越的武功与英勇事件。例如为其妹婿噶哈善复仇时，"众军缩首不能攻……太祖奋勇当前"；追杀尼堪外兰此杀父祖仇人时，"镞共中伤三十处，太祖不怯，犹奋勇射死八人，复斩一人"；兆佳城之役"太祖独入百人中，手刃九人"；或是太祖射箭术优于洞鄂部善射人钮翁锦。对比来看，明代实录所记述的明太祖，偏重的是其智取计谋或护民作为，强调的是传统圣王之仁智形象；《太祖武皇帝实录》却着重刻画出努尔哈赤的武勇形象。显然《太祖武皇帝实录》无意援用汉文化的仁爱标准，以"救人民于水火"等修辞来合理化战争。就像对明宣战的"七大恨"，强调的是复仇、公平、正义等对等互待的原则，一旦原则遭到破坏，武力就是当然手段。《太祖武皇帝实录》也是标举同样的崇武精神，以之为原则赞扬努尔哈赤。

"太祖实录图"

如果《太祖太后实录》/《太祖武皇帝实录》展现了强烈的满洲意识、对满洲开国史的诠释，以及满洲开国君主的武勇形象，制作时间较早的"太祖实录图"则更简要地揭示出皇太极所要宣示的意图。此处以满洲意识与开国史的讨论为主，关于努尔哈赤形象的详细分析见下节。首先，《太祖武皇帝实录》中占比不到百分之四的"长白山"与"满洲源流"叙述，在

"太祖实录图"中却以近图绘数量十分之一的八幅描画之。[40] 可以确认不见于中国正统实录的"长白山"与"满洲源流",不仅是《太祖武皇帝实录》所刻意宣示的重点,更是"太祖实录图"强调满洲源起所不可或缺的。

就努尔哈赤从复仇、统一东北到对明作战的开国历程来说,虽然"太祖实录图"各阶段图绘数量比例与《太祖武皇帝实录》各过程篇幅比重大致相当,呈现相似的历史分期,但是"太祖实录图"所选取图画的事件,更清楚地勾勒出统一东北与对明战争两阶段战争性质的差别与进程。"太祖实录图"里削平东北诸部的图绘,除了军事之武力征服外,降顺典礼的描绘也不少,展现了此阶段既有军事的直接征服,也有招抚降顺仪式象征的"以德服之"。相对来看,对明战争期间,"太祖实录图"几乎没有描绘降顺典礼。而且对明作战的阶段,"太祖实录图"选择的图画均以对明朝的军事行动为主,除了几次与明朝有关的对蒙古战役外,其他收服零星东北部落的战役则全部省略,建国之后其他政治文化事件如移先陵与迁都沈阳等也完全未画。排除其他事件而集中在对明战争,"太祖实录图"选择的事件鲜明地勾勒出此一时期的重心是对明朝的军事征讨。

除了选择的事件外,"太祖实录图"对同一事件描绘的内容也较《太祖武皇帝实录》更清楚地呈现了从统一东北到对明战争之开国进程。削平诸部的图绘多半一场战役以一张图处理,但是对明朝征战的战役则经常分割成数图。例如萨尔浒山之役就由《太祖破杜松营》、《四王皇太极破龚念遂营》、《太祖破马林营》、《太祖破潘宗颜营》、《四王皇太极败刘綎前锋》、《四王皇太极破刘綎营》等数图来表现。用数张图画描绘一场战役的结果,一方面显现出战役规模的扩大;但另一方面,这些图的重心也就不再只是努尔哈赤个人之勋功,既显示满洲武力的扩张而不局限于其身,也将武勋分配到其他诸王,尤其是皇太极身上。这种强调皇太极武勋的做法,或许也与皇太极有意借由"太祖实录图"塑造自身武勇,以及攻伐明朝有功的形象有关。

因此，"太祖实录图"所选择的描绘事件与事件的内容，比起《太祖武皇帝实录》更清楚地揭示了皇太极宣示满洲意识，以及建构从努尔哈赤复父祖仇、削平诸部到攻取明朝辽东诸城的开国进程。尤其是努尔哈赤建元即帝位前后因征战对象不同而表现的差异，包括削平诸部期间并列军事征服与招降仪式，以武力与招抚双管齐下的征服方式适用于相近的部族，到对明征战的阶段则全以对明的军事攻伐为主，并且将对明战役分割成多图描绘，以满洲渐形扩张的武力攻取明朝辽东诸城。可以说"太祖实录图"较《太祖武皇帝实录》更为提纲挈领地展现了皇太极的政治意图。

三 "太祖实录图"对明代官员宦迹图与战勋图的转换

换个角度来说，就像乾隆重修《太祖高皇帝实录》时润饰了太过不正统的《太祖武皇帝实录》，皇太极所修《太祖太后实录》也可视作"太祖实录图"的修正版，不但完全删除中国正统实录未曾出现的图画，而且以文字记述相对"太祖实录图"而言更为完整的努尔哈赤事迹。甚至可以推测，正是因为中国传统实录的体例与范式无法展现皇太极所要强调的满洲意识、满洲开国史的进程与努尔哈赤的武勇形象，所以皇太极选择制作"太祖实录图"，后来则修订为《太祖太后实录》。或者，"太祖实录图"制作时，也同时纂修较符合传统实录范式的《太祖太后实录》，而后者稍晚完成。无论如何，"太祖实录图"选择努尔哈赤重要事迹来描绘的方式，比起《太祖太后实录》，更直接地传达了皇太极的政治意图。

更重要的是，皇太极有效地转化了明代官员宦迹图，以建构满洲意识。如前所述，就制作时间与传播东亚的角度来说，依时序选择努尔哈赤事迹来描画的"太祖实录图"，都是着重主角身份与生涯事迹的图绘，而将官员的宦迹图转换为皇帝的"实录图"。两者选择的生平事件都包括身份进阶的指标，例如宦迹图有登科庆祝的会试琼林宴和拜恩于朝的金门待漏，"太祖实录图"有《恩格得尔来上尊号》和《太祖建元即帝位》。除了为官和登帝后的经历，也同样包括取得身份之前的征候，例如宦迹图有登科前的《兄弟读书图》（《题宫定庵四迹图》）、《庭闱受业》（《咏徐大夫素履十二图》），"太祖实录图"有《三部长率众归降》、《王格张格来贡》。甚至对于主角的祖先也不无描绘，例如宦迹图有《重闱具庆》描绘祖父母尚在之景（《梁梦龙恩荣百纪图册》），"太祖实录图"有描画先祖的《都督孟特穆计杀仇人》。上述这些生涯事件都与主角为官或为帝身份的取得相关，可见宦迹图与"太祖实录图"的关系。不过，为了进一步建构满洲意识，"太祖实录图"对宦迹图也有所转换。首先，"太祖实录图"所描绘的先祖并非与宦迹图主角一同生活过的祖父母，却是数世前中兴满洲的都督孟特穆。其次，"太祖实录图"最前与"长白山"和"满洲源流"相关的八幅，以近十分之一的篇幅描画满洲传说，显然与上一节所论述的满洲意识建构有关。再次，除了与太祖的为帝身份有关者外，"太祖实录图"还有如《太祖射柳于洞野》"连发五矢皆中"、《太祖独战四十人》等强调他武艺与英勇的事迹，应该也和皇太极提倡满洲骑射有关。[41]

更为特别者，则是"太祖实录图"战图的表现，除了在将领、战场与士兵的个别母题较晚明官员战勋图有长足的发展外，还透过母题的搭配与变化，更为有效地呈现满洲开国进程的叙事发展。首先，"太祖实录图"的主帅将领，已非明代战争图的文官形象，而是着戎装于战场中或指挥作战或带领士兵冲锋陷阵的武将。虽然"太祖实录图"沿袭明代战争图放大主帅的尺寸形象，并常有数名侍从举伞盖或军旗以表明其地位，甚至加上文字榜题以确认其身份，但是"太祖实录图"中的太祖等军事领导者，已经不再是如《三省备边图记》之《柘林破海寇图》（图2-1）中端坐于岸边一角着官服戴官帽的地方官，呈现出与其说是督战不如说是视察的形象。相反的，"太祖实录图"中的努尔哈赤和其他部将则完全是一派穿着战袍督军统帅的武将貌，他们身着盔甲、手握大刀弓箭，或是自画面一角望向战场作战，如《太祖阵杀刘渠》（图2-2）；或是领兵在前冲锋，如《四王皇太极败朱万良兵》（图2-3）。甚至在《太祖富尔佳齐大战》（图2-4）、《太祖战杀讷申、巴穆尼》（图2-5）等图中，可以见到援用明朝版画以夸张的骑马扭转身段来凸显努尔哈赤卓越武艺的表现。[42] 因此，"太祖实录图"的将领图式不再只是明代战争图的文官，而是真正能引领士兵作战的军事将领。这种鲜明的武将形象，正是皇太极所欲建构的满洲崇武精神，与"太祖实录图"和《太祖武皇帝实录》强调努尔哈赤个人的英勇武艺是一致的。

图2-1 明 苏愚《三省备边图记》之《柘林破海寇图》 中国国家图书馆藏

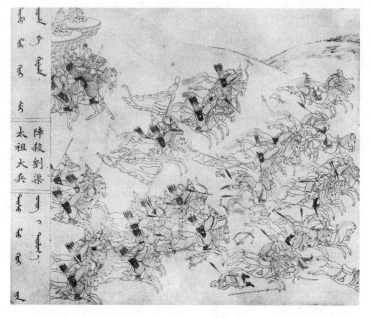

图 2-2　清《满洲实录》之《太祖阵杀刘渠》　哈佛燕京图书馆藏

图 2-3　清《满洲实录》之《四王皇太极败朱万良兵》　哈佛燕京图书馆藏

图 2-4　清《满洲实录》之《太祖富尔佳齐大战》　哈佛燕京图书馆藏

图 2-5　清《满洲实录》之《太祖战杀讷申、巴穆尼》　哈佛燕京图书馆藏

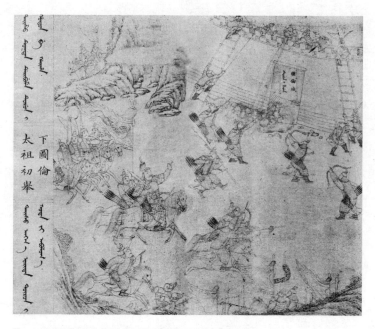

图 2-6　清《满洲实录》之《太祖初举下图伦》　哈佛燕京图书馆藏

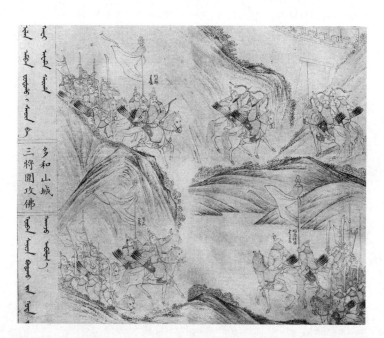

图 2-7　清《满洲实录》之《三将围攻佛多和山城》　哈佛燕京图书馆藏

以战场来说，"太祖实录图"的场景比起明代战争图来得精简很多，并有效地传达出战场的基本状况。以攻城的场景来说，如《太祖初举下图伦》（图 2-6）以画面右上角的攻城、前景掩映在山石后执军旗武器的满洲军队仪仗，以及左上方自山石后行来的骑兵三元素组成。透过此三元素，一则框围出中央努尔哈赤指挥攻城的画面空间，二则有效地传达了叙事的内容。同样的，《三将围攻佛多和山城》（图 2-7）也是如此，山石的布排清楚地区分出三组将领以及攻城的行动。相较之下，明代《三省备边图记》的《永宁破倭寇图》（图 1-15）中山石或城墙只是作为背景，城墙位于画面一角，只占很小的一部分。不仅坐落在山石背景之后，周围还绘上云烟缭绕，因此纯粹是布景的功能，没有积极的叙事目的。不过，"太祖实录图"的战争场景也没有像《平潮阳剧寇图》（图 1-17）把城堡置放在画面的中心，将兵士围绕一圈以攻打之的夸张表现。可以说，"太祖实录图"是介于明代战争图简单布景与夸张表现的两个极端之间，借由将城墙置于一角，并加上满洲兵射箭架梯的攻城状，达成有效的叙事效果。同样的，"太祖实录图"的野战场景也很精简，除了必要的安排之外，绝大部分画面空间都是用来表现策马冲锋的满洲骑兵与溃逃、受伤、扑倒的敌兵。例如《四王皇太极破刘綎营》（图 2-8）的画面基本上分为两半，左半运用简单的土坡草石将满洲兵士分为三组兵马，右半则完全没有额外的布景，而着重表现敌兵一片溃散貌。或是《太祖四骑败八百兵》（图 2-9）左半以平坦土坡表现太祖四骑弯身拉弓，并在山石后加上军旗掩映的满洲仪仗以点出太祖的地位；右半则以河流悬崖等呈现出敌军渡水爬上崖壁溃逃之状。相对来看，《三省备边图记》的《安海平倭寇图》（图 2-10），虽然大抵也可以区分出右半的明兵与左半的倭寇，但两者基本是在同一块平地上，二者的分别不若"太祖实录图"清楚。如此，"太祖实录图"的野战透过场景的布排，形成满洲士兵英勇冲锋与敌军败逃的清晰对照。

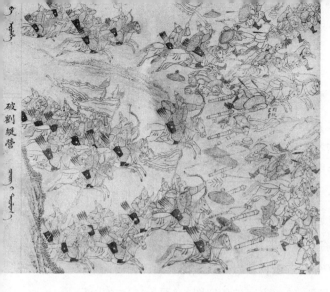

图 2-8 清《满洲实录》之《四王皇太极破刘綎营》哈佛燕京图书馆藏

图 2-9 清《满洲实录》之《太祖四骑败八百兵》哈佛燕京图书馆藏

图 2-10 明 苏愚《三省备边图记》之《安海平倭寇图》中国国家图书馆藏

"太祖实录图"满洲士兵与败溃的敌兵的清楚对比，还借由作战主体的士兵形象来加强。虽然《三省备边图记》就已表现明朝士兵奋勇戮敌与倭寇败退溃散，但是"太祖实录图"中的满洲士兵形象更为鲜明突出。"太祖实录图"中的满洲士兵无论是占多数的骑兵还是较少的步兵，形象均清晰一致，右腰间必定佩戴插着五支箭矢的箭袋，左手或举大刀或张弯弓。相反的，《三省备边图记》中的明兵形象因步兵与骑兵的差别而有很大的改变，反倒是倭寇穿着袒衣短裤的形象较为统一。而且"太祖实录图"中的满洲士兵经常组成群体，每一组各有一举着军旗的骑兵以示分别，分组的表现比起《三省备边图记》中的整群呈现显得更井然有序。相对于明代的战争图，"太祖实录图"俨然已经发展出一套独特的战争图语汇，包括满洲士兵成组的骑射兵马，主帅将领鲜明的军事形象，满洲军队与敌军间明显的胜负对比，以及叙事性强但精简的战场布置。这些元素所建构的战争图像，满洲将领与士兵的阶层清楚，成组的兵马秩序井然，与败逃溃散的敌兵形成明显的对比。如此展现满洲军事纪律的"太祖实录图"，自然不会出现明代战争图如《平潮阳剧寇图》（图1-17）中所有兵士一起围攻而无法分辨主帅的夸张情景。

不仅如此，"太祖实录图"的战图还透过调整上述母题的细节，清楚地表现出削平诸部与对明战争的不同，尤其是攻城场景，两者的城墙刻画有别。东北诸部的城门构造都比较简单，例如《太祖初举下图伦》（图2-6）、《三将围攻佛多和山城》（图2-7）等，都是直线切割的长方形。城墙上只有一条长形的门框，城墙也都只是简单的一段弧形。相反的，明朝的城门还有砖砌的一圈框，城门上有牌楼，例如《太祖率兵克清河》（图2-11）、《太祖率兵克辽阳》（图2-12）等，并且还画出交叉呈直角的两面城墙，有时城垛边角还立了角楼，结构显得复杂许多。虽然两者的差异多少与实际的情形相关，但透过一致地表现两种不同类型的城墙，

"太祖实录图"表现了两种不同的攻城场景，清楚地区分出前后期的差别。

除了攻城场景的差异外，"太祖实录图"也清晰地呈现出满洲征战东北诸部与对明战争之作战模式的不同。以野战的场景为例，"太祖实录图"描绘的东北诸部以骑兵射手为主，满洲对东北诸部的战争规模相对来说较小，画面中的士兵人数较少，主帅个人冲锋建功的描写也较多。相反的，"太祖实录图"所刻画的明朝军队组织化程度较高，具有一定的阵式、战术，通常以枪炮兵或战炮车为首，而溃败的明兵阵容里也经常散落着炮具枪架。而且"太祖实录图"表现得对明战役规模较大，如《太祖阵杀张承荫》（图 2-13）、《太祖破马林营》（图 2-14）等图，满洲将领或位居画面边角，指挥大队骑兵策马冲阵，或与骑兵群一起向前冲杀。将领个人独秀的小规模战局不再，转变为众军一齐冲锋陷阵的盛大战况。

"太祖实录图"所展现的前后作战方式之改变，一方面凸显统一东北与对明作战在战争规模与攻伐对象所用武器和战式上的不同，另一方面也呈现满洲本身军队的组织变化。与建元前的《太祖率兵伐乌拉》（图 2-15）相比，"太祖实录图"描绘努尔哈赤建元后的战役，如《太祖兵进范河界》（图 2-16）、《太祖略蒲河懿路》（图 2-17）对于满洲行军队伍的描画，均以一组组举旗的骑兵，成列并排地骑行于山石之间，来展现队伍整齐的行军阵容。这种军伍表现，应该与《太祖武皇帝实录》所强调的八旗有很大关系。《太祖武皇帝实录》在描述努尔哈赤削平东北部落后，随即说明满洲军队组织的相应变化，除了从原来的四旗增加为八旗外，行军与作战方式上也建立了一套新的准则，重点在于军队管理、赏罚分明之军律与攻战时对将士奋勇冲锋之期待：

第二章

战勋与满洲：『太祖实录图』与皇太极对满洲意识的建构

115

图 2-11　清《满洲实录》之《太祖率兵克清河》　哈佛燕京图书馆藏

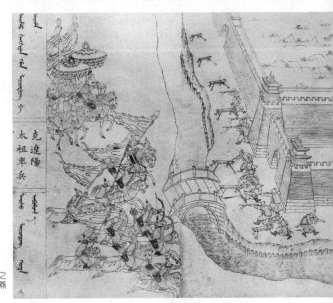

图 2-12　清《满洲实录》之《太祖率兵克辽阳》　哈佛燕京图书馆藏

图 2-13　清《满洲实录》之《太祖阵杀张承荫》　哈佛燕京图书馆藏

图 2-14　清《满洲实录》之《太祖破马林营》　哈佛燕京图书馆藏

图 2-15　清《满洲实录》之《太祖率兵伐乌拉》　哈佛燕京图书馆藏

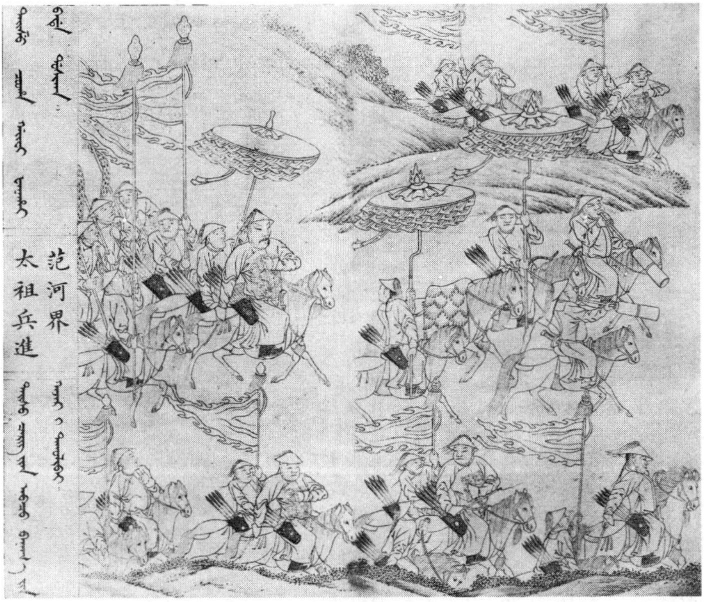

图 2-16　清《满洲实录》之《太祖兵进范河界》 哈佛燕京图书馆藏

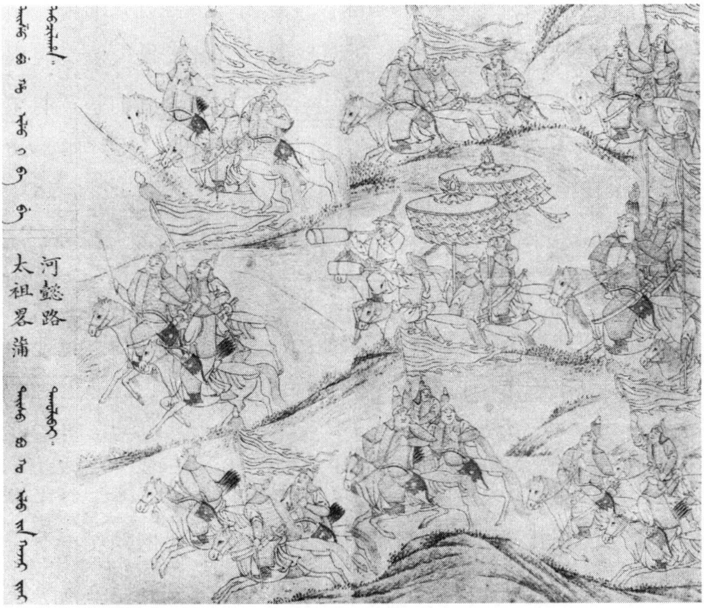

图 2-17　清《满洲实录》之《太祖略蒲河懿路》 哈佛燕京图书馆藏

行军时，若地广则八固山并列，队伍整齐，中有节次。地狭则八固山合一路而行，节次不乱。军士禁喧哗，行伍禁纷杂。当兵刃相接之际，披重铠执利刃者，令为前锋。披短甲善射者，自后冲击，精兵立于别地观望，勿令下马，势有不及处即接应之。预画胜负谋略，战无不胜，克城破敌之后，功罪皆当其实。有罪者即至亲不贳，必以法治。有功者即仇敌不遗，必加升赏。用兵如神，将士各欲建功，一闻攻战，无不忻然。攻则争先，战则奋勇，威如雷霆，势如风发。凡遇战阵，一鼓而胜。[43]

在记述纪律严明的满洲八旗之后，《太祖武皇帝实录》接着就记述努尔哈赤建元即帝位的事迹，仿若在强大八旗的基础上，满洲得以开国发展。而《太祖武皇帝实录》中对统一东北后八旗的出现与满洲战争变化之强调，也可在"太祖实录图"中见到。相应于《太祖武皇帝实录》一再以"满洲兵拆城竖梯攻之，不避锋刃跃入"、"我兵仰射冲杀，直破其营"、"我兵布战车云梯……我兵竖梯、拆城垛，摧锋而入"等方式描写对明战争的过程，"太祖实录图"对明战图的攻城场景，便是表现满洲军士以战车、仰射或云梯等组合，攻破明朝结构坚实的城垛。甚至《太祖克沈阳》（图 2-18）与《太祖率兵克辽阳》的画幅延伸到三四页，呈现出大规模战争中，兵士冲锋与竖梯作战等合作细节。不论是《太祖武皇帝实录》还是"太祖实录图"，征服东北部落时强调的是太祖个人的超群武艺与奋勇当先；到了对明战争时，相应于明朝的坚城与炮队，突出表现的则是满洲兵士有组织地冲锋陷阵，重点在于八旗军队的指挥管理与合作。

因此，"太祖实录图"的战图比起明代官员战勋图，在战争母题与满洲开国进程的叙事表现上，皆有长足的发展。不仅以满洲士兵与将领形象、满洲军队与敌军的对比，以及叙事性精简的战场布置等元素，呈现出满洲兵将阶层清楚与军队秩序

图 2-18　清《满洲实录》之《太祖克沈阳》　哈佛燕京图书馆藏

119

井然的战争图像，与败逃溃散的敌兵形成明显的对比；透过城墙结构、战争规模、攻伐对象的武器与战式选择，以及满洲军队组织与作战模式的变化，也清晰地描绘出满洲征战东北诸部与对明战争之进程。从"太祖实录图"对战图母题与叙事表现的注重，可以说"太祖实录图"对战争的概念与想象，比历代战争图要丰富许多。明代战争图如《三省备边图记》着重表现的是敌我的激战，虽然显示了战场不同地形的区别，但对于呈现军队组织或作战模式的差异几乎是毫无兴趣。相反的，"太祖实录图"对于战役的规模、攻打不同城墙的差异、军队的阶层和组织等都有所注意，并透过描绘其中的差别，展现削平各部与对明作战的开国历程。

小　结

透过确认"太祖实录图"本无文字、仅有图画的原貌，本章论述"太祖实录图"作为晚明官员宦迹图与战勋图盛行下的产物，与皇太极对满洲意识的建构息息相关。不论是以近十分之一的篇幅描画满洲传说，还是战图在战争母题与叙事表现上的发展，"太祖实录图"都有别于晚明官员战勋图。从其选择描绘的事件与战图的呈现来看，"太祖实录图"已经不只是努尔哈赤个人事迹的图册，还是皇太极对满洲开国英雄与开国史的投射。

只是，若就康熙朝回归到更为接近汉人皇朝体例仅有文字的《太祖高皇帝实录》，或是皇太极之后的清帝都未延续如此将官员的宦迹图转换为皇帝的"实录图"之激进做法来看，"太祖实录图"作为清宫转换明代士大夫宦迹图的第一波尝试，或许不能说是成功。一直要到康熙朝，转化明代士大夫视觉文化以建立皇清文化霸权的尝试才真正开花结果，而为之后的乾隆皇帝继承并发扬光大。

注　释

1　《征倭纪功图》的部分彩图，见 Bradley Smith and Wan-go Weng, *China: A History in Art* (London: Studio Vista, 1973)。陈邦植：《陈璘明水军都督의 征倭纪功图 再照明》（明水军都督陈璘的征倭纪功图再照明），东邦企划，2000；陈邦植：《陈璘提督과 임진왜란 종결》（陈璘提督与壬辰倭乱的终结），东邦企划，1998。感谢具世雄协助取得二书。개리 레드야드（Gary Ledyard）：《〈壬辰征倭图〉의 历史的 意义》，《新东亚》第 172 期，1978 年，第 302~311 页。感谢李定恩协助摘要整理与翻译。另有邢玠《大破日师战绩图轴》，藏于山东省博物馆 http://imgsrc.baidu.com/baike/pic/item/bbe0d311380f2041b8127b72.jpg，最后访问日期：2013 年 10 月 30 日。

2　吴熙常：《老洲集》卷十五《题跋·临溟破倭图跋》："公麾下姜文佑目见

其鏖战之状，写为此图，传之至今……公孙某摹写一本，藏为子孙示。属跋于某。"收入《韩国文集丛刊》第 280 册，景仁文化社，1996，第 322 页。

3　赵宪：《重峰集》卷首《跋·书抗义新编图后》，收入《韩国文集丛刊》第 54 册，景仁文化社，1996，第 132 页；安邦俊：《隐峰全书》，收入《韩国文集丛刊》第 81 册，第 434~435 页。

4　安邦俊：《隐峰全书》卷三十五《抗义新编·书抗义新编图后》，第 433 页。

5　李廷龟：《月沙集》卷四《甲辰朝天录上·癸卯冬朝廷遣御史巡试西方箕城大同，江上与方伯聚一道兵习阵试才于江冰上，方伯金守伯令公图其形为屏，以记胜事，求余为题，遂赋短律》，收入《韩国文集丛刊》第 69 册，第 275 页。

6　高丽大学博物馆藏，http://museum.korea.ac.kr/html/gallery.htm，最后访问日期：2009 年 8 月 23 日。感谢具世雄告知并协助取得相关资料。

7　本章第二节与第三节的部分，是据笔者的硕士论文改写而成。马雅贞：《战争图像与乾隆朝（1736~95）对帝国武功之建构：以〈平定准部回部得胜图〉为中心》，硕士学位论文，台湾大学艺术史研究所，2000。

8　清代文献有时称之为"开国实录"，例如《大清高宗纯皇帝实录》卷一〇七五、一一三〇，华文书局，1964，第 11 页下栏、第 19 页上栏。《满洲实录》有乾隆四十四年重绘的两本：一为上书房本，现藏中国第一历史档案馆；另一为盛京崇谟阁本，现藏辽宁省档案馆。乾隆四十六年再度重制，送承德避暑山庄收藏，今佚。另外，辽宁省档案馆与中国第一历史档案馆各藏有一满汉合璧写本，只有正文，无其他说明文字或图像，制作时间不明。中国第一历史档案馆、北京大学图书馆、故宫博物院图书馆、中华书局：《影印说明》，《清实录·满洲实录》，中华书局，1986，第 2 页；程大鲲：《辽宁省档案馆藏〈满洲实录〉版本探析》，收入武斌主编《沈阳故宫博物院院刊》第一辑，中华书局，2005，第 141~144 页。目前所知最佳的影印出版品或为辽宁省档案馆 2007 年的重印本，然尚未及见；哈佛大学燕京图书馆所藏 1930 年辽宁通志馆据旧钞本影印者，为笔者所见图版质量最好的出版品，本书插图均采自此本；唯其中仅录汉文文本（据笔者所知，此版本仅见于海外收藏，如东京国会图书馆、莱顿大学图书馆、加州大学伯克利与洛杉矶分校图书馆、芝加哥大学图书馆、威斯康星大学麦迪逊分校图书馆、布朗大学图书馆、俄亥俄州立大学图书馆）。辽宁省档案馆编《满洲实录：满文、汉文》，辽宁教育出版社，2012；孙成德《满洲实录：满文、汉文、蒙文三体》，辽宁省档案馆，2007；佚名编《满洲实录》，辽宁通志馆，1930。

9　《大清文皇帝太宗实录》卷二十四，华文书局，1969，第 22 页。

10 庆桂等编纂《国朝宫史续编》卷九十七《书籍二十三·图刻一》,左步青点校,北京古籍出版社,1994,第956页。

11 例如陈捷先《略述〈满洲实录〉的附图》,收入冯明珠等《空间新思维——历史舆图学国际学术研讨会会议论文》,台北故宫博物院,2008,第151~172页。杨勇军最近的文章则认为《满洲实录》的前六幅图是乾隆时期所伪,主要的根据之一是《国朝宫史续编》卷九十七关于"太祖实录战图"的记录为"七十七图",与现存《清实录·满洲实录》的八十三幅不符(辽宁省档案馆藏的二体本则有八十二组图,所缺为《清实录·满洲实录》的首幅《长白山》,不过二体本的图绘标题与《清实录·满洲实录》的汉文名词差别颇大,两者的关系有待进一步研究),他否定松村润等学者认为是《国朝宫史续编》编者计算错误的说法(不过现代学者对于《满洲实录》图绘数目的计算错误也很多,此处不详列),而提出现存《满洲实录》较《国朝宫史续编》记录所多出的六幅,为《满洲实录》最前关于满洲开国神话的六幅图。他认为这六幅图不可能是皇太极天聪九年所绘,而是乾隆时所添加。杨勇军:《满洲实录成书考》,《清史研究》2012年第2期,第99~111页,感谢黄一农告知此文。然而,《满洲实录》在最初《太祖初举下图伦》之前的开国图绘不止六幅,而应包括第七幅《都督孟特穆计杀仇人》与第八幅《满洲发迹之处》。计算或登记错误在现代难免发生,《国朝宫史续编》的记录或也未尝不是如此。数目之外关于前六幅是否可能是皇太极天聪九年所绘的讨论,详后。

12 关于清宫仿画,可参见陈韵如《制作真境:重估〈清院本清明上河图〉在雍正朝画院之画史意义》,《故宫学术季刊》第28卷第2期,2010年,第1~64页;林焕盛:《丁观鹏的摹古绘画与乾隆院画新风格》,硕士学位论文,台湾大学艺术史研究所,1994,第59~100页。

13 根据《满文老档》,皇太极于崇德元年编纂满蒙汉文《太祖太后实录》,目前仅见《太祖武皇帝实录》满文本三卷(原为四卷)与汉文本。学者普遍认为现存《太祖武皇帝实录》为多尔衮修改后再于顺治初期所改缮之本,但也同意除了删除崇德本《太祖太后实录》的合称与多尔衮抹去其母事等,"更动的内容似乎也不多",与皇太极崇德本的原貌可能差别不大,因此下文仍以《太祖武皇帝实录》来讨论皇太极崇德元年所修《太祖太后实录》。陈捷先:《满文清太祖实录的纂修与改订》,收入氏著《满文清实录研究》,大化书局,1969,第35~37页;中国第一历史档案馆、中国社会科学院历史研究所译注《满文老档》,中华书局,1990,第1698~1702页。

14 原文见台北故宫博物院编《旧满洲档》,台北故宫博物院,1969,第4415页。此处的翻译采用陈捷先所译,见陈捷先《略述〈满洲实录〉的附图》,第154页。松村润的译文亦接近陈捷先:"淑勒汗委任张俭、张应魁二画匠,按照记述先祖英明汗行事之书。"松村润:《清太祖武皇帝实录考》,收入常江编辑《庆祝王钟翰先生八十寿辰学术论文集》,辽宁大学出版社,1993,第44页。

15　例如，大陆学者译为"二画匠张俭、张应魁受命为皇考赓音汗实录作画毕，以其所绘称优，苏勒汗赏给张俭人一对、牛一头，赏给张应魁人一对"。关嘉禄、佟永功、关照宏译《天聪九年档》，天津古籍出版社，1987，第100页。

16　户田茂喜、山本守学与 Walter Fuchs 的说法，参见今西春秋《满洲の實錄》，日满文化协会，1938，第19~21页。本书完稿后，方阅祁美琴、强光美编译满文《满洲实录》的前言，其中有更多学界关于《满洲实录》的研究讨论。虽然在此已无法全面参阅和回应，但此章针对部分学者意见的思考或仍有效，本书的立论或也仍可补充既有之研究，期待未来更多的交流和讨论。祁美琴、强光美编辑《满文〈满洲实录〉译编》，中国人民大学出版社，2015，第1~27页。

17　三田村泰助:《清太祖實錄の纂修》，收入氏著《清朝前史の研究》，京都大学东洋史研究会，1965，第363~380页；今西春秋:《满洲の實錄》，第19~21页。三田村泰助进一步认为《满洲实录》依据的是天聪七年十月以后，皇太极谕旨编的实录无圈点老档或是汉人官僚称的"金字日记"。

18　陈捷先:《略述〈满洲实录〉的附图》，第152~157页。

19　庆桂等编纂《国朝宫史续编》卷九十七《书籍二十三·图刻一》，左步青点校，第956~961页。卷七十五为"实录"。

20　清高宗御制，董诰等奉撰《御制诗集·四集》卷七十七《敬题重绘太祖实录战图八韵》，收入《景印文渊阁四库全书》第1308册，台湾商务印书馆，1983年据台北故宫博物院藏本影印，第550页。

21　《大清高宗纯皇帝实录》卷一〇七五，第11页下栏。

22　清高宗御制，董诰等奉撰《御制诗集·四集》卷七十七《敬题重绘太祖实录战图八韵》，第550页。谢贵安认为天聪九年"太祖实录图"为当时正在纂修的图文并具《太祖太后实录》之阶段性成果，经顺治朝去图而成《太祖武皇帝实录》，图文并具的《太祖太后实录》原本被废弃，藏盛京翔凤楼，移贮北京乾清宫时改为《开国实录》，乾隆重新发现原本后缮重绘为《开国实录》。上文已讨论《太祖太后实录》未必是图文并具，"太祖实录图"改名为《开国实录》更可能是乾隆所为。本书第六章第二节即提供了乾隆后期一连串强调满洲开国战绩的作为，这样的脉络应较移贮时理由不明的更名说法来得可信。谢贵安:《清实录研究》，第159~180页。

23　关于《满洲实录》图绘数目的说明，参见本章注11。

24　据松村润引山本守学的报告，后者提到盛京崇谟阁所藏的满汉二体《满洲实录》卷一末的《太祖宥鄂尔果尼罗科》，在三体本《满洲实录》则在卷二开头。松村润：《清太祖武皇帝实录考》，第50页。倘若如此，也可见图文配置因拼凑而成所产生的混乱。

25　陈捷先：《略述〈满洲实录〉的附图》，第170~171页。另参见陈捷先《努尔哈赤与〈三国演义〉》，收入氏著《清史论集》，东大出版社，1997，第65~80页。

26　谢贵安：《清实录研究》，第159页。

27　中国第一历史档案馆、中国社会科学院历史研究所译注《满文老档》，第1698~1702页。

28　陈捷先：《满文清太祖实录的纂修与改订》，第35~37页。

29　陈捷先：《满文清太祖实录的纂修与改订》，第28~29页。

30　谢贵安：《明实录研究》，文津出版社，1995，第303页。

31　松村润原先认为现存顺治重修《太祖武皇帝实录》的满洲开国神话，均为顺治时添加。后来中国第一历史档案馆所藏清初内国史院档《英明汗实录全十七卷》（敖拉译）发现后（松村润译为《太祖纪》，并认为是天聪年间成书；石桥崇雄则译为《先ゲンギェン＝ハン贤行典例》，并认为是天聪年间编写但成书于崇德初期），因书中即有从三仙女传说到樊察的内容，而修改了他先前的说法，认为满洲开国神话从三仙女到樊察的部分是天聪年间即有。松村润：《清太祖武皇帝实录考》，第46~49页；松村润：《清朝开国神话再考》，收入柏桦主编《庆祝王钟翰先生八十五暨韦庆远教授七十华诞学术论文合集》，黄山书社，1999，第195~203页；石桥崇雄：《清初入關前の無圈點满洲文档案"先ゲンギェン＝ハン賢行典例"をめぐって——清朝史を再構築するための基礎研究の一環として—》，《东洋史研究》第58卷3号，1999年12月，第52~83页；敖拉：《从〈旧满洲档〉到〈满文老档〉——1626年之前满蒙关系史料比较研究》，博士学位论文，内蒙古大学，2005，第89页；松村润：《明清史论考》，山川出版社，2008，第242~255页。不过，松村润一直坚持长白山的条目是顺治朝重修时加的看法。他认为满文本《太祖武皇帝实录》关于长白山的记载是来自《大元一统志》。他观察长白山的记载写于满文本《太祖武皇帝实录》第一页正背两面，但背面仅一行而后全为空白，故推测可能是后来加在第二页满洲源流之前。而汉文本正本的第一卷第一与第二页，也是被抽出来之后补写进去的。他并认为以长白山被定为满洲发祥圣地的说法到康熙时才固定下来，此说在之前的满文老档均不可见，因此认为这也可以解释为什么康熙重修太祖实录时要润色长白山部分的原因。松村润：《清太祖武皇帝实录考》，第47、49页；松村润：《明清史论考》，第246页。然而，仅仅依据满文本《太祖武皇帝实录》的长白山记录在第一页背面只有一行，就推测是后添，证据并不充分。

即便汉文本第一与第二页是抽出补写,两页记录的除了长白山还有部分的三仙女神话,也不足以证明长白山是后加。康熙的润色,则与此说何时成立并无直接关系。因此,松村润怀疑长白山条目并非皇太极时期即有,而是顺治时才添加的说法,只能说是一种可能,而没有确切的证据。换个角度来看,皇太极时期就有长白山条目的可能性或许更高。一则不论在《太祖武皇帝实录》满文本与汉文本,还是之后的《太祖高皇帝实录》和《满洲实录》中都很短,可以说正因为此记载原就不长,所以《太祖武皇帝实录》满文本第一页背面的第一行之后就是空白,而非后来所加。二则如果皇太极时建构了三仙女到樊察的满洲开国神话,是他废"女真"取"满洲"、舍"金国"改"大清"的新宣称,那么长白山的部分为什么不也是同时期为创构满洲意识形态的产物?反过来说,何以顺治时要新添长白山的记载?合而观之,虽然目前所见满文老档没有记载,但也没有确凿证据可以证明长白山条目是顺治时新添。相反的,此说作为皇太极建构的满洲开国神话之一部分,并无突兀之处。因此,我倾向于视此长白山条目与其他大部分《太祖武皇帝实录》的内容一样,多是顺治时重缮自皇太极《太祖太后实录》而来,而非顺治时所新添。

32　《大清太祖高皇帝实录》,中华书局,1964,第1页。

33　仅有金朝曾修纂祖宗实录,记录始祖以下十帝事迹,但今已不存。见谢贵安《明实录研究》,第24页。

34　Pamela Kyle Crossley, *A Translucent Mirror: History and Identity in Qing Imperial Ideology* (Berkeley: University of California,1999), 177.

35　《大清太祖承天广运圣德神功肇纪立极仁孝武皇帝实录》,收入《续修四库全书》史部第368册,上海古籍出版社,1995年据复旦大学图书馆藏民国二十一年（1932）北平故宫博物院铅印本影印,第227页。

36　《明实录·太祖实录》卷一,中研院历史语言研究所,1966,第0001页。

37　Pamela Kyle Crossley, *A Translucent Mirror*, 185-192.

38　Pamela Kyle Crossley, *A Translucent Mirror*, 201-202.

39　Pamela Kyle Crossley, *A Translucent Mirror*, 135-176. 不过柯娇燕对努尔哈赤的研究,主要是依据《满洲实录》的文字。但由于《满洲实录》的文字与《太祖武皇帝实录》的文字大抵相近,所以其论述也大致可以接受。

40　包括《长白山》、《三仙女浴布勒瑚里泊》、《佛库伦成孕未得同升》、《佛库伦临升嘱子》、《三姓奉雍顺为主》、《神鹊救樊察》、《都察计杀仇人》、《满洲发迹之处》共八图。杨勇军认为上述前六幅图不可能是皇太极天聪九年所绘。首先,关于《长白山》,他引用的是松村润较早的说法。笔者对松村润之说的讨论,详见本章注31。其次,杨勇军认为第二

到第四图关于三仙女与含果受孕的神话，是天聪九年五月初六才从穆克
什克听来，皇太极不可能立即全盘接受，而绘于八月初八完成的"太祖
实录图"之前。杨勇军并引程迅的研究，认为"三仙女传说是清统治汉
化已深之后比附殷之玄鸟生商受命于天的故事"，因此天聪九年描绘此
三图的可能性很小。然而，程迅驳斥清末民初学者认为三仙女传说比附
殷玄鸟生商的说法。程迅一方面比对穆克什克的说法与《太祖武皇帝实
录》，认为两者"不仅情节大有出入，而且思想宗旨亦相去甚远"，后
者"未必是在穆克什克所讲的传说基础上发展的"；另一方面推测《太
祖武皇帝实录》的三仙女部分是因皇太极时代汉臣参与编纂，所以风格
迥异于满文老档。程迅：《"三仙女"是女真族的古老神话吗？》，《民族
文学研究》1985 年第 4 期，第 118~127 页。杨勇军又引松村润于 1993
年的研究，认为第五与第六图是顺治年间缮修《太祖武皇帝实录》时才
添加的。然而，本章注 31 已经提到松村润之后的研究，已经运用了新
的档案而修正了他之前的说法。因此，杨勇军认为此五图不可能是皇太
极天聪九年所绘的说法应不成立。另外值得注意的是，清初内国史院档
《英明汗实录全十七卷》最末提到，皇太极文臣商量以努尔哈赤事迹制
作帝鉴图。可见除了个人勋迹图外，皇太极朝汉臣对晚明图像挪用的另
一例子。关于明代帝鉴图说的研究很多，最新研究参 Li-chiang Lin, "The
Creation and Transformation of Ancient Rulership in the Ming Dynasty (1368-
1644) — A Look at the Dijian Tushuo (Illustrated Arguments in the Mirror of
the Emperors)," in Dieter Kuhn and Helga Stahl eds., *Perceptions of Antiquity
in Chinese Civilization* (Heidelberg: Edition Forum, 2008), 321-359。

41　王钟翰：《国语骑射与满族发展》，《故宫博物院院刊》1982 年第 2 期，
　　第 10~25 页；收入王钟翰《清史新考》，辽宁大学出版社，1997，第
　　62~73 页。

42　例如《残唐五代传八卷》的插图《彦章智杀高思继》，图版见台北中央
　　图书馆编《明代版画艺术图书特展》，台北中央图书馆，1989，第 141 页。

43　《大清太祖承天广运圣德神功肇纪立极仁孝武皇帝实录》，第 227 页。关于
　　八旗形成的研究，参见 Mark Elliott, *The Manchu Way: The Eight Banners and
　　Ethnic Identity in Late Imperial China* (Stanford, California: Stanford University
　　Press, 2001), 56-63。

第三章
战勋与“圣”祖：康熙朝武勋文化的确立

　　本章针对乾隆朝铜版战争图像成型前——从康熙朝到乾隆平定回疆之间——相关武勋表述之发展，来讨论康熙朝所确立的战勋文化。如果“太祖实录图”已然是清初宫廷战争图像的重要里程碑，却不见官方立即传承，一直要到乾隆朝才再次出现制作的高峰，是因为之后迫切的对明战争使得文化活动有所中断吗？那么何以到了康熙时期也不见官方战争图像的制作？究竟要如何理解从“太祖实录图”到乾隆朝铜版战图之间的断裂？抑或之间具有承袭的关系？以下便从康熙朝官员战勋图的传承与发展、康熙朝宫廷武勋图像的阙如、康熙朝官方武勋文化的建构，以及乾隆平定回疆前武勋表述的尝试等四节，来探索这些问题。

图 3-1　清《蔡毓荣南征图》卷（局部）《洞庭之战》　纸本　设色
52.7 厘米 ×1102.6 厘米　中国国家博物馆藏

一 康熙朝个人战勋图的传承与发展

虽然留存的资料有限，但明代中后期以来官员战勋图的传统，到了康熙朝并未中断。由于清代鲜少以文官督军，清代文集中的官员战勋图资料比明代少很多。但就目前留存下来的文献与图像材料来看，康熙朝更迭的战事，不论是平定三藩还是征讨噶尔丹的战役，参与其中的官员如同晚明的文官武将仍然作有不少相关的纪念图像。如湖广总督之《蔡毓荣南征图》卷，[1]其中《洞庭之战》（图 3-1）与明代《三省备边图记》之《柘林破海寇图》（图 2-1）类似，都以主角面对左方水域战船来呈现督军水战的场景。江西总督《董卫国纪功图》卷（图 3-2）卷首的军仗行列，[2]也令人联想到晚明《剿贼图记》一开始的《入境御贼图》（图 3-3）与《安南来威图册》中的《星轺就道》（图 3-4），都是描绘主角在旗仗伞盖簇拥中向左前进，为接下来的战争叙事开场。康熙朝的战勋图不仅主题与表现承袭前

图 3-2　清 黄璧《董卫国纪功图》卷（局部）卷首　纸本　设色　40.8 厘米 × 714 厘米
中国国家博物馆藏

图 3-3　明 玄默《剿贼图记》之《入境御贼图》中研院历史语言研究所傅斯年图书馆藏

图 3-4　明 冯时旸、梁天锡、江美中辑撰《安南来威图册》之《星轺就道》 中国国家图书馆藏

代，其制作背景也和官员的宦迹密不可分，《董卫国纪功图》卷便录有《抚州府崇仁县合邑绅衿里民颂总督部院大老爷董德政歌》与《乐安县颂德歌》，[3] 和《安南来威图册》附《奏绩序》来歌颂政绩的做法接近。[4] 可见明代宦迹与战勋图绘的传统，仍为康熙朝所接续。

　　不过，清代的官员战勋图在康熙朝的历史脉络下，也有不同的发展。《蔡毓荣南征图》卷中出身汉军正白旗的主角，不再依循明代官员以一袭官服督战的形象，而改以戎装上阵的表现，跳脱了如石茂华（？～1584）《平番图》卷以来的明代文官框架。个人形象之外，《董卫国纪功图》卷的出师行列不止于军容阵仗的排场，还增添了道路两旁百姓跪迎的描绘，在平

图 3-5　清《闽颂汇编》之《平海图》，"设站运米"　上海图书馆藏

定三藩的政治背景下，与卷前书有强调平乱安民、"广布皇仁"的《出师颂》一样，饶有凸显王师来到安定民生的作用。[5] 可以说都是在传袭明代官员战勋图之外，因应政治脉络的调整。

　　除了转化明代图像外，康熙朝官员的相关战争图绘还出现了新的主题。明代战争的相关纪念图像均以直接参与攻防或间接督战的文武官员为主，除了战斗场景外，描绘的也都是战争发兵、受降或赏功等牵涉战士和敌俘的题材。康熙朝则扩及协助战事的后勤事务，描绘官员负责运粮辎重的任务。例如纪念姚启圣（1624~1683）功绩的《闽颂汇编》之《平海图》系列中，就有"设站运米"（图 3-5）的主题。[6] 范承烈《北征督运图册》（图 3-6）（禹之鼎，中国国家博物馆）、[7] 宋大业《北征督远图册》（王翚）、[8] 陈元龙《扈从北征图》（禹之鼎、王翚），[9] 主角都未直接参与平噶尔丹的战役攻伐，而以文官身份协同督运的官员。三位协运官员均绘图纪念此事迹，一则显示此役的重要，而得以衍发出新的主题；二则新主题也是在宦迹与战勋图绘流行的脉络下推展而生。

　　进一步来看，康熙朝战勋图绘的规模和展示性，比起明代

130

图 3-6　清《北征督运图册》册页之一　绢本 设色
38.4 厘米 × 41.1 厘米　中国国家博物馆藏

似乎有增大的现象。如果明代《安南来威图册》、《三省备边图记》与《剿贼图记》透过刻版刊印，突破绘画媒材的限制而大量复制战勋图像，康熙朝甚至出现了更大型的计划。例如纪念康亲王杰书（1645~1697）平定三藩的《康亲王平定四省大功图》（图 3-7），[10] 共印五十张图，此数量不仅是前述明代《三省各边图记》的两倍，每图高 32 厘米、宽 64 厘米的尺寸更是惊人。除了扩增刻板的规模外，康熙朝尚有将战争相关事迹刻绘上石的做法。现存各宽两米余的两方大型拓片《红苗归化图》（图 3-8）与《黑番投诚图》（图 3-9），[11] 描绘鄂海

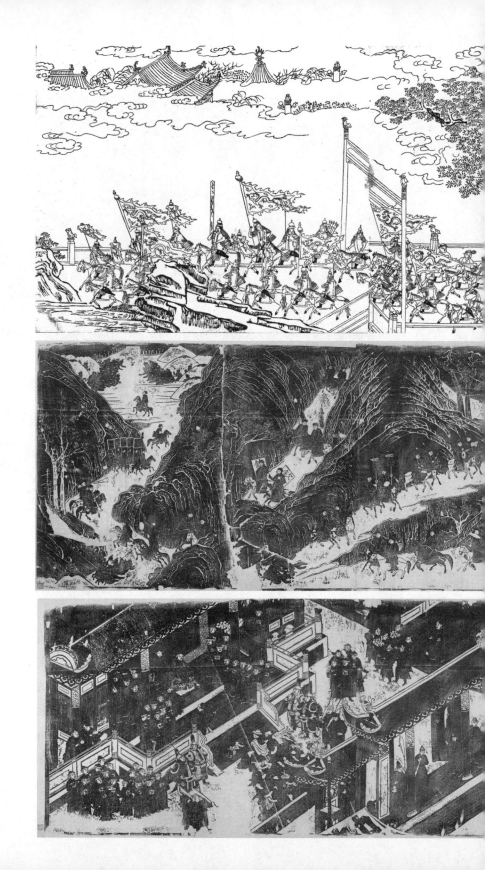

图 3-7 清《康亲王平定四省大功图》第一幅 32 厘米 × 64 厘米 日本国立公文书馆藏

图 3-8 清《红苗归化图》拓片 86.5 厘米 × 229.5 厘米 中研院历史语言研究所傅斯年图书馆藏

图 3-9 清《黑番投诚图》拓片 87.5 厘米 × 235.5 厘米 中研院历史语言研究所傅斯年图书馆藏

（?~1725）任湖广总督时，于康熙四十九年（1710）"亲往苗寨招其酋长……苗人悉归附"，[12] 以及康熙五十一年（1712）"黑番效顺"的事迹。[13] 根据西安《大慈恩寺》的记录，此二石原来是镶嵌在大雄宝殿北门外两侧的砖壁上。[14] 不论就尺寸还是地点来看，两方石刻比起版印流传都更具公开展示的效果。

这两个案例选择盛大规模的原因虽然不尽相同，[15] 但都显示战勋图对宣扬官员功绩的作用不可或缺。以鄂海的例子来看，《红苗归化图》与《黑番投诚图》不论标题还是构图都两两相对，将其任湖广总督时对治下少数民族的两项事迹并列。鄂海抚苗的功绩其实获得的回响较大，抚苗疏上呈康熙帝后，翰林院士作《红苗归化恭纪诗》，鄂海及其子达礼善还刊刻《抚苗录》并附《红苗归化恭纪诗》。[16] 相对而言，黑番投顺的记载很少，应该不是特别受到重视的事功，但是两图并列的对照效果，使其成为与抚苗相提并论的勋迹。[17] 这种直接以图像宣扬功勋的方式，也可以在《康亲王平定四省大功图》中看到。不同于明代《三省备边图记》与《剿贼图记》以"图记"为题，战役的图像与文字说明同等重要，《康亲王平定四省大功图》则直接以"图"为题，附于图后的歌颂诗文相当于题跋，加强了以图为宣扬核心的作用。

总的来看，康熙朝的官员战勋图像比起明代的风潮可以说有增无减，不仅在中高层官员间盛行，主题与规模还有新的发展，纪念的主角也包括了参与战事的满洲贵族。除了康亲王杰书外，[18] 还有《抚远大将军西征图》卷（允禵）留存，[19] 以及《宁海将军秉钺南征图》（固山贝子）的记录等。[20] 可以说官员战勋图在康熙朝官员以及贵族视觉文化中，是方兴未艾的主题。

二　康熙朝宫廷战勋图绘的阙如与"圣"祖大型视觉计划

倘若如此，那么康熙宫廷完全没有战争相关图绘的制作，[21]就显得十分不寻常。不论是平定三藩、平定台湾，还是之后康熙帝亲征噶尔丹，这些重要战役结束后都没有绘制图像的记录。对照来看，康熙宫廷大规模的视觉计划，不论是十二卷的《康熙南巡图》，刊印的《耕织图》与康熙《御制避暑山庄诗》，[22]乃至于《康熙六旬万寿图》卷和《万寿盛典初集》，都与康熙的武勋无涉。尤其《康熙南巡图》与六旬万寿相关的图绘作为康熙帝治下重要事件的图像记录，侧重的也都不是他个人英勇骁武的帝王形象，或是帝国军事力量的展示。

换个角度来看，《康熙南巡图》与六旬万寿的相关制作，反倒可看作是康熙宫廷对明代官员宦迹图的转换。本书第一章提及明代宦迹图依生涯顺序描画重要事迹的方式，有以册页或长卷组合不同事件者，也有仅绘单一事件者，《康熙南巡图》与《康熙六旬万寿图》卷等可以说就是后者的皇帝版。的确，明代官员宦迹图中就有描绘庆生者，如《咏徐大夫素履十二图》最后一幅《宾筵介寿》，[23]就是对人生事业的阶段性总结，康熙皇帝的六旬万寿又何尝不是如此？尤其若结合本书导论所言，康熙朝开启了一连串收编士大夫文化以建构皇清文化霸权的宫廷文化，而明清广为流行的士大夫庆寿文化，[24]以及记录庆寿的图绘，或许也是其转换的对象之一。同样的，《康熙南巡图》的题材，也很可能与官员图绘有关。巡历题材在明代宦迹图中相当常见，第一章第二节就提到《奉使晋阳》（《梁梦龙恩荣百纪图册》）、《巡视风庐》（《王琼事迹图册》）等例子。最近梅韵秋的研究也显示另一个与官员有关的"图画式纪行录"脉络：她追溯唐宋即有官员因出差、赴任等宦旅而衍生的旅行日录，明代前期随着宦旅路线以京杭运河为主的改变，出现了寄托个人宦业的纪行录；16 世纪后半叶更有王世贞（1526~1590）赞助的《水程图》，以沿线各站、官设地方行政中心与河工设施等为主，可以说是"图画式纪行录"的开端；影响所及包括庄囧生（1627~1679）描绘其从北京解官沿运河南还的《山东纪游册图》，而康熙与乾隆的《南巡图》也与之相关。[25] 从这些例子来看，都可以发现《康熙南巡图》与《康熙六旬万寿图卷》等与官员文化息息相关，视之为康熙宫廷收编官员宦迹图的成果应不为过。

如果进一步观察康熙宫廷大型图绘计划所形塑的皇帝形象，就会发现凸显的不是其治下的武功，而是文治的面向。首先，康熙将南巡时江南士子进献的《耕织图》重绘刻版，仿效楼璹（1090~1162）将《耕织图》进呈南宋高宗（r. 1127~1162）[26] 和"郡县所治大门东西壁皆画耕织图，使民得而观之"的以图劝农。[27] 若再从《耕织图》的传统来看，从担任县令的楼璹开始，便宣称是深感农夫蚕妇辛苦所作，而被视为其体恤民间并劝课农桑的事迹，明代方志也有类似的官员记录，[28] 康熙《耕织图序》以"朕早夜勤毖，研求治理"为始，[29] 或许也是在象征在位者体恤农夫桑妇辛苦之余，[30] 展现其劝农的政绩。再者，康熙《御制避暑山庄诗》也与武备不甚有关，虽然热河避暑山庄与北巡行围和"绥服远人"的军事与政治目

的不无关系，但以其为题的图绘刊印却转换文士的园景图式，来呈现皇家的园林图像，而与相关的狩猎活动无涉；强调的乃是"奉慈闱则征寝门问膳之诚，凭台榭则见茅茨不剪之意，观溉种则验稼穑之艰难，览花莳则验阴阳之气候，玩禽鱼则思万物之咸"的圣君形象。[31]

而六十大寿作为康熙统治的重要里程碑，盛大的庆典以及相关的纪念图像与文字，强调的也是其仁德而为人民拥戴的圣主形象。从描画"都城内外经棚黄幕，万姓擎花献果之诚，遮辇迎銮之盛"的《康熙六旬万寿图卷》，到"既绘万寿长图尤愿恭纪万寿盛典"的《万寿盛典初集》，[32] 前者呈现中外臣民与百姓的欢悦庆贺景象，后者以"庆祝"图画为中心，记录帝王之"圣德"、"恩赉"与臣民的"歌颂"，颂扬的都是其治下的太平盛世。相对于《乾隆八旬万寿盛典》特别增加了"圣功"的类别，以强调其十全武功的战勋，[33] 康熙《万寿盛典初集》则未突显康熙的武勋。

如果六十岁的康熙皇帝回顾其统治时未突显其个人武勋，他在甫平定三藩统一帝国的中壮期，也未在宫廷图绘中刻意强调其武功。康熙南巡虽然是帝国一统的重要宣示，但《康熙南巡图》对第二次南巡的描绘，是否以展现帝国武勋为重点仍值得商榷。[34] 《康熙南巡图》第一卷（图 3-10）与最后一卷

图 3-10 清《康熙南巡图》第一卷（局部） 绢本设色 67.8厘米 ×1555厘米 北京故宫博物院藏 资料来源：聂崇正主编《清代宫廷绘画》，香港商务印书馆，1996，第12~13页。

（图 3-11）描绘了扈从的骑兵团，[35] 而不免让人联想到是否意在展示军力，但绵延两卷占最多尺幅的是浩大的卤簿排场，两卷卷首也指出"千官云集，羽骑风驰，辇盖鼓钥之盛，旗帜队仗之整"，[36] 与"其邦畿之壮丽，宫阙之魏峨"，[37] 重点乃是以出警与入跸之仪来展示卤簿壮盛的帝国气象。此二卷的仪仗气势与康熙帝的武勇形象无涉，他在第十二卷中甚至是以乘轿的形象出现在扈从骑兵之前，[38] 而非具有满族武备精神的骑马装束，[39] 可见不能单以描绘扈骑来推论蕴含军力展示的意图。

同样的，《康熙南巡图》第十卷与第十一卷描绘康熙帝巡幸金陵，[40] 虽然因涉及前明奠基之首都，以及阅兵和水师的军事场景，而可与帝国武力的展示联系起来，但若深入观察，却也会发现不尽如此。[41] 第十卷（图 3-12）固然以较场校阅为整卷高潮，而会让人联想到清朝军力凌驾明朝的事实，但诚如 Maxwell Hearn 所言，此段在展现骑射军力的同时，其实不无个别士兵狼狈追赶马匹的幽默元素，[42] 而无正式阅兵图像如《大阅图》（图 3-13）浩大军伍的震慑威力。的确，若与《乾隆南巡图》南京卷（图 3-14）的整饬兵队场面相比，[43] 康熙卷中观看的人群远多于士兵，还有赐绢帛老人缓缓加入同观，以及挑着箱盒的人赶忙前往看台后准备宴会等插曲，而让整个阅兵景象显得活泼纷闹。此卷卷首也题曰："驾亲临较场，集驻防官吏，校阅骑射，恩赐筵宴。于时云罕霓旌，照耀大地。父老提携，孩稚扶杖聚观。士奋雄武，民戴恩慈，真千载之极盛也"，[44] 强调的亦是皇帝与兵民合欢的盛况。呼应的或许亦是康熙《过金陵论》中，对于朱元璋以金陵形势为凭但明代仍不免灭亡而发的警惕："天时不如地利，地利不如人和。"[45] 因此，第十卷的阅兵场景虽然与帝国的军力展现有关，但重点在于皇帝与兵民的和乐相融。同样的，第十一卷卷末船舰的壮丽场面，也不能直接视为帝国水师兵力的展示。虽然此卷"水师之盛，展卷可睹"，但卷首的说明特别突显的是这次舟行之顺利，"惟时江神献祥，风伯从令，楼船画舰，顺流而下。银涛碧浪

图 3-11 清《康熙南巡图》第十二卷（局部） 绢本 设色 67.8 厘米 × 2612.5 厘米 北京故宫博物院藏
资料来源：聂崇正主编《清代宫廷绘画》，第 54~55、58~59 页。

图 3-12 清《康熙南巡图》第十卷（局部）"较场" 绢本 设色 67.8 厘米 × 2559.5 厘米 北京故宫博物院藏
资料来源：聂崇正主编《清代宫廷绘画》，第 34 页。

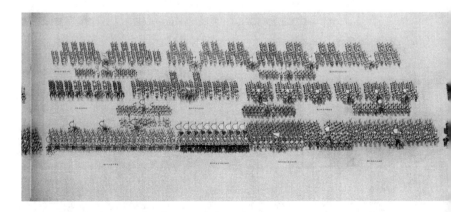

图 3-13 清《大阅图》第二卷（局部） 绢本 设色 68 厘米 × 1757 厘米 北京故宫博物院藏
资料来源：聂崇正主编《清代宫廷绘画》，第 158 页。

之中，开帆挑舵，操纵如飞"。[46] 此卷之所以强调顺风而行，很可能是因为此次（第二次）南巡渡长江的安畅，与第一次南巡时"挂帆瞬息凌长风"的危险形成莫大的对比。[47] 第一次南巡的惊险经历，让康熙帝特别写《操舟说》来抒发其对"乘国者其如乘航乎，航安则民安矣"的体悟。[48] 第十一卷特地突出第二次南巡渡江之顺利，重点应该不在展现帝国水军的战力，至少无意如《蔡毓荣南征图卷》之《洞庭之战》那样展示战舰整齐排列的气势，却是以船首方向不一的随机样貌，呈现出随着江浪顺风前进的自然波动。如此对顺风渡江的描写，与《操舟说》中"航安则民安"的寓意相合，也与第十卷帝王与军民和乐相融的主旨相呼应。[49]

如此来看，康熙帝无意沿袭明代以降的官员战勋图传统，也不制作宫廷图绘来形塑其个人的武勋成就。他所发动的大型宫廷图绘计划，呈现的都是康熙皇帝的仁德圣主形象，莫怪乎他的谥号为"圣祖"，这也是本章主标题名为"圣"祖的原因之一。

图 3-14　清《乾隆南巡图》南京卷（局部）　绢本　设色　70.6 厘米 × 998 厘米　法国吉美博物馆藏

三　康熙朝官方武勋文化的建构

虽然宫廷的图像计划均未强调康熙的武功，但是若跳脱视觉记录来看，便会发现战争主题不只是康熙时期官方文化表述的重点，还开创了新的记述武勋的模式，而为后来的乾隆皇帝所继承并发扬。近来学界已经开始注意清代军事文化的兴盛，乾隆朝纪念战争的方式尤其令人注目，不仅实行大型军礼如大阅和木兰秋狝，献俘与郊劳等与得胜相关的典礼更是盛大，而且所立记述武功的战碑数量多、尺寸大、广及帝国，并大量在全国的文庙／学校竖立，声势浩大地跨越甚至逆转了传统文武的界线与等级。[50] 值得注意的是，乾隆朝突显战勋的方式，可以追溯到康熙时期。

以在国子监／孔庙竖立战碑为例，最早便是康熙四十三年平定朔漠后，告成并勒石于国学"大成殿甬道之西"。[51] 雍正三年平定青海后，依循前例，将战碑立在康熙碑的对面"大

成殿甬道之东"。[52] 之后乾隆平定金川、准噶尔也都依例立碑。同样的，乾隆平定金川、准噶尔等所敕撰的方略，也是康熙时率先创立的体例，包括《平定三逆方略》、《平定朔漠方略》等一连串的制作，开启了日后清代官修方略的先河。[53] 其中《平定朔漠方略》甚至还由武英殿刊刻，"颁行中外，昭示臣民"，[54] 可见康熙并非无意建构帝国武勋，只是未选择视觉的模式，而以文字碑刻为主。

倘若如此，为什么康熙朝创造发展了方略与勒石太学的纪念武功模式，在官员与贵族战勋视觉文化方兴未艾的同时，宫廷却刻意排除了武勋图像的制作呢？为什么官方对战勋图像和文本的制作有不同的考虑？究竟应该如何整体理解康熙朝的战争文化表述？

若进一步检视康熙朝所创造发展的武勋文化，就会发现其试图将战勋提升到帝国仪典的层次。康熙于国子监／孔庙所竖立的战碑"平定朔漠告成太学碑"，即是一连串帝国武勋仪典的一部分。康熙平定朔漠后，除了遣官致告天、地、宗庙、社稷、陵寝等常见的典礼外，还包括过去军礼少见的"遣官告祭先师孔子"。[55] 他对此举的解释"考之《礼·王制》有曰：'天子将出征，受成于学。出征执有罪，反，释奠于学，以讯馘告'……又《礼》：'王师大献，则奏恺乐，大司乐掌其事。则是古者，文事武事为一……故受成献馘，一归于学，此文武之盛制也'，即书于"平定朔漠告成太学碑"，[56] 使之成为文武并列的帝国军礼。告成太学与勒石纪功自此成为之后清代军礼的一环，即便雍正与乾隆并无亲征，仍援引此而形成体例。同样的，康熙时新创的敕撰方略，也成为之后《大清会典》军礼的一部分。在"遣官致祭……先师阙里，复告成太学，勒石纪功"后，便是"以平定方略，宣付史馆"，[57] 可见康熙朝所新创的战碑与方略，亦成为帝国仪礼的层级。

不过，虽然康熙朝将武勋提升到帝国仪典的层次，但并未特别强调康熙个人的武勇。例如早期编辑的方略原称《平定三逆神武方略》，来年便去除"神武"二字而改为《平定三逆方略》。[58] 后来亲征朔漠的事迹也不刻意强调其神勇，康熙《御制亲征朔漠纪略》并不标榜其个人的军事功勋，反倒强调其与士兵同甘苦的圣明特质：

> 朕躬非素娴于军旅也，非熟知地势之险易也，非习于触冒寒暑也，非预谙其水草也。为所凭者天理，所恃者人心。故不怀安逸，不恃尊崇，与军士同其菲食，日惟一餐，恒饮浊水，甘受劳苦，而为此行。[59]

论者或言在亲征过程中，康熙帝未曾与准噶尔首领噶尔丹正面交锋，是玄烨无法大力宣扬其武功的原因之一，但通篇《御制亲征朔漠纪略》中详细地描述军资运送与军旅行进的细节，却只对噶尔丹最后为清军所败的事迹略微交代，整体刻画出的不是康熙帝的个人武功，却是亲征朔漠过程的劳顿和与兵士同甘苦的仁主形象，这是本章主标题以"圣"祖为名的原因之二。

对照"太祖实录图"对努尔哈赤神武形象的塑造，康熙显然无意突显个人的勋迹，而是新创方略与战碑以将武勋提升到帝国的层次。虽然对中国传统王权的家天下而言，理论上皇帝个人武勋与帝国仪典之间并无矛盾，然而康熙朝将努尔哈赤的尊号由皇太极时的"武皇帝"改为"高皇帝"，[60] 透过置换努尔哈赤的个人武功形象，重新赋予其作为清帝国始祖的地位，显示了皇太极时代与康熙朝的差异。[61] 第二章已经谈及努尔哈赤的个人神勇与皇太极建立大清所要建构的满洲意识是紧密扣连的；到了康熙朝，清帝国已进入不同的阶段，此时需要的是朝代制度与典范的确立，因此努尔哈赤的尊号也相应调整成历代开国皇帝常用的"高"字，可见此时期皇帝个人神武与帝国层次之间潜藏的对立关系。

如此，从康熙朝官方武勋文化的建构来看，就比较能够理解宫廷武勋图像的阙如。一方面，康熙新创的方略与战碑试图将武勋文化提升到帝国的层级，但不与康熙个人武功相联结。然而个人勋迹的表现乃明代以来战争图像的核心，不论是"太祖实录图"对努尔哈赤个人神武的塑造，还是康熙时仍盛行的官员和贵族战勋图，皆是如此。很可能正是因为战勋图像与个人武勋长期以来都是紧密关联，莫怪乎康熙未选择制作宫廷战勋图像，排除战争图像与个人武功的链接，而采用方略与战碑的新形式来提升帝国武勋的仪典层次。另一方面，相对于皇太极所建构的神武努尔哈赤，上一节所言宫廷大型图绘所形塑的康熙仁圣皇帝形象很不相同，不但不强调个人武功，反而更重视帝国仪典制度的建立。对比"太祖实录图"，《康熙南巡图》与《康熙六旬万寿图》不但不再描绘一连串的生涯事迹而改为仅画个别事件，选择的事件更只有自康熙《万寿盛典初集》、乾隆《南巡盛典》以来，一脉相承被称为"盛典"的帝王仪典。也就是说，不论从"文治"还是"武功"来看，康熙的圣主形象，都和其建立帝国仪典息息相关，这也是本章主标题以"圣"祖为名最重要的原因。如此固然凸显了帝王的至高位阶，但换个角度看，未与帝王仪典联系起来的皇帝事迹也不在康熙宫廷图绘计划之列，而这也是下一节乾隆在承袭康熙之余亦有新尝试之所在。

四　乾隆平定回疆前武勋表述的传承与尝试

相对来看，乾隆制作了诸多描画其戎装和骑射的大型作品，与康熙鲜有个人武勇图绘的做法大异其趣，[62] 但值得注意的是，乾隆的这些武功形象不少是在相关的军礼脉络下绘制，[63] 而与帝国武勋不可分割。例如，与大阅军礼有关的制作至少有两件大阅图轴，分别是在乾隆四年（1739）首次大阅，以及乾隆二十三年（1758）第二次大阅后所作。后者应即北京故宫博物院所藏《大阅图》轴（图3-16），上有乾隆戊寅（1758）题诗《南苑大阅纪事一律》者，[64] 不知是否为乾隆壬寅（1782）南苑《新衙门行宫杂咏书怀》所指"大阅戊寅画像斯"，[65] 或者与档案所载西苑"画舫斋后金板墙画白绢画大阅图一幅"为同一件也未可知。[66] 前者应即赫赫有名的《乾隆大阅图》轴（图3-15），[67] 虽然过去在上述乾隆二十三年的《大阅图》轴图版未公布前，学者对于《乾隆大阅图》轴的时代尚有争议，[68] 但若就《乾隆大阅图》轴的郎世宁风格与乾隆的肖像来看，应该属于乾隆初期的作品。[69] 侯怡利也从比对《皇朝礼器图式》中关于乾隆大阅胄、甲的记录，认为《乾隆大阅图》轴的大阅盔甲镶有红蓝宝石，应为乾隆二十一年（1756）改为镶东珠之前的盔胄。[70] 现

图3-15　清《乾隆大阅图》轴　绢本设色　322.5厘米×232厘米　北京故宫博物院藏
资料来源：聂崇正主编《清代宫廷绘画》，第151页。

图3-16　清《大阅图》轴　绢本　设色　430厘米×288厘米　北京故宫博物院藏
资料来源：徐启宪主编《清宫武备》，第3页。

在对照《大阅图》轴所绘镶东珠之甲胄，也可进一步确认两图制作的时间。总之，《乾隆大阅图》轴应为乾隆首次大阅后所作，而《大阅图》轴为乾隆二十三年第二次大阅后绘制，[71] 都是表现乾隆于阅兵军礼中的形象。

　　大阅之外，尚有不少与行围肄武之典有关的大型贴落。除了乾隆首次木兰围猎之后所制作的《哨鹿图》，[72] 乾隆十七年（1752）绘且二十三年（1768）重绘的《虎神枪图》、[73] 乾隆二十三年制作与二十五年（1760）再绘的《丛薄行诗意图》、[74]《塞宴四事图》等外，[75] 活计档中还有乾隆八年（1743）"围猎图大画"与"回猎图大画"、[76] 乾隆九年（1749）"打围图二张"、[77] 乾隆十五年（1750）"行围图大画"、[78] 乾隆十三年（1748）"着郎世宁仿木兰图画，画一幅高一丈六尺，落款书现今官衔"等记录。[79] 后者不知是否与北京故宫博物院藏《围猎聚餐图》轴上有"乾隆十四年四月奉宸苑卿臣郎世宁恭绘"题款者类似。[80] 从绘制的年份来看，[81] 这些作品描绘的可能不只是著名的木兰围场狩猎，还包括南苑的行围。虽然行围狩猎一直要到《皇朝通典》编纂时，才以"大狩"为名，列属"大阅"之后的军礼，不过在乾隆前期的《大清会典》就有"大狩礼成"的用法，[82] 可以看到乾隆逐渐将行围之典纳属帝国军礼，这类大型贴落的制作或许也可视作逐步赋予行围重要性的一环。

　　除了上述大型作品外，乾隆首次举行大阅和木兰秋狝之典后，还制作了长卷形制的大规模图像。《大阅图》从乾隆四年（1739）第一次大阅开始，一直到乾隆十三年（1748）完成，[83] 此长卷典礼图可能是承继雍正时也是描绘典礼的《祭先农坛图》（上、下两卷）和《临雍讲学图》，[84] 但规模扩大成一套四卷，分别描绘幸营、列阵、阅阵与行阵。可能是描绘乾隆六年（1741）第一次木兰秋狝的《木兰图》，亦是一套四卷，分画行营、下营、筵宴与合围。[85] 两组十分侧重军礼之图绘，均采用四卷成套的形制，以乾隆皇帝为中心，展现仪仗罗列的规整盛大，成为清宫描绘仪典的定式之一。乾隆十三年（1748）

的《亲蚕图》和《皇朝卤簿图》，[86] 亦以四卷成套的方式分画典礼的进程（诣坛、祭坛、采桑、献蚕）与排场（大驾卤簿、法驾卤簿、骑驾卤簿、銮驾卤簿），依循描绘军礼的《大阅图》与《木兰图》所确立的模式。[87]

　　这种和平军礼的图式亦运用于纪念战勋的宫廷图绘，乾隆十三年（1748）平定四川大金川结束后所制作的四卷一套的《初定金川出师奏凯图》，便是援用以军礼为中心的方式。首卷《冯纛命师》画的是"上诣堂子行礼，冯旗授经略节"，[88] 二卷《长安御饯》"画长安门赐经略及出征将士食"，三卷《归诚奏捷》"画番酋匍匐归降，具金川地境营垒形势，各标名"，四卷《苑西凯宴》"画驾幸丰泽园，赐宴凯旋经略将士"。[89] 虽然第三卷的详细状况不明，但从《石渠宝笈续编》记录以金川营垒之地名，如"空卡关，雪山，成都军营"等暗示战争的进程，可能与之后钱维城（1720~1772）《平定准噶尔图》卷（图3-17）类似，[90] 均以描绘归降为主，而无交战情形的刻画，[91]

图3-17　清 钱维城《平定准噶尔图》卷（局部）纸本 设色　41厘米×808厘米　中国国家博物馆藏

因此《初定金川出师奏凯图》整套都以描画军礼仪式为主。这种突出典仪、略去作战情节的做法，虽可在中国早期的战争图中见到，但明代中后期以来交战场景已愈益增多，"太祖实录图"尤其呈现了努尔哈赤削平诸部与满洲兵将对明作战，因此应是刻意援用军礼图式的选择。其中除了《归诚奏捷》为战争进行过程中的归降外，其他三卷都是乾隆亲临的仪典。未选择康熙亲征后新创、雍正与乾隆亦延续举行的告成典礼，或许与乾隆未亲征有关，故以其亲自参与的命将出征和劳师的军礼为主题。尤其第一卷的命师堂子行礼与第四卷的凯宴主题，都是在此次战后纳入的帝国军礼，"堂子之礼，请载入会典，从之自后，命将出征及凯旋，皆致祭堂子如仪"、[92]"乾隆十四年……是年议准凯旋礼，一曰告成之礼……一曰劳师之仪……翼日赐燕经略大将军，及凯旋大臣官员将士咸与燕，王公满汉大臣陪燕，礼成"，[93] 可以说赋予了未亲征的战役在军礼中的地位。无论如何，整套图卷以礼典顺序记录此役，建构出从授命傅恒开始、胜战后凯旋赐宴的金川战役。[94] 如此以军礼为中心的宫廷图绘，成为帝王执行国家仪典之官方视觉记录，既脱离了皇帝个人的神武，也非一般官员或贵族得以主持的活动，而得以超越明代以来与个人勋迹紧密联结的战争图像，以描绘隆重威仪来展示帝国武勋。

因此，可以说平定回疆前，乾隆以清帝国特别重视的大阅与行围礼典为中心，逐步发展出新的宫廷武勋图绘。虽然看似与康熙朝排除个人武功图像的做法相反，但从官方武勋文化的角度来看，乾隆其实传承并发扬了以帝国军礼为核心的方式。除了沿袭康熙创发的方略编纂、告成太学、于文庙竖立战碑外，更尝试以大阅和木兰秋狝为题制作相关的宫廷画作，其中四卷成套的模式并为纪念平定金川的战勋图像所沿用。如此以军礼为主的乾隆宫廷图绘，转化了"太祖实录图"战勋图像与努尔哈赤个人神勇事迹的联结，进而发扬了康熙致力将武勋提升到帝国仪典的层次。

小 结

　　康熙朝对皇清文化霸权的建构，可以从宫廷成功地转换了官员宦迹图的"文"面向，再次看到例证。相对于"太祖实录图"形塑努尔哈赤的武勇形象，康熙更侧重呈现其圣主意象。《康熙南巡图》与《万寿盛典初集》透过描绘帝王独有的"盛典"，强化满洲皇权凌驾士大夫的位阶，也为之后的乾隆皇帝所承袭并发扬光大。相对的，虽然康熙时期官员战勋图仍相当流行，但康熙宫廷并未制作战勋图，却是以告成太学、立战碑于太学／孔庙和新创方略等方式建构了清朝的武勋文化。很可能和康熙无意形塑个人神武，而重在以仪典将武勋提升到帝国层次有关。乾隆前期亦延续对典礼的重视，但在将更多典礼纳入军礼后开始逐步收编官员宦迹图的"武"面向。

　　然而，就在康熙朝到乾隆朝宫廷武勋文化蓬勃发展的同时，官员的个人表述却逐渐消失。尽管清代不再以文官督军，但康熙朝不论官员的战事奏议合集还是官员战勋图绘都仍然盛行，前者如杨捷的《平闽记》、[95] 鄂海的《抚苗录》、[96] 施琅的《靖海纪事》，[97] 后者如第一节所述《蔡毓荣南征图》卷等。的确，伴随着康熙朝官方方略的纂修，私家撰写的战争记录渐趋没落，官员的战事奏议合集以及曾于明清之际蔚为风气的私史风尚，[98] 都为官方的统整收编所取代。同样的，如果康熙朝个人战勋图尚方兴未艾，随着乾隆朝宫廷武勋图绘的崛起，官员的个人战勋图像也几乎不存。合而观之，可以发现康熙宫廷虽然并没有制作战勋图绘，却扮演清代从个人勋迹转向帝国武功的关键角色。借由编纂方略、告成太学、竖立战碑等帝国仪典的成立，康熙朝建立了官方书写战史的权威，并以典礼展演武勋在帝国礼制中的重要位置。在此基础上，乾隆得以进一步转化与个人事迹联结紧密的战勋图像，发展出帝国军礼与战勋的图绘。

注　释

1　图版参见中国国家博物馆编《中国国家博物馆馆藏文物研究丛书·绘画卷·历史画》，上海古籍出版社，2006，第86~91页。

2　图版参见中国国家博物馆编《中国国家博物馆馆藏文物研究丛书·绘画卷·历史画》，第78~85页。

3　中国国家博物馆编《中国国家博物馆馆藏文物研究丛书·绘画卷·历史画》，第78页。

4　冯时旸、梁天锡、江美中辑撰《安南来威图册》，收入《北京图书馆古籍珍本丛刊》史部杂史类第10册，书目文献出版社，1988年据明隆庆刻本影印，第407~408页。

5　中国国家博物馆编《中国国家博物馆馆藏文物研究丛书·绘画卷·历史画》，第78页。

6　佚名编《闽颂汇编》，收入《台湾文献汇刊》第2辑第1册，九州岛出版社，2004年据清康熙刻本影印，第40~41页。

7　图版参见中国国家博物馆编《中国国家博物馆馆藏文物研究丛书·绘画卷·历史画》，第92~97页。

8　钱载:《箨石斋诗集》卷三十九《为宋舍人镕题其曾祖阁学大业以编修从圣祖仁皇帝亲征厄鲁特督中路饷大凯还京王翚画北征图册后》，收入《续修四库全书》第1443册，上海古籍出版社，2002年据清乾隆刻本影印，第309页；缪荃孙:《云自在龛随笔》卷二，收入《民国笔记小说大观》第2辑，山西古籍出版社，1996，第95~97页；沈德潜等编《清诗别裁集》卷二十一《题宋官赞药洲北征图》，上海古籍出版社，1984年据清乾隆二十五年（1760）教忠堂刻本影印，第849~850页；翁方纲:《复初斋诗集》卷十六《康熙三十四年圣祖仁皇帝亲征漠北宋药洲阁学时以编修充日讲官奉命督中路运粮事王石谷为作北征图药洲曾孙奕严舍人属题》，收入《续修四库全书》第1454册，上海古籍出版社，2002年据清刻本影印，第496页；杨钟义:《雪桥诗话三集》卷四，收入沈云龙主编《近代中国史料丛刊·续辑》第240辑，文海出版社，1975年据民国求恕斋丛书本影印，第396页。

9　缪荃孙:《云自在龛随笔》卷二，第95~97页；张英:《文端集》卷三十三《题陈广陵扈从北征图八首》，收入《景印文渊阁四库全书》第1319册，台湾商务印书馆，1983年据台北故宫博物院藏本影印，第570页；杨钟义：《雪桥诗话三集》卷四，第394页。陈元龙出身海宁陈氏，相关研究参见赖惠敏《清代的皇权与世家》，北京大学出版社，2010，第37~111页。

10 佚名：《康亲王平定四省大功图》，台北故宫博物图书文献馆善本书室，与东京国立公文书馆均藏有一册。

11 两幅尺寸分别为86.5厘米×229.5厘米和87.5厘米×235.5厘米，中研院历史语言研究所傅斯年图书馆、中国国家图书馆与 Field Museum (Chicago) 均藏有拓片。图版见北京图书馆善本部、金石组编《北京图书馆藏画像拓本汇编》第6册，书目文献出版社，1993，第117~118页。Edouard Chavannes, *Mission archéologique dans la Chine septentrionale* (Paris: E. Leroux, 1913), vol. 1, pt. 1. 感谢黄韵提供 Chavannes 的研究资料。

12 鄂海、车鼎晋编《抚苗录》第八册《红苗归化恭纪诗·红苗归化恭纪诗跋》，东京东洋文库藏，康熙五十二年（1713）序刊本，第1页。又，《抚苗录》第1~7册，收入《史料七编》，广文出版社，1978年中研院藏本影印。

13 王穆：《(康熙)城固县志》卷十《艺文·巡抚都宪鄂公德政坊赞》，收入《中国方志丛书》第263册，成文出版社，1969，据清康熙五十六年（1717）修、清光绪四年（1878）重刊本影印，第514~521页。

14 陈景富：《大慈恩寺志》，三秦出版社，2000，第39页。

15 《红苗归化图》和《黑番投诚图》的制作，很可能与康熙五十七年建造鄂海生祠同时。两者都坐落于鄂海捐俸重修的慈恩寺，亦均是为了纪念他的功绩所造，不过生祠乃其任川陕总督时辖民所立，而两方石刻的内容是鄂海任湖广总督时的勋迹。关于鄂海重修慈恩寺的记录，见陈景富《大慈恩寺志》，第550~572页。又，中研院历史语言研究所傅斯年图书馆藏有《清慈恩寺川陕总督鄂海捐俸重修碑》碑额拓片。虽《康亲王平定四省大功图》并无完整出版资料，但其中十余图的内容和构图与姚启圣《闽颂汇编》的《平海图》十分相似，应与姚启圣有关。且台北故宫博物院所藏《康亲王平定四省大功图》有签题："此大功图系姚启圣纪功之图，今南征图系先王爷纪年之意，两图题目不合，诗句各殊。本册内止选二十幅，诗颂可用，余皆不合。"应是永恩（1727~1805）在乾隆四十三年后复号礼亲王后，搜集先祖事迹来编刊《南征图诗草》时所题，故可据此确认《康亲王平定四省大功图》的制作与姚启圣有关。关于《南征图诗草》的记录，见丁丙藏、丁仁编《八千卷楼书目》卷十九，收入《续修四库全书》第921册，上海古籍出版社，2002年据民国12年（1923）钱塘丁氏铅印本影印，第374页。或即为中国国家图书馆藏《礼府家传友轩遗稿》内之《南征图诗章》，但笔者尚未及见。唯北京图书馆编《北京图书馆藏家谱丛刊·民族卷》第33册（北京图书馆出版社，2003）之清佚名《礼府家传》，未见《南征图诗章》。

16　鄂海、车鼎晋编《抚苗录》第 8 册，第 1 页。

17　康熙五十六年编纂《(康熙) 城固县志》的王穆在《抚苗录》后言："黑番投顺，亦当铨次成书，以为封疆大臣程序讲。"可见辖民歌功颂德时将红苗与黑番作为鄂海相提并论的功绩。王穆：《(康熙) 城固县志》卷十《艺文·圣德抚苗碑铭并序》，第 521 页。

18　另外，还有汪鋆引王逢原 (源)《(乾隆) 江都县续志》载王云为康亲王毁于火的"得功图"补作之记录，不知与《康亲王平定四省大功图》是否相同。汪鋆：《扬州画苑录》卷一，收入《续修四库全书》第 1087 册，上海古籍出版社，2002 年据南京图书馆藏清光绪十一年 (1895) 刻本影印，第 637 页。

19　图版参见中国国家博物馆编《中国国家博物馆馆藏文物研究丛书·绘画卷·历史画》，第 108~115 页。

20　陈梦雷：《松鹤山房诗集》卷七《七言排律·题宁海将军秉钺南征图》，收入《续修四库全书》第 1415 册，上海古籍出版社，2002 年据北京图书馆藏清康熙铜活字印本影印，第 684 页。

21　虽然天津博物馆藏有《康亲帝命裕亲王率师征厄鲁忒及御笔题诗图》轴，图录称其上为康熙御笔，但图版所见风格与康熙书风似乎不太相同，"康熙御笔之宝"的印章也和典型印章不太相近，唯笔者尚未亲见无法确认。无论此件作品是否为康熙宫廷所作，抑或康熙题诗是否为真，此画以裕亲王率师为题，并不影响本章所论康熙无意以图绘来表彰个人神武的论点。而且若此题诗的确是康熙御笔，那么更显示他对于流行于官员甚至亲王间的个人战勋图十分清楚，却选择不制作标榜其武勋的图像。故宫博物院清代新疆文物展编辑委员会编《故宫博物院清代新疆文物展》，新疆人民出版社，2011，第 10~11 页。

22　关于康熙朝《耕织图》的最新研究，见罗慧琪《安和富寿之域：康熙皇帝版与胤禛版〈耕织图〉所呈现的一段父子间的对话》，《两岸故宫第一届学术研讨会——为君难：雍正其人其事及其时代论文集》，台北故宫博物院，2009，第 369~380 页。关于康熙《御制避暑山庄诗》的讨论很多，在此仅举最新研究。马雅贞：《皇苑图绘的新典范：康熙〈御制避暑山庄诗〉的制作及其意义》，《故宫学术季刊》第 32 卷第 2 期，2014 年 12 月，第 39~80 页；Richard E. Strassberg and Stephen H. Whiteman, *Thirty - Six Views: The Kangxi Emperor's Mountain Estate in Poetry and Prints* (Ex Horto: Dumbarton Oaks Texts in Garden and Landscape Studies; Washington, DC and Cambridge, MA: Dumbarton Oaks Research Library & Collection and Harvard University Press, in press).

23　骆徒宇：《澹然斋存稿》卷一《咏徐大夫素履十二图》，台北中央图书馆，1975 年据明崇祯十年 (1637) 武康骆氏原刊本拍摄微卷，第 34 页 a~37 页 b。

24 邱仲麟:《诞日称觞——明清社会的庆寿文化》,《新史学》第 11 卷第 3
    期, 2000 年 9 月, 第 101~156 页。

25 梅韵秋:《明代王世贞〈水程图〉与图画式纪行录的成立》,《台湾大学艺
    术史研究所美术史研究集刊》第 36 期, 2014 年, 第 109~175 页。

26 渡部武:《〈耕织图〉流传考》, 曹幸穗译,《农业考古》1989 年第 1 期,
    第 160~165 页。

27 虞集:《道园学古录》卷三十, 收入《景印文渊阁四库全书》第 1207 册,
    第 435 页。

28 例如明代吕中道"惠以牧民……绘《耕织图》, 教民务农桑, 卓有循良
    之风"。王鹤龄修《(万历)枣强县志》卷四, 收入国家图书馆地方志和
    家谱文献中心编《明代孤本方志选》(3), 中华全国图书馆文献缩微复
    制中心, 2000。

29 《圣祖仁皇帝御制文集二集》卷三十二, 收入《景印文渊阁四库全书》第
    1298 册, 第 643 页。

30 罗慧琪的研究指出图画展现节气与耕织配合的安居乐业景况, 但康熙题
    诗文字不断重复农民生活不易与辛苦劳动, 很可能与康熙在丰泽园开辟
    农田与蚕舍, 闲余劝课农桑甚至亲自耕种而深刻体会并怜惜农家有关,
    如此, 与文对应的图像则是呈现康熙与农民共同的生活经验, 对生活乃
    至帝国未来的想望。罗慧琪:《安和富寿之域：康熙皇帝版与胤禛版〈耕
    织图〉所呈现的一段父子间的对话》, 第 371~372 页。

31 关于康熙《御制避暑山庄诗》的研究, 参见本章注 22。

32 王掞监修、王原祁等奉敕撰《万寿盛典初集》, 收入《景印文渊阁四库全
    书》第 653~654 册; Maxwell K. Hearn, entry of plate 24, in Evelyn
    Rawski and Jessica Rawson eds., *China: The Three Emperors: 1662 - 1795*
    (London: Royal Academy of Art, 2006), 391-392; 小野胜年:《康熙萬壽盛
    典圖考證》,《ビブリア》52, 1972 年, 第 2~39 页; 小野胜年:《"康熙
    萬壽盛典初集"慶祝圖記譯註》,《ビブリア》56, 1974 年, 第 20~51
    页; 小野胜年:《康熙六旬萬壽盛典について》, 收入田村博士退官纪
    念事业会编《田村博士頌壽東洋史論叢》, 田村博士退官纪念事业会,
    1968, 第 171~192 页; 小野胜年:《康熙萬壽盛典圖について》,《佛教艺
    术》第 67 期, 1968 年, 第 68~88 页; 陈葆真:《康熙皇帝〈万寿图〉与
    乾隆皇帝〈八旬万寿图〉的比较研究》,《故宫学术季刊》第 30 卷第 3 期,
    2013 年 3 月, 第 45~122 页。

33 阿桂等纂修《八旬万寿盛典》, 收入《景印文渊阁四库全书》第 660~661
    册。相关研究参见 Evelyn S. Rawski and Jessica Rawson eds., *China: The*

Three Emperors, 1662-1795, 392-393。

34 Chin-sung Chang, Mountains and Rivers, Pure and Splendid: Wang Hui (1632-1717) and the Making of Landscape Panoramas in Early Qing China (Ph. D. diss., Yale University, 2004), 367-369.

35 图版参见聂崇正主编《清代宫廷绘画》，商务印书馆，1996，第 9~15、52~61 页。

36 Maxwell K. Hearn, The Kangxi Southern Inspection Tour: A Narrative Program by Wang Hui (Ph. D. diss., Princeton University,1990), 289.

37 聂崇正主编《清代宫廷绘画》，第 53 页。

38 Maxwell K. Hearn, The Kangxi Southern Inspection Tour, 169.

39 Michael G. Chang, *A Court on Horseback:Imperial Touring & the Construction of Qing Rule,1680-1785*(Cambridge, Mass.: Harvard University Asia Center,2007), 180-185.

40 图版参见聂崇正主编《清代宫廷绘画》，第 28~51 页。

41 以下关于《康熙南巡图》第十卷教场场景与第十一卷大江段的观点，受益自王怡璇于笔者 2008 年开授研究所专题研讨课程中期末报告对画面的分析比较。

42 Maxwell K. Hearn, The Kangxi Southern Inspection Tour, 152-153.

43 Marie-Catherine Rey and Musée Guimet (Paris, France), *Les Très Riches Heures de la Cour de Chine: Chefs-d'œuvre de la peinture impériale des Qing 1662-1796* (Paris: Réunion des Musées Nationaux, 2006), 120-125.

44 Maxwell K. Hearn, The Kangxi Southern Inspection Tour, 295；故宫博物院编《(故宫博物院藏)清代宫廷绘画》，文物出版社，1992，第 58 页，图 18。

45 中国历史第一档案馆整理《康熙起居注》第 2 册，中华书局，1984，第 1247~1248 页；Jonathan Hay, "Ming Palace and Tomb in Early Qing Jiangning: Dynastic Memory and the Openness of History," *Late Imperial China* 20:1 (1999.6): 1-48.

46 聂崇正主编《清代宫廷绘画》，第 41 页。

47 于久明:《康熙操舟说小考》,《故宫博物院院刊》1983 年第 4 期，第 48 页。

48 于久明：《康熙操舟说小考》，第47~48页。

49 关于康熙南巡图特别突出康熙的亲民形象，参见 Ya-chen Ma, Picturing Suzhou: Visual Politics in the Marking of Cityscapes in Eighteenth-Century China (Ph. D. diss., Stanford University, 2006), 145-168。

50 Yun-chiu Mei, The Pictorial Mapping and Imperialization of Epigraphic Landscapes in Eighteenth-Century China (Ph. D. diss., Stanford University, 2008), 43-53；Joanna Waley-Cohen, "Militarization of Culture in Eighteenth-Century China," in Nicola Di Cosmo ed., *Military Culture in Imperial China* (Cambridge：Harvard University Press, 2009), 278-295；Joanna Waley-Cohen, *The Culture of War in China: Empire and the Military under the Qing Dynasty* (New York：I.B. Tauris, 2006).

51 昆冈、刘启端等纂修《钦定大清会典事例》卷八百六十五《工部四》，收入《续修四库全书》第810册，上海古籍出版社，2002年据清光绪石印本影印，第498页。

52 昆冈、刘启端等纂修《钦定大清会典事例》卷八百六十五《工部四》，第498页。

53 姚继荣：《清代方略研究》，西苑出版社，2006，第76~108页。

54 《清实录·圣祖仁皇帝实录》卷二百三十七，康熙四十八年四月，中华书局，1986，第373页。

55 《清实录·圣祖仁皇帝实录》卷一百八十四，康熙三十六年七月，第971页；梁国治等奉敕编《钦定国子监志》卷三《御制》，收入《景印文渊阁四库全书》第600册，第41页。

56 《清实录·圣祖仁皇帝实录》卷一百八十四，康熙三十六年七月，第971页；梁国治等奉敕编《钦定国子监志》卷三《御制》，第39~41页。

57 昆冈、刘启端等纂修《钦定大清会典事例》卷四百一十一《礼部一二二·军礼一》，收入《续修四库全书》第810册，第492页。

58 姚继荣：《清代方略研究》，第77页。

59 温达等编《圣祖仁皇帝亲征平定朔漠方略》，收入《景印文渊阁四库全书》第354册，第452页。

60 《清实录·太祖高皇帝实录》卷十，元年四月，第143页。

61 Pamela Kyle Crossley, *A Translucent Mirror*, 137-138.

62　不过康熙早年有《康熙戎装像》，北京故宫博物院藏，但尺寸不大（112.22 厘米 ×71.5 厘米），一般认为是年纪尚轻的康熙形象。图版见聂崇正主编《清代宫廷绘画》，第 4 页。另外，冯金伯《国朝画识》引《图绘宝鉴续纂》，提到黄应谌于"康熙中圣祖命创阅武图稿"的记录，与胡敬《国朝院画录》卷上的记录相同，但不确定具体的图像为何，且仅有图稿而无成图的记录，有待进一步研究。冯金伯：《国朝画识》卷二，收入徐蜀编《国家图书馆藏古籍艺术类编》第 20 册，北京图书馆出版社，2004 年据清道光刻本影印，第 26 页 a~26 页 b；胡敬辑《国朝院画录》卷上，收入北京图书馆出版社辑《历代书画录辑刊》第 1 册，2007 年据清嘉庆刻本影印，第 1 页 a。描绘乾隆狩猎的画作很多，部分可能与明代以来帝王行乐图的传统有关，例如《乾隆一发双鹿图》轴上，乾隆的题诗言"十年前事图行乐"。图版参见徐启宪主编《清宫武备》，商务印书馆，2008，第 40 页。关于明代帝王行乐图的讨论，参见 Cheng-hua Wang, Material Culture and Emperorship: The Shaping of Imperial Roles at the Court of Xuanzong (r. 1426-35) (Ph. D. diss., Yale University, 1999); Hui-chi Lo, Political Advancement and Religious Transcendence: The Yongzheng Emperor's (1678-1735) Development of Portraiture (Ph.D. diss., Stanford University, 2009)。同样描绘乾隆与少数臣员狩猎者尚有《乾隆猎鹿图》横轴、《乾隆射猎图》横轴、《乾隆刺虎图》轴等，图版参见徐启宪主编《清宫武备》，第 34、42、50 页。描画乾隆单独射猎者则有《乾隆射熊图》轴、《乾隆逐鹿图》轴与《乾隆击鹿图》轴等，图版参见徐启宪主编《清宫武备》，第 26、205、36 页。不过部分画幅尺寸相近，主题不同者据说有好几件，或为成套的作品，参见故宫博物院编《(故宫博物院藏)清代宫廷绘画》，第 257 页，图 87 图版解说。而《乾隆刺虎图》轴与《乾隆射鹿图》轴尺寸也很接近，中后景也同样出现帐幕，或许也有配套关系。Rawski, Evelyn S. and Jessica Rawson eds., *China: The Three Emperors, 1662-1795*, 394-395. 目前所见最完整的图版见煮雨山房辑《故宫藏历代画像图鉴》，北京古籍出版社，2005，感谢郑孟姗告知此图录。此大幅成套的做法与明代帝王行乐图不类，其中的意义有待进一步研究。

63　关于清代军礼的讨论，参见 Joanna Waley-Cohen, *The Culture of War in China*, 66-88。

64　图版见聂崇正《失群的〈大阅图〉卷》，收入氏著《清宫绘画与"西画东渐"》，紫禁城出版社，2008，第 107 页；徐启宪主编《清宫武备》，第 3 页，图 1。

65　清高宗御制，董诰等奉撰《御制诗集·四集》卷八十一《新衙门行宫杂咏书怀》，收入《景印文渊阁四库全书》第 1308 册，第 701 页。

66　中国第一历史档案馆、香港中文大学文物馆合编《清宫内务府造办处档案总汇》第 23 册，乾隆二十三年十月十四日如意馆，人民出版社，2005，第 480 页。

67   图版参见聂崇正主编《清代宫廷绘画》，第151页。

68   有些学者认为此件是乾隆四年（1739）初次大阅所作，如毕梅雪《郎
      世宁与中国十八世纪帝王肖像的复兴》，《故宫博物院院刊》2004年第
      3期，第92~104页。其他学者则从上述御制诗与档案推测此件即为文
      献所记录的作品。朱家溍：《清高宗南苑大阅图》，《故宫退食录》，北
      京出版社，1999，第61页；刘潞：《〈丛薄行诗意图〉与〈清高宗大阅
      图〉考析——清代多民族国家形成的图像见证》，《故宫博物院院刊》
      2000年第4期，第15~26页，后收入氏著《融合：清廷文化的发展轨
      迹》，紫禁城出版社，2009，第267~282页。另外，柯娇燕认为《乾隆
      大阅图轴》的马乃1757年《哈萨克斯坦贡马图卷》（法国吉美美术馆
      藏）之贡马，故亦推定《乾隆大阅图》轴为1757年之后的作品。Pamela
      Kyle Crossley, *A Translucent Mirror: History and Identity in Qing Imperial
      Ideology* (Berkeley:University of California Press,1999), 272-275. 不过若比
      对两马的花色，并不符合。

69   毕梅雪于2006年即暗示《乾隆大阅图》轴风格较接近乾隆初期，并推
      测御制诗与档案文献所载应为另一件作品。Rawski, Evelyn S. and Jessica
      Rawson eds., *China: The Three Emperors, 1662-1795*, 405. 另外，虽然活
      计档中并无《乾隆大阅图》轴的直接记录，但乾隆四年如意馆有"太监
      毛团传旨着画大油画"的数条记录，包括准备"头号高丽纸、颜料"与
      装油画颜料的"猪尿抛（泡）四个"等，可能即因此作为御容而受到的
      特别重视。中国第一历史档案馆、香港中文大学文物馆合编《清宫内务
      府造办处档案总汇》第9册，乾隆四年二月十三日如意馆、乾隆四年四
      月十日如意馆、乾隆四年正月三十日画院处、乾隆四年四月油画房，第
      167、169、175、192页。

70   侯怡利：《国之重典——乾隆四年的大阅与〈大阅图〉》，《通识研究集刊》
      第12期，2007年12月，第171~172页。张琼则认为盔甲佩戴的是金属
      护心镜，为乾隆十三年之后皇帝大阅甲的定制。张琼：《清代皇帝大阅与
      大阅甲胄规制》，《故宫博物院院刊》2010年第6期，第89~103、160页。

71   聂崇正亦认为《乾隆大阅图》轴的"无字本"为乾隆四年首次大阅所作。
      他认为有乾隆戊寅题诗的"有字本"，即乾隆壬寅诗所指"大阅戊寅画
      像斯"，且绘者很可能是王致诚。聂崇正：《两幅〈乾隆戎装像〉》，《紫
      禁城》2012年第12期，第74~77页。

72   图版参见故宫博物院编《（故宫博物院藏）清代宫廷绘画》，第108~109
      页，图51。乾隆御制诗《题写照哨鹿图》："此图乃辛酉年初幸木兰哨鹿
      命郎世宁所为者"，应即指北京故宫所藏《哨鹿图》轴。清高宗御制，
      董诰等奉撰《御制诗集·四集》卷三十一《题写照哨鹿图》，第783页。

73   图版参见聂崇正主编《清代宫廷绘画》，第274页。另有《秘殿珠林石
      渠宝笈·续编》所著录之《天威服猛图》"绘御容秋狝用虎神枪殪虎事"。

张照等纂修《秘殿珠林石渠宝笈·续编》，收入《秘殿珠林·石渠宝笈合编》，上海书店出版社，1988，第3043页。

74 图版参见聂崇正主编《清代宫廷绘画》，第197页。相关研究见刘潞《〈丛薄行诗意图〉与〈清高宗大阅图〉考析——清代多民族国家形成的图像见证》；杨伯达：《乾隆皇帝与木兰围场——记故宫博物院所藏秋狝题材的院画》，收入氏著《清代院画》，紫禁城出版社，1993，第93~108页。另外，《丛薄行诗意图》除刘潞等提及乾隆二十三年制作外，乾隆二十五年再绘的记录见中国第一历史档案馆、香港中文大学文物馆合编《清宫内务府造办处档案总汇》第25、26册，乾隆二十五年十月如意馆、乾隆二十六年三月如意馆，第524、688~689页。感谢郑孟姗告知此记录。

75 图版参见聂崇正主编《清代宫廷绘画》，第176~177页。中国第一历史档案馆、香港中文大学文物馆合编《清宫内务府造办处档案总汇》第27册，乾隆二十七年一月如意馆、乾隆二十七年十二月如意馆，第172、235页；王凯：《郎世宁笔下的塞宴四事图》，《南京艺术学院学报》2008年第1期，第27~32页。

76 中国第一历史档案馆、香港中文大学文物馆合编《清宫内务府造办处档案总汇》第11册，乾隆八年六月十六日如意馆、乾隆八年七月十日如意馆，第384~385页。

77 中国第一历史档案馆、香港中文大学文物馆合编《清宫内务府造办处档案总汇》第12册，乾隆九年八月十九日画院处，第354页。

78 中国第一历史档案馆、香港中文大学文物馆合编《清宫内务府造办处档案总汇》第17册，乾隆十五年三月十八日如意馆，第354~355页。

79 中国第一历史档案馆、香港中文大学文物馆合编《清宫内务府造办处档案总汇》第16册，乾隆十三年七月二十六日如意馆，第252页。

80 图版参见聂崇正主编《清代宫廷绘画》，第164页。

81 关于乾隆于木兰和其他地方行围的时间，参见毕梅雪、侯锦郎《木兰图与乾隆秋季大猎的研究》，台北故宫博物院，1982，第24页，第一章注10。

82 行围狩猎在乾隆前期的《大清会典》就有"大狩礼成"的用法，虽然归于"兵部""武选清吏司"下。雍正与康熙会典则以"畋猎"名之，前者属"兵部""武库清吏司"之下，后者在"兵部""武库司"内。清高宗敕撰、嵇璜等纂修《钦定皇朝通典》卷五十八《礼·军一》，收入《景印文渊阁四库全书》第643册，第209、218页；伊桑阿等修纂《大清会典（康熙朝）》卷一〇六，收入沈云龙主编《近代中国史料丛刊三编》第724册，文海出版社，1993，第5281页；允禄等监修《大清会典（雍正

朝)》卷一百四十六，收入沈云龙主编《近代中国史料丛刊三编》第779
册，文海出版社，1995，第9175页；允裪等奉敕纂修《钦定大清会典》
卷六十一《兵部》，收入《景印文渊阁四库全书》第619册，第545页。

83　聂崇正：《失群的〈大阅图〉卷》，收入氏著《清宫绘画与"西画东渐"》，
第96~107页；侯怡利：《国之重典》，第153~184页。

84　关于雍正《祭先农坛图》的研究，参见聂崇正《话说〈雍正帝祭先农
坛图〉卷》，收入氏著《清宫绘画与"西画东渐"》，第90~95页；刘
潞《〈祭先农坛图〉与雍正帝的统治》，《清史研究》2010年第3期，第
151~156页。

85　虽然毕梅雪与侯锦郎认为《木兰图》为乾隆六年第一次秋狝后所作，但
郑孟姗查阅清宫造办处档案后发现《木兰图》与《亲蚕图》的制作时间
差不多，都应该是乾隆十三年到十四年所作。毕梅雪、侯锦郎：《木兰图
与乾隆秋季大猎的研究》，第98~107页。郑孟姗：《乾隆皇帝狩猎图与狩
猎文化的建构》，台湾清华大学硕士论文稿。

86　关于《亲蚕图》的讨论，参见童文娥《清院本〈亲蚕图〉的研究》，《故
宫文物月刊》第278期，2006年5月，第71~78页。《皇朝卤簿图》现
存一卷《大驾卤簿图》，藏于中国国家博物馆，图版参见中国国家博物
馆编《中国国家博物馆馆藏文物研究丛书·绘画卷·风俗画》，上海古籍
出版社，2006，第150~171页。朱敏：《清人〈大驾卤簿图〉研究》，收
入中国国家博物馆《中国国家博物馆馆藏文物研究丛书·绘画卷·风俗
画》，第315~319页。关于《皇朝卤簿图》，见张照等纂修《秘殿珠林石
渠宝笈·三编》，收入《秘殿珠林·石渠宝笈合编》，第592~594页。

87　侯怡利亦提到《大阅图》与《木兰图》、《亲蚕图》均以四卷将典礼分段
描绘，以典礼主持人为中心的铺陈与构图方式都有一致性。侯怡利：《国
之重典》，第171~172页。

88　堂子为满洲的祭神场所。关于满族堂子祭的研究，参见白洪希《清宫堂子祭
探赜》，《满族研究》1995年第3期，第61~63页；赖惠敏：《天潢贵胄——清皇
族的阶层结构与经济生活》，中研院近代史研究所，1997，第130~132页。

89　张照等纂修《秘殿珠林石渠宝笈·续编》，收入《秘殿珠林·石渠宝笈合
编》，第1869~1870页；聂崇正：《张廷彦、周鲲合画〈苑西凯宴图〉卷》，
收入氏著《清宫绘画与"西画东渐"》，第144~149页。关于第四卷的图
版，见 Nancy Berliner, "The Emperor Looks West," *The Magazine Antiques*
171:3 (2007.3): 88-95. 感谢百玲安（Nancy Berliner）告知其文，以及此
四卷目前均存于欧美私人收藏家手中。

90　钱维城的《平定准噶尔图卷》有两本，图版见故宫博物院编《（故宫博
物院藏）清代官廷绘画》，第218页，与《中国国家博物馆馆藏文物研

究丛书·绘画卷·历史画》，第 162~177 页。著录见张照等纂修《秘殿珠林石渠宝笈·续编》，第 741~742 页。另外，《秘殿珠林石渠宝笈·三编》著录"蒋溥画高宗纯皇帝平定准噶尔图并书御制文一卷"也是绘"边郵险隘、禁旅赳桓、回部投诚、军门受款状"，并"分段小楷标识"地名；而《秘殿珠林石渠宝笈·续编》著录钱维城《圣谟广运图》卷亦是"画平定回部军营，间标地名"，并提到"前岁画平定伊犁图"，或亦是类似的做法。见张照等纂修《秘殿珠林石渠宝笈·三编》，第 2280 页；《秘殿珠林石渠宝笈·续编》，第 735~739 页。

91　钱维城《平定准噶尔图》卷虽有题"格登山　阿玉锡率二十五人斫营"之段落，但画面所绘却是准噶尔部民跪迎清军之场景，而非如《阿玉锡持矛荡寇图》卷之骑马刺杀的情形。后者图版参见台北故宫博物院编辑委员会编《故宫书画图录》第 21 册，台北故宫博物院，2002，第 179~182 页。

92　清高宗敕撰《钦定皇朝通志》卷三十七《礼略·吉礼二》，收入《景印文渊阁四库全书》第 644 册，第 412 页。

93　清高宗敕撰《钦定皇朝通典》卷五十九《礼·军二》，收入《景印文渊阁四库全书》第 642~643 册，第 256~257 页。

94　乾隆题诗《赐傅恒经略金川》、《赐经略大学士傅恒及命往蜀西诸将士食》都从任命傅恒开始，完全不提战争之初命张广泗领军的失败，而只强调改命傅恒后的胜利。张照等纂修《秘殿珠林石渠宝笈·续编》，第 1869 页。另外，虽然此次金川战役所举行的献俘之礼也纳入军礼，"乾隆十四年议准献俘之仪，凡出师克捷，应照雍正二年平定青海之礼，以俘献于庙社如仪"，但此套图卷未绘，而以命将出征的堂子行礼和长安御伐为主，似乎也显示此卷对任命傅恒的强调。清高宗敕撰《钦定大清会典则例》卷七十四《礼部军礼一》，收入《景印文渊阁四库全书》第 622 册，第 57 页。

95　永瑢：《合印四库全书总目提要及四库未收书目禁毁书目》第 2 册，台湾商务印书馆，1978，第 1199~1200 页。

96　鄂海、车鼎晋编《抚苗录》，参见本章注 12。

97　施琅：《靖海纪事》，收入《续修四库全书》第 390 册，第 527~628 页。

98　阚红柳：《清初私家修史研究：以史家群体为研究对象》，人民出版社，2008。

III

战勋与帝国：

平定回疆与乾隆麾下的武勋图像

第 四 章
战图的出现与紫光阁作为帝国
武勋的展示空间

　　乾隆十八年（1753）开始，清帝国在康熙亲征之后再次展开对西北边疆大患准噶尔汗国的西征，历时六年从初定准部达瓦齐、再定准部阿睦尔撒纳到平定回部霍集占后，终于结束牵涉欧亚大陆清、俄、蒙三大势力的天山南北路之战。[1] 这场耗时良久的胜利不仅为清帝国开辟了偌大的新疆版图，奠定了直至现在中华人民共和国的疆域基础，也对清帝国经济与文化等面向有巨大的冲击，[2] 更对本书所讨论的战争视觉文化表述有不可磨灭的影响。乾隆初期以大阅与行围礼典为中心，所发展出的有别于康熙朝的宫廷武勋图绘，到了平定回疆之战时又出现了很大变化。乾隆在战争进行的过程中虽然也延续前期制作了以军礼为主的战勋图绘，但最后却开创出描绘激战场景的崭新清宫战图。这种结合恢弘的战争场面与帝国军礼的描绘来建立辉煌战勋形象的形式，不但开启了乾隆后期以铜版画战图来纪念帝国武勋的先例，更成为 19 世纪以降清代战图的原型。[3] 这样的转变究竟是如何发生的？著名的紫光阁作为战图陈列之所在，于此变化过程中有何作用？本章先讨论乾隆平定回疆战争之初仪典战勋图绘的延续与发展，以及新题材的出现和变化，接着论述紫光阁功臣图，以及战图的出现与紫光阁作为战勋展示空间的关系，以探讨乾隆朝战争图绘转化的历程。

一 仪典战勋图绘的延续与发展

平定回疆之战进行过程中所制作的战勋图像，既传承也调整了乾隆初期的长卷形制与大型贴落的仪典武勋图绘。以长卷形制而言，平准回的横卷战勋图绘，解组了初期四卷成套的形制。或许由于平回疆之战一再延长，在无法举行战争胜利后才有的典礼如凯宴之前提下，就不能如平金川之战结束后制作依命师、御饯、归诚、凯宴礼典顺序为题的成套战勋长卷，亦因此成套战勋长卷在战事一直处于进行式的状况下，也就无法成形。战争之初有蒋溥与钱维城于乾隆二十年（1755）所作《平定准噶尔图》卷，战事底定后有钱维城分别于二十四年（1759）与二十五年（1760）所绘的《平定伊犁图》和《圣谟广运图》卷，[4] 应该都是类似《初定金川出师奏凯图》第三卷《归诚奏捷》分段标示地名，描画归降之长卷。相对于原来以乾隆于帝京主持的军礼为主之长卷组合，平准战争则皆为战场的归降仪典。可以说，乾隆初期发展出的成套四卷描绘时序先后之军礼图，到了此时已然解体。之前成套长卷中的命师与御饯之图已阙如，战场的归诚仪典却有于平准战后先作的《平定准噶尔图》卷与再平准部后又作的《平定伊犁图》，凯宴的部分则等紫光阁重修落成后，才有姚文瀚绘制的《紫光阁赐宴图》卷；[5] 另外还新增了描绘献俘的徐扬《平定西域献俘礼图》卷。[6] 可见乾隆至此已经放弃长卷战勋军礼图的成套格式，而改以针对不同的仪式内容分别描画。

如果成组的长卷战勋仪典图因平准回战役的拖延而大幅调整，解组了原来的成套范式；乾隆初期以大阅与行围肆武之典有关的大型贴落，却是随着战争的发展，有了搭配所在空间的成对展示，同时也出现了新的贴落题材。目前所知最先制作者，是活计档所记乾隆二十年（1755）五月，命郎世宁、王致诚、艾启蒙为热河卷阿胜境东西山墙所画之两幅"筵宴大画"。[7] 一应即现称为《万树园赐宴图》（图4-1）者，描绘前一年夏季，乾隆接见准噶尔部三车凌与杜尔伯特部的典礼；[8] 另一应为《马术图》（图4-2），描

图 4-1　清《万树园赐宴图》轴　绢本　设色　221.2 厘米 ×419.6 厘米　北京故宫博物院藏
资料来源：聂崇正主编《清代宫廷绘画》，第 172~173 页。

图 4-2　清《马术图》轴　绢本　设色　223.4 厘米 ×426.2 厘米　北京故宫博物院藏
资料来源：聂崇正主编《清代宫廷绘画》，第 166~167 页。

画稍后十一月赐阿睦尔撒纳等辉特、和硕特部观马技。[9] 不同于乾隆初期大阅或围猎之典为题的贴落，这两幅刻画准部朝觐筵宴仪礼的成组大轴，[10] 不但是乾隆执行帝国仪典的官方视觉记录，更具有统络归降准部的意义。Deborah Sommer 即分析此二图所在的卷阿胜境之殿名是来自《诗经》"卷阿"篇歌颂周王的典故，认为两图呈现了乾隆"有冯有翼……岂弟君子"的风范。[11]

的确《万树园赐宴图》与《马术图》不论筵宴场景的设计、贴落展示空间与观者的关系，还是准部台吉近乎肖像的写实表现，都较过去学者注意到的纪实风格，[12] 更加展现了准噶尔部对乾隆尊崇与降服的效果。首先，虽然活计档中以"筵宴大画"称之，但两者与过去帝王筵宴图的表现很不一样。尤其是《万树园赐宴图》对宴会的描画，既不同于《文会图》仿若文人雅集的宋徽宗宫廷形象，[13] 或是《景德四事》之《北寨宴射》以宋真宗北寨劳将宴为题但却未描绘皇帝，[14] 也和"太祖实录图"之《太祖大宴群臣》（图 4-3）以努尔哈赤为中心、官员分坐两排的主从关

图 4-3　清《满洲实录》之《太祖大宴群臣》　哈佛燕京图书馆藏

图 4-4 《万树园赐宴图》与《马术图》所在空间示意图（周湘云制图）

系不类。相反的，有别于上述帝王宴会图的用餐情景，《万树园赐宴图》刻画的却是宴席之前准部恭迎乾隆进场的情形。如此，《万树园赐宴图》形塑的乾隆皇帝，虽然远非宋代帝王宴会图的含蓄或避讳形象，但比起"太祖实录图"直接的君臣上下关系却又收敛许多。既如当时在宫廷任职的钱德明神父所言："庆典时乾隆皇帝进来的场面，这是最能讨皇帝欢心的，能让人一眼就看出他的伟大"，[15] 但也同时凸显出准部恭候的毕敬样貌，可以说相当适切地表现了准部对乾隆的崇敬与臣服。

其次，《万树园赐宴图》与《马术图》的画面设计，与画作所在展示空间的关系（图 4-4），也强化了观者对乾隆降服的作用。乍看之下，两图中的乾隆一左一右，《万树园赐宴图》描绘准部台吉与清朝官员在画面左方面向观者，跪迎坐于步辇上的乾隆自左向右进入赐宴会场；《马术图》则是乾隆于画作右方骑马率清朝官员，招待位于中间偏右的准部台吉等观看左方的马技表演。然而若考虑此两幅画悬挂于卷阿胜境殿的东西山墙上时，两幅正对的结果，使得二画中的乾隆对观者而言皆在同一端。很可能实际殿内的空间中，皇帝也是在同一方，而观看二画的观众在另一端。[16] 倘若如此，那么画面中的臣服关系，与现实的卷阿胜境殿互相呼应。观者一方面朝向乾隆的方向恭仰行礼，同时见到画面中的官员也一样恭迎圣驾。不论是画面中还是现实里，皇帝都是视线集中之焦点。如斯，在画作与真实空间中共同呈现了对乾隆的尊崇，以及观者的臣服。

如果《万树园赐宴图》与《马术图》的画面设计与现实空间，交织出观者臣服于乾隆的作用，那么两图中准部近乎肖像的写实表现，更加强了画面内外交叠的视觉效果。比起更靠近观者的官员多长椭圆脸形，首排准部台吉则交错了颇不相同的宽圆脸，加上其独特的服饰，不但表现出准部的特色，更让人感到仿若是写实的肖像。活计档中制作二图的同时的确有绘制准部肖像的记录，[*][17] 德图柏林民俗博物馆也藏有数幅油画，[18] 或许就是以这些绘像为底稿转画到贴落上，而成功地制造出近乎肖像的效果。这样的视觉逼真感应该是《万树园赐宴图》的一大重点，相较于之后铜版画《凯宴成功诸将士》将跪迎乾隆的准部从面对观者改为朝向右方，而完全未描绘台吉的脸像，《万树园赐宴图》让准部面对观者的设计应是刻意的安排，甚至可能就是为了让准部观众所见。事实上实录就提到令西洋教士画准部首长肖像，是为了当作礼物赐予，[19] 这种赏赐肖像的情形并不常见，可能是针对准部特制的礼物。因此，两幅贴落中准部台吉近乎肖像的呈现，也强化了画面内外交错的视觉效果，再现了准部对乾隆的尊崇和降服。

二　"得胜图"贴落的出现与配对战图展示的发展

除准部朝觐筵宴的主题之外，[20] 平回疆战争过程中还出现了新的"得胜图"贴落，很可能也逐渐发展出成对的搭配展示。目前所见最早的"得胜图"记录，是乾隆二十年（1755）七月为贴于圆明园正大光明殿内东墙，所作的《爱玉史得胜营盘图》，西墙配汪由敦（1692~1758）横披字，[21] 是单幅独立的战图作品，描绘的应该是乾隆二十年五月阿玉锡（档案所书"爱玉史"应为阿玉锡）于伊犁西北一百八十里的格登山，乘夜暗袭达瓦齐营垒的战役。[22] 之后乾隆二十二年（1757）正月为西苑瀛台听鸿楼西墙作的《得胜图》，亦为单幅独立的战图，东墙搭配张宗苍（1686~1756）及其弟子方琮补的绢画山水。[23] 但第二年十月下令西苑瀛台听鸿楼东墙，要贴上描画归化的南疆布鲁特族于乾隆二十三年九月至木兰围场觐见乾隆、观看索伦勇士献虎的《丛薄行诗意画》（图4-5）。也就是说，如此乾隆二十二年作的《得胜图》便与平定回部战争相关之《丛薄行

图4-5　清《丛薄行诗意画》轴　绢本　设色　424厘米×348.5厘米
北京故宫博物院藏
资料来源：聂崇正主编《清代宫廷绘画》，第197页。

诗意画》两相匹对。[24] 而三年后于乾隆二十五年（1760）三月，则明确指示"听鸿楼达瓦齐图揭下，并现画马瑺得胜图在紫光阁贴"，[25] 前者很可能即是上述乾隆二十二年为瀛台听鸿楼西墙作的《得胜图》，此处称作"听鸿楼达瓦齐图"，描绘的应该就是阿玉锡于格登山夜暗袭达瓦齐营的场景（以下以《得胜图》/《达瓦齐图》称之）；而《马瑺得胜图》则是刻画乾隆二十四年正月玛瑺（档案所书"马瑺"应为"玛瑺"）作为富德将军部队的先锋，在靠叶尔羌的呼尔满处，五日四夜杀死回兵千余名。[26]《得胜图》/《达瓦齐图》及《马瑺得胜图》均为战争图像，可见乾隆将得胜图与相关战争画作配对陈列的意图已经很明确。

值得注意的是，这些得胜图贴落很可能都与表彰特定武将有关，而与后来铜版画所见以个别战役为题的战图不同。记录中最早的《爱玉史得胜营盘图》和最晚的《马瑺得胜图》比较清楚，而听鸿楼西墙的《得胜图》/《达瓦齐图》应当也是如此（见表4-1）。[27] 而此《得胜图》/《达瓦齐图》，可能和《爱玉史得胜营盘图》内容接近。首先，阿玉锡之所以为乾隆表扬，就是因为他夜袭达瓦齐在格登山的营地成功，使达瓦齐南走天山，准噶尔之役暂告终结，所以《得胜图》/《达瓦齐图》应该就是描画阿玉锡突袭达瓦齐，而与《爱玉史得胜营盘图》类似。其次，乾隆二十年七月绘《爱玉史得胜营盘图》前不久的四月，乾隆方要郎世宁画达瓦齐肖像，[28] 很可能就是为此图准备。倘若如此，那么乾隆二十五年紫光阁配对展示的《得胜图》/《达瓦齐图》与《马瑺得胜图》，应是分别以阿玉锡和玛瑺两位武将为主之两幅得胜图，一幅描绘阿玉锡在平定准部关键战役的表现，另一幅刻画于玛瑺在呼尔满平定回部的奋勇表现。如此配对的《得胜图》/《达瓦齐图》与《马瑺得胜图》，可以说展现了得胜图新题材从与《丛薄行诗意图》搭配，到独立成组的发展。

若从档案的记录来看，这些得胜图应该不是只以军士为主的人物肖像，而是牵涉双方的战图表现。上述的《得胜图》/《达瓦齐图》就可能是描画阿玉锡夜袭达瓦齐于格登山的营地，

《爱玉史得胜营盘图》的名称也显示描绘了"营盘"场景。再者，档案"命郎世宁画爱玉史得胜营盘图大画一幅，再将爱玉史脸像画跑马扎枪式手卷"的记录，[29]也透露出大画与手卷两者内容的不同。后者很可能就是现存的《阿玉锡持矛荡寇图》，[30]描画的是阿玉锡骑马冲锋奋勇之像，并无背景。另一组贴落与手卷则是以玛瑺为主角，后者《玛瑺斫阵图》卷虽呈现了玛瑺张弓与一敌中箭之貌，[31]但也未绘出背景，应该也是与前者《马瑺得胜图》贴落相对，即采用了一以肖像为主另一为战图的做法。两种形制可以说都是乾隆为了奖励两人的纪念画作，长卷《阿玉锡持矛荡寇图》与《玛瑺斫阵图》卷分别凸显两人骑马作战雄姿，贴落大轴则意在重现两人立下战功的两役战况。

事实上，描绘玛瑺于呼尔满平定回部的《马瑺得胜图》，很可能即是德国汉堡国立民俗博物馆所藏之半幅《呼尔满大捷战图》绢轴（图4-6）与私人收藏描绘呼尔满之战的残片。[32]

图4-6　清《呼尔满大捷战图》　德国汉堡国立民俗博物馆藏
资 料 来 源：http://www.battle-of-qurman.com.cn/e/hist.htm
(Accessed July 15, 2013)。出版图录见 Hendrik Budde, Christoph
Muller-Hofstede, Gereon Sievernich eds., *Europa und die Kaiser
von China 1240 -1816* (Frankfurt: Insel Verlag, 1985), 165。

半幅《呼尔满大捷战图》绢轴前景类似铜版画左半的激战表现，但背景却是几乎占了画面二分之一的庞大山脉，而接近《围猎聚餐图》（图 4-7）与《哨鹿图》（图 4-8）等在中后景以庞大的山块作为围猎活动背景的贴落。[33] 可见平回疆战争过程中所出现的新得胜图贴落题材，的确是在乾隆初期大阅与行围仪典贴落样式的基础上再行发展与变化的。

图 4-7 清 郎世宁《围猎聚餐图》轴 绢本 设色 317.5 厘米 ×190 厘米 北京故宫博物院藏 资料来源：聂崇正主编《清代宫廷绘画》，第 164 页。

图 4-8　清《哨鹿图》轴　绢本　设色　267.5 厘米 ×319 厘米　北京故宫博物院藏
资料来源：聂崇正主编《清代宫廷绘画》，第 155 页。

三　紫光阁功臣图

　　值得注意的是，两幅乾隆二十五年三月贴于紫光阁的大
图《马瑺得胜图》与《得胜图》/《达瓦齐图》，都以战役中
立下战功的武将为中心，而与之后铜版画以个别战役为题的
战图不同，让人不禁联想到乾隆在平定准回后于紫光阁悬挂

图 4-9 清《二等侍卫特古思巴图
鲁塔尼布像》轴 绢本 设色
186 厘米 × 95.3 厘米 私人收藏
资料来源：http://www.battle-
of-qurman.com.cn/e/list.htm
（最后访问日期：2013 年 7 月 15
日）。

的百幅功臣图。紫光阁与功臣图齐名，显然是乾隆的刻意之举。乾隆年间编纂的《国朝宫史》与《钦定日下旧闻考》，关于紫光阁的条目在简要介绍明朝与康熙时的状况后，紧接着都说明"皇上圣武远扬，平定伊犁回部，拓地两万余里。乾隆二十五年，上嘉在事诸臣之绩，因茸新斯阁，图功臣……一百人于阁内。五十人亲为之赞，余皆命儒臣拟撰"，[34]将重新修茸的原因归结成是为了表彰参与战事的功臣，明显地援用西汉麒麟阁十一功臣、东汉云台二十八将，以及唐代凌烟阁二十四功臣图等传统。[35]乾隆甚至试图凌驾过去的功臣图，不仅制作百幅，远远超过以前的数量，还为其中的五十位"亲为之赞"，成功地将紫光阁从明代不扬名的建物，康熙时与校射、阅试武进士相关的武阅空间，转型为与功臣图并称，使其跻身于历代有为君主表彰功臣的纪念建筑之列。

除了惊人的数量与御书赞文外，紫光阁平定准回功臣图的描绘风格与赞辞（图 4-9），更体现乾隆建构帝国武功的独特方式。关于紫光阁功臣图的风格，过去学者已然述及功臣图肖像的脸部以西方技法而制造逼真的写实效果，[36] 功臣身上配件的描绘尤为仔细，十分着意呈现物象表面之质感。这种对写真的追求，也与画赞内容刻意指陈功臣具体功绩的做法互相呼应。乾隆强调其赞"不过誉，不尚藻，惟就诸臣实事录之"，以"正值黑水，猖獗鼠辈，以两百众，陷万贼中"和"富德入援，次呼尔满。趱行戈壁，马不进焉。以马济军，敌营夜袭"两例来看，[37] 的确较过去抽象夸张的赞辞如"爰从讨伐，崩围陷阵，火迸冰裂。擒如鸮耸，纵若鲸突"来得朴实。[38] 乾隆配合实际地名与记述战况的赞文方式，取代一般堆砌文藻的修辞，而营造出纪实的气氛。

不过，写实的视觉效果与纪实的画赞内容并不表示紫光阁功臣图的质朴；相反的，相较于过去的功臣图传统，紫光阁功臣图的人物形象特别注重呈现武将的勇猛气势。目前传世最早或刻于北宋元祐五年（1090）的《凌烟阁功臣图》（图4-10），虽然前引题赞"爰从讨伐，崩围陷阵，火迸冰裂。擒如鸮耸，纵若鲸突"竭力描述功臣秦琼（571~638）的勇猛，[39] 但画像则绘其着一般官服，双手贴近身躯，以四分之三侧面双手持笏恭立的形貌，强调的是恭敬的臣子状貌，而非冲锋陷阵时力夺山河之姿。传为南宋刘松年所作的《中兴四将图》（图4-11）中也可见到类似的处理方式，[40] 四将同样着官袍恭立，而以武装侍从所背负佩戴之弓箭、长刀说明四位功臣的武将之身份。传为南宋的《八公图》（图4-12）中固然将士双眼暴突、身着铠甲显现出勇将的气势，[41] 但仍与一般臣子的姿势相近。历代功臣图在呈现勇武的同时，也着重作为臣将应有的恭礼之仪。尤其传统的功臣图卷多是臣员左右两列相向，拱手侧向之貌很可能也与早期功臣图呈现臣子恭敬之状有关。后唐应顺元年（934）修凌烟阁奏即言"阁在西内三清殿侧……其所画功臣像貌皆面北，恐是在三清殿侧，以北面为恭邪"，[42] 很可能就是为了传达出"恭"的含义，故传统的功臣图皆作拱手侧向恭立貌，强调的是功臣"臣"的部分。而且不仅良相如此，猛将亦然。

相对来看，乾隆朝的功臣图则呈现出相当不同的意图，尤其是功臣像姿势的变化特别明显。以《二等侍卫特古思巴图鲁塔尼布像》（图4-9）为例，虽仍采侧面立像，但其左手握拳抱胸、右手反拿弓箭，呈现出一种即将拿弓上弦的气势。《领队大臣肃州镇总兵官五福像》（图4-13）即以张弦欲发的姿态表现武将英姿。乾隆朝的功臣图强调的不再是功臣"臣"的部分，而是透过身体的各种动作，凸显这些将领之所以成为功臣的武勇所在。选择侧面像的表现或许亦和其在紫光阁的位置有关，但原来传统功臣图着重"恭"臣的用意已减少许多。尤其值得注意的是正面功臣像的出现，[43] 如《原靖逆将军三等义烈公工部尚书纳穆札尔像》（图4-14），[44] 或《大学士一等忠公傅恒像》（图4-15）。[45] 原来"恭"臣北面向君的意义不再，

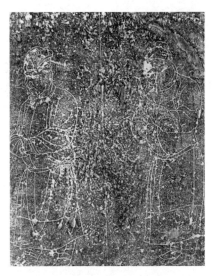

图 4-10 《凌烟阁功臣图》
资料来源：中国美术全集编辑委员会主编《中国美术全集·绘画编·第十九册·石刻线画》，台北，锦绣出版社，1989，第 67 页。

图 4-11 宋《中兴四将图》卷　绢本　设色　26 厘米 × 90.6 厘米　中国国家博物馆藏

而改以正面面对观者昂然表现出其勇武气势，也更直接地展现了功臣的昭昭战功。

有趣的是，乾隆功臣图所援引的图像资源，极可能来自民间戏曲版画的传统。例如康熙七年（1668）刊本《凌烟阁功臣图》之《勋国公殷开山》（图 4-16），以夸张的戏曲身段表现武将的英勇。[46]与前述《二等侍卫特古思巴图鲁塔尼布像》（图 4-9）左脚跨前一步和上半身反转的姿态实有异曲同工之妙。《原靖逆将军三等义烈公工部尚书纳穆札尔像》（图 4-14）则以双手举至胸前，配合剑鞘与剑身反方向伸张之弧线，以及双腿交叉微蹲的动作，更是接近刻意为之的戏曲身姿。可以说，乾隆朝的功臣图即是有意放弃原来功臣图的传统，而选择戏曲版画中人物夸张的动作图式，以凸显功臣的英猛与战勋。若再考虑功臣图最初是预定放置在紫光阁内，具有如赐宴王公、大臣、外藩等展示作用，乾隆选择明代戏曲版画图式的原因也就更容易理解。尤其紫光阁赐宴经常是向外藩宣示乾隆武功的场合，就考量观者来说，或可较不受传统规范所限。而版画夸张的表达方式，直接地表现出功臣勇猛的效果，或许反倒更容易

图 4-12　唐（传）陈闳《八公图》卷　绢本　设色　25.2 厘米 ×82 厘米　Nelson Gallery-Atkins Museum of Art 藏

图 4-13　清《领队大臣肃州镇
总兵官五福像》轴　绢本　设
色　尺寸不详　私人收藏
资料来源：http://www.battle-
of-qurman.com.cn/e/list.htm
（最后访问日期：2013 年 7 月
15 日）。

图 4-14　清《原靖逆将军三等
义烈公工部尚书纳穆札尔像》
轴　绢本　设色　尺寸不详
私人收藏
资料来源：http://www.battle-
of-qurman.com.cn/e/list.htm
（最后访问日期：2013 年 7 月
15 日）。

图 4-15　清《大学士一等忠公
傅恒像》轴　绢本　设色　155
厘米 × 95 厘米　私人收藏
资料来源：http://www.battle-of-
qurman.com.cn/e/list.htm（最后
访问日期：2013 年 7 月 15 日）。

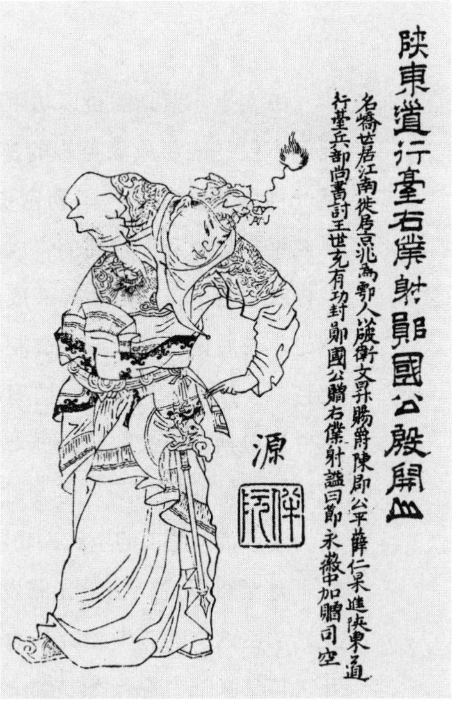

图 4-16　清《凌烟阁功臣图》之《勋国公殷
开山》
资料来源：郑振铎《中国古代版画丛刊》，上
海古籍出版社，1988，第 123 页。

接受。如此，紫光阁功臣图透过看似写实的肖像与赞辞，以及夸张的勇武身姿，成功地形塑出平定准回将领的英武。

对乾隆而言，平准回的功臣不但为清帝国开疆辟土，其功劳更是足以媲美开国功勋。乾隆赞序并未追溯最早的西汉麒麟阁平匈奴之功臣，尽管平定新疆的功臣比较接近麒麟阁中同是国家立业已成后再行拓展疆域的臣将；他却刻意列举"云台二十有八，凌烟阁二十有四"之东汉与唐代的开国元勋，不无宣示平准回功臣的功勋足以与立国大业相比拟的意味。如此，乾隆辟疆功臣的成就不逊于立国英雄，平定准回的功勋亦足以和开国的创业武功并列。

四 紫光阁的武功展示与成组战勋图

事实上，紫光阁虽以功臣为名重修并有百幅的功臣像，但此阁不仅是表彰战场英雄的建筑，更是展示帝国武勋的空间。紫光阁陈设的除了《国朝宫史》所载"左右向南壁间，恭悬御制平定伊犁及平定回部告成太学碑文……阁上尊藏得胜灵纛及俘获军器……其后新建武成殿，左右壁间张御制西师诗、开惑论。左右两庑间，石刻御制自乙亥军兴以来，迄己卯成功诗二百二十四首"之外，[47] 档案所记送赴紫光阁、武成殿摆设的物件还包括"定武敷文册页十五套"、[48] "青玉回子斧佩、青玉靶碗"、[49] "回子钱谱"等与胜战相关的纪念品。[50] 可见紫光阁作为展示帝国武功的空间，功臣图只是展现帝国军勋的一环。

甚至可以说，在紫光阁发展成为帝国武勋空间的过程中，纪念功臣的目的逐渐缩减其地位。前述档案记录中乾隆二十五年（1760）三月贴于紫光阁的大图《得胜图》/《达瓦齐图》

与《玛瑺得胜图》，虽均以战役中立下战功的武将为中心，而且很可能将阿玉锡与玛瑺的肖像绘入，甚至将之放在画面中较引人注目的位置，但两人于得胜图贴落中的角色也只是参与两役的将士之一。倘若如前所述《玛瑺得胜图》的左半幅很可能就是《呼尔满大捷战图》绢轴，那么比较《呼尔满大捷》铜版画和彩图，可以推测完整的《玛瑺得胜图》的前景激战至少有两人特别引人注目。一位是距离观者很近在中央驰棕白马张弓与回部对峙者，另一位是在其稍后大树下站立拉弓并可能已射毙前方数名回部者。后者应即《呼尔满大捷战图》绢轴左下方站立射箭者，绢轴中的此人脸形较瘦长，与《玛瑺斫阵图》卷和紫光阁功臣图的玛瑺像面容类似，应该就是描绘玛瑺。[51] 然而《玛瑺得胜图》中立身张弓的玛瑺虽然较受人瞩目，[52] 但也只是参与此战的众多士兵之一。无论如何，紫光阁得胜图并无意仅突出一位武士的英勇，而是要表现辽阔战场的双方激战。虽然档案记录以特定武将为中心，描绘其参与的战役，但是画面并不仅仅在于呈现其个人的奋战。

尤有甚者，《得胜图》/《达瓦齐图》与《玛瑺得胜图》以阿玉锡与玛瑺参与战役为题的大图，在正式的《国朝宫史》记载中已经不见踪影，而只见"左壁为平定伊犁图，右为平定回部图"（见表 4-2）。[53] 也就是说，如果乾隆二十五年春制作了功臣图肖像与以功臣为中心的得胜图贴落，到了后来则成为乾隆御制诗中泛称的"战图"。虽然紫光阁"战图"的具体样貌难以确认，但看来均非如《玛瑺得胜图》以武将为主的名称。除了《国朝宫史》记录的"平定伊犁图"与"平定回部图"之外，[54]《国朝宫史续编》所录阁上"正中绘平定西陲凯宴图，左壁绘西陲献馘图，右壁绘平定回部郊劳图"，[55] 也都不是以个别武将作战为中心的作品。

的确，若参照说明最详的嘉庆（1796~1820）《国朝宫史续编》与内务府造办处的档案记录，可以确认紫光阁重修落成后陈列的西师战图，不但已经没有以功臣为核心的《玛瑺得胜图》与《得胜图》/《达瓦齐图》的贴落，选择描绘的战役也不再包含格登山与呼尔满两役。《国朝宫史续编》的记录虽然可能因乾隆四十一年（1776）为添绘平定金川战图预先加盖抱厦有所调整，而与《钦定日下旧闻考》的记录略有不同，但因其附有乾隆御制诗可以推测画面内容，故抄录于下。

> 东尽间……东壁，绘伊犁全图……；西尽间北壁，回部全图上，圣制副将军富德奏报拔达山汗素尔坦沙献逆贼霍集占首级并以全部纳款称臣至诗……楼上中间……北壁，平定西陲凯旋图上，圣制上巳日凯宴成功诸将士诗并序……；东次间北壁，西陲献俘图上，圣制午门受俘馘诗……；东尽间东壁图上，圣制黑水行……；西次间北壁，平定回部郊劳图上，圣制郊劳出征将军兆惠、富德及诸将士礼成纪事诗……；西尽间西壁图上，圣制富将军富德等追及两河卓木于阿尔楚尔，大胜回军捷音诗。

也就是说，紫光阁内的大幅战勋图共有七幅（见表 4-2）。[56] 这些内容与档案记录乾隆二十五年四月二十一日"着郎世宁画伊犁人民投降、追取霍集占首级、黑水河打仗、阿尔楚尔打仗、献俘、郊劳、丰泽园筵宴七张绢画"十分接近，[57] 很可能就是同样的画作。描绘的分别是乾隆二十年五月清军渡过伊犁河，沿路回民迎降；[58] 乾隆二十四年九月于今阿富汗东北的巴达山汗素尔坦沙输诚，呈献霍集占首级；[59] 乾隆二十三年十月于黑水（库尔喀喇乌苏，今新疆维吾尔自治区依连哈毕尔尕山北麓，喀喇乌苏为蒙古文黑水之意）、[60] 乾隆二十四年七月于今帕米尔八帕之一的阿尔楚尔帕米尔追败霍集占；[61] 乾隆二十五年正月于北京紫禁城午门献俘、二月于北京良乡郊劳、三月于西苑丰泽园锡宴。[62] 倘若如此，那么最初以《阿玉锡持矛荡寇图》与《玛瑺斫阵图》长卷来表扬阿玉锡与玛瑺，乾隆二十五年三月也于紫光阁张贴《马瑺得胜图》与《得胜图》/

《达瓦齐图》贴落，但随即同年四月就另行制作七张完全与这两位武将无关的绢画，使得后来的紫光阁战图记录中已完全不见两人的踪迹。

换个角度来说，紫光阁战图在去除功臣得胜图的同时，发展出了结合战争场景与典礼主题的新战图组合，为之后的铜版画开先例。前两幅在《国朝宫史》中名"平定伊犁图"与"平定回部图"，《国朝宫史续编》中称"伊犁全图"与"回部全图"，可以说两图都是平定准部与回部的象征。虽然此二图在档案中被称作"伊犁人民投降、追取霍集占首级"，《国朝宫史续编》未记录前者御制诗，但后者图上的乾隆诗"圣制副将军富德奏报拔达山汗素尔坦沙献逆贼霍集占首级，并以全部纳款称臣信至诗"与铜版画《拔达山汗纳款》题诗内容相同，很可能两画描绘的即是铜版画《平定伊犁受降》与《拔达山汗纳款》的受降与输诚之战场仪典。第三、四幅在《国朝宫史续编》中并无特定名称，但档案中"黑水河打仗、阿尔楚尔打仗"明言打仗，前者的御制诗也与铜版画《黑水围解》相同，[63] 两幅应该就是类似铜版画《黑水围解》与《阿尔楚尔之战》，描画双方战斗场景的图绘。其中紫光阁与铜版画黑水之战的乾隆题诗甚至为同一首，也可见两者的密切关系。最后三幅"献俘、郊劳、丰泽园筵宴"，则是接近铜版画最末《平定回部献俘》、《郊劳成功诸将士》、《凯宴成功诸将士》，刻画战胜回到首都后乾隆亲自举行的军礼。

相较于前章所述《初定金川出师奏凯图》四卷的命师堂子至礼、长安御饯、归诚奏捷、苑西凯宴，紫光阁战图的"伊犁人民投降……丰泽园筵宴"虽然延续了第三卷归诚奏捷"画番酋匍匐归降"与第四卷苑西凯宴的典礼组合，但紫光阁战勋图的仪典完全舍弃命将出征的典礼，将焦点改放在战后的典礼。除了原来已有的凯宴，还增加了献俘与郊劳，应该是为了强调皇帝对出征将士的慰劳，并突显平定准回战役的成功。以郊劳而言，其乃"国朝定制，凡出征有功凯旋至京师，命廷臣以茶酒出郭迎劳，其有擒贼灭寇立勋尤大者，皇帝亲行郊劳，并令成功将领行抱膝跪见礼，以示优异，典礼至为崇巨"，[64] 乾隆非但亲自迎接，还特地兴建郊劳台。[65] 就献俘来说，虽然《皇朝通志》的排序中献俘在郊劳之后，"军礼之大者，曰皇帝亲征，曰亲征凯旋，曰命将出征，曰凯旋郊劳，曰献俘受俘，曰大阅，曰大狩"，[66] 但乾隆二十五年的献俘礼尚有巴达克使者等多国使臣入觐观礼，乾隆为此特别命徐扬绘制《平定西域献俘礼图》卷，不论画作还是题款都特别标榜各国使臣。[67] 可见献俘和郊劳都是乾隆特别重视的战后军礼，加上之前已经发展出的凯宴主题，共同以皇帝亲临的仪式，显示其对将士的慰劳以及平准回战争的重要。

如此看来，紫光阁战勋图实乃历经多次尝试与发展后衍生的新套式。其中"平定伊犁图"与"平定回部图"战场仪典，以及"献俘、郊劳、丰泽园筵宴"乾隆执行军礼的组合，可以说是平准回战争转化平金川之战成套战勋长卷的结果。平准之战的长卷纪念图绘舍弃《初定金川出师奏凯图》最前面的命师与御饯，直接描绘归诚的《平定准噶尔图》卷。紫光阁战勋图亦无命师与御饯，同样保留了归诚与凯宴的战场与帝国军仪，并再加上新的献俘和郊劳军礼。如此比起《初定金川出师奏凯图》纯粹依照时间先后的命师、御饯、归诚、凯宴，紫光阁战勋图交错了的国家与战场的仪典，更加呈现了从战场军礼提升到帝国重要礼典的层次。对照来看，紫光阁"黑水河打仗、阿尔楚尔打仗"的成对战勋图，是描绘激战场景的新战图。这组战图的出现，一方面，奠基于前论平准回战争进行过程中发展出的和战争相关的筵宴与得胜图等贴落题材，以及搭配所在空间成对呈现的基础；另一方面，则是紫光阁从"嘉在事诸臣之绩"的纪念平回疆功臣建筑，转化为帝国武功展示空间的产物。

小　结

　　经过上述一系列尝试与调整后，平定回疆之战自此改变了
清宫纪念战勋的视觉文化。紫光阁成为展示帝国武功的重要建
筑，之后的重要战役如平金川之战都要搭配数量庞大的功臣像展
现其英雄架势、[68] 成组包含战图与仪式图的战勋图（前已述及乾
隆四十一年为添绘平定金川战图甚至于紫光阁加盖抱厦），[69] 以
及战利品和乾隆相关诗文等。其中包含战图与仪式图的成组战
勋图，更成为下一章讨论的中心——《平定准噶尔回部得胜图》
铜版画成形的重要基础。

表 4-1　得胜图位置与配对墙面

时间	地点与配对墙面	档案所载
乾隆二十年七月	圆明园正大光明殿东墙《爱玉史得胜营盘图》	传旨正大光明殿内东墙上着郎世宁用白绢画爱玉史等得胜图横披大画一张
	圆明园正大光明殿西墙汪由敦字	西墙上着汪由敦配横披字一张，交造办处做壁子二面
乾隆二十二年一月	西苑瀛台听鸿楼西墙《得胜图》	西墙用郎世宁绢画得胜图一张
	西苑瀛台听鸿楼东墙张宗苍与方琮绢画山水	传旨瀛台听鸿楼下东墙用张宗苍绢画山水一张，其高宽不足着方琮用绢画接补找画
乾隆二十二年十月	西苑瀛台听鸿楼西墙《得胜图》	西墙用郎世宁绢画《得胜图》一张
	西苑瀛台听鸿楼东墙《丛薄行诗意画》	命郎世宁、方琮为瀛台听鸿楼下东墙画《丛薄行诗意图》
乾隆二十五年三月	紫光阁《达瓦齐图》、《马瑺得胜图》	传旨听鸿楼《达瓦齐图》揭下，并现画《马瑺得胜图》在紫光阁贴，按《达瓦齐图》尺寸着方琮用绢画山水一张

表 4-2　战图序列对照表

造办处档案（康熙二十五年三月）	《国朝宫史续编》紫光阁战图	造办处档案（二十五年四月）	《平定准噶尔回部得胜图》铜版画
《马瑞得胜图》与《得胜图》/《达瓦齐图》	东尽间……东壁，绘伊犁全图……；西尽间北壁，回部全图上，圣制副将军富德奏报拔达山汗素尔坦沙献逆贼霍集占首级并以全部纳款称臣信至诗……楼上中间……北壁，平定西陲凯旋图上，圣制上巳日凯宴成功诸将士诗并序……；东次间北壁，西陲献俘图上，圣制午门受俘馘诗……；东尽间东壁图上，圣制黑水行……；西次间北壁，平定回部郊劳图上，圣制郊劳出征将军兆惠、富德及诸将士礼成纪事诗……；西尽间西壁图上，圣制富将军富德等追及两河卓木于阿尔楚尔，大胜回军捷音诗。	着郎世宁画伊犁人民投降、追取霍集占首级、黑水河打仗、阿尔楚尔打仗、献俘、郊劳、丰泽园筵宴七张绢画	《平定伊犁受降》《格登鄂拉斫营》《鄂垒扎拉图之战》《和落霍澌之捷》《库陇葵之战》《乌什酋长献城降》《黑水围解》《呼尔满大捷》《通古斯鲁克之战》《霍斯库鲁克之战》《阿尔楚尔之战》《伊西尔库尔淖尔之战》《拔达山汗纳款》《平定回部献俘》《郊劳回部成功诸将》《凯宴成功诸将士》
1.《马瑞得胜图》（呼尔满） 2.《得胜图》/《达瓦齐图》（格登山）	1. 伊犁全图 2. 回部全图（拔达山霍集占） 3. 平定西陲凯旋图（凯宴） 4. 西陲献俘图 5.（黑水） 6. 平定回部郊劳图 7.（阿尔楚尔）	1. 伊犁人民投降 2. 追取霍集占首级 3. 黑水河打仗 4. 阿尔楚尔打仗 5. 献俘 6. 郊劳 7. 丰泽园筵宴	

注　释

1　最近关于清帝国西征的整合研究，见 Peter C. Perdue, *China Marches West: The Qing Conquest of Central Eurasia* (Cambridge Massachusetts: Harvard University Press, 2005)。

2　Michael Chang, *A Court on Horseback: Imperial Touring and the Construction of Qing Rule, 1680-1785* (Cambridge, Massachusetts: Harvard University Press, 2006), 160-218.

3　Zhang Hongxing, "Studies in Late Qing Battle Paintings," *Artibus Asiae* 60:2 (2000): 265-296；张弘星：《流散在海内外的两组清宫廷战图考略》，《故宫博物院院刊》2001 年第 2 期，第 1~13 页；Yin Hwang, Victory Pictures in a Time of Defeat: Depicting War in the Print and Visual Culture of Late Qing China, 1884-1901 (Ph. D. diss., University of London, School of Oriental and African Studies, 2014)。

4　钱维城的《平定准噶尔图》卷有两本，图版见故宫博物院编《〈故宫博物院藏〉清代宫廷绘画》，文物出版社，1992，第 218 页；中国国家博物馆编《中国国家博物馆藏文物研究丛书·绘画卷·历史画》，上海古籍出版社，2006，第 162~177 页。著录见张照等纂修《秘殿珠林石渠宝笈·续编》，收入《秘殿珠林·石渠宝笈合编》，上海书店出版社，1988，第 741~742 页。另外，《秘殿珠林石渠宝笈·三编》著录"蒋溥画高宗纯皇帝平定准噶尔图并书御制文一卷"也是绘"边邮险隘、禁旅赳桓、回部投诚、军门受款状"，并"分段小楷标识"地名；而《秘殿珠林石渠宝笈·续编》著录钱维城《圣谟广运图卷》亦是"画平定回部军营景，间标地名"，并提到"前岁画平定伊犁图"，或亦是类似的做法。见英和等纂修《秘殿珠林石渠宝笈·三编》，收入《秘殿珠林·石渠宝笈合编》，第 2280 页；张照等纂修《秘殿珠林石渠宝笈·续编》，第 735~739 页。

5　图版参见 Evelyn S. Rawski and Jessica Rawson eds., *China: The Three Emperors (1662-1795)* (London: Royal Academy of Arts, London, 2006), 174-177。

6　图版与相关研究参见易苏昊、樊则春主编《五台山人藏：徐扬画平定西域献俘礼图》，文物出版社，2009；庄心俞：《清代宫廷画家徐扬笔下之乾隆武功》，硕士学位论文，台湾中央大学艺术学研究所，2014，第 28~37 页。

7　中国第一历史档案馆、香港中文大学文物馆合编《清宫内务府造办处档案总汇》第 21 册，乾隆二十年六月裱作、乾隆二十年三月如意馆，人民出版社，2005，第 180、303 页。

8　杨伯达:《〈万树园赐宴图〉考析》，收入氏著《清代院画》，紫禁城出版社，1993，第178~210页。

9　杨伯达:《关于〈马术图〉题材的考订》，《清代院画》，第211~225页。

10　关于清帝国的朝觐制度，参见 Ning Chia, "The Lifangyuan and the Inner Asian Rituals in the Early Qing," *Late Imperial China* 14:1 (1993.6): 60-92; 尤淑君《宾礼到礼宾——外使觐见与晚清涉外体制的变化》，社会科学文献出版社，2013，第24~100页。

11　Deborah Sommer, "The Art and Politics of Painting Qianlong at Chengde," in James A. Millward, Ruth W. Dunnerll, Mark C. Elliot and Philippe Forêt eds., *New Qing Imperial History: The Making of Inner Asian Empire at Qing Chengde* (London: Routledge Curzon, 2004), 136-145.

12　杨伯达:《〈万树园赐宴图〉考析》，第178~210页。的确，画家王致诚也提及德亲王"一再嘱咐他要一点不漏把庆典场面都画进图里"，见《乾隆皇帝和法国传教士画家——在华传教士钱德明神父给德拉图尔的信》，朱静编译《洋教士看中国朝廷》，上海人民出版社，1995，第204页。

13　关于《文会图》的研究很多，最新研究参见衣若芬《天禄千秋——宋徽宗"文会图"及其题诗》，收于王耀庭主编《开创典范——北宋的艺术与文化研讨会论文集》，台北故宫博物院，2008，第347~372页。《文会图》图版，见林柏亭主编《大观：北宋书画特展》，台北故宫博物院，2006，第156页。

14　Heping Liu, "Empress Liu's Icon of Maitreya: Portraiture and Privacy at the Early Song Court," *Artibus Asia* 63:2 (2003): 129-190.《景德四事》之《北寨宴射》图版，见林柏亭主编《大观：北宋书画特展》，第136页。

15　《乾隆皇帝和法国传教士画家——在华传教士钱德明神父给德拉图尔的信》，朱静编译《洋教士看中国朝廷》，第205页。

16　由于宫殿建筑一般均向南，所以很可能《万树园赐宴图》在东墙，《马术图》在西墙，如此两画中的乾隆都在北，官员与台吉都在南。而实际的御座也在北，观者则在南朝北面对乾隆。

17　中国第一历史档案馆、香港中文大学文物馆合编《清宫内务府造办处档案总汇》第21册，乾隆二十年四月如意馆，第636页。

18　图版参见聂崇正《清宫绘画与"西画东渐"》，紫禁城出版社，2008，第178、184页；http://www.battle-of-quman.com.cn/e/list.htm；聂崇正:《从稿本到正图的紫光阁功臣像》，《紫禁城》2015年第249期，第124~141页。

19　《大清高宗纯皇帝实录》卷四百七十六，华文书局，1964，第6917页；杨伯达：《〈万树园赐宴图〉考析》，第196页。

20　另外，杨伯达也提到活计档中，有乾隆二十五年十二月将卷阿胜境东西墙贴雪猎与丛薄行诗意画大画的记录，但他认为此二图与原贴的《万树园赐宴图》和《马术图》尺寸不合，此谕旨或为勤政殿之误。无论如何，《雪猎图》与《丛薄行诗意图》也是配对展示。后者绘出布鲁特觐见的场景，根据刘潞的研究，也与平回之战有关。或可视作自乾隆初期行围肄武主题的贴落，随着回疆战争发展为成对搭配的另一案例。刘潞：《〈丛薄行诗意图〉与〈清高宗大阅图〉考析——清代多民族国家形成的图像见证》，《故宫博物院院刊》2000年第4期，第15~26页，后收入氏著《融合：清廷文化的发展轨迹》，紫禁城出版社，2009，第267~282页。

21　中国第一历史档案馆、香港中文大学文物馆合编《清宫内务府造办处档案总汇》第21册，乾隆二十年七月如意馆，第312~313页。

22　庄吉发：《清高宗十全武功研究》，台北故宫博物院，1982，第38页。

23　中国第一历史档案馆、香港中文大学文物馆合编《清宫内务府造办处档案总汇》第22册，乾隆二十二年正月如意馆，第514页。

24　根据刘潞的考证，《丛薄行诗意图》描画地处南疆的布鲁特族来觐见乾隆，由于布鲁特的臣服与平定回部息息相关，也可视此图为与平定回疆战争相关的图绘。刘潞：《〈丛薄行诗意图〉与〈清高宗大阅图〉考析——清代多民族国家形成的图像见证》，第15~26页。

25　中国第一历史档案馆、香港中文大学文物馆合编《清宫内务府造办处档案总汇》第25册，乾隆二十五年三月如意馆，第490、493页。

26　庄吉发：《清高宗十全武功研究》，第86~87页。

27　乾隆二十六年有命郎世宁"起雪猎图稿一张，丛薄行稿另行改画一张，得时用绢画"的记录，不知是否为了弥补前年揭下的听鸿楼《得胜图》所在的西墙墙面，而改以《雪猎图》与《丛薄行诗意图》配对。

28　中国第一历史档案馆、香港中文大学文物馆合编《清宫内务府造办处档案总汇》第21册，乾隆二十年四月如意馆，第635~636页。

29　中国第一历史档案馆、香港中文大学文物馆合编《清宫内务府造办处档案总汇》第21册，乾隆二十年七月如意馆，第312页。

30　图版见冯明珠主编《乾隆皇帝的文化大业》，台北故宫博物院，2005，第132~133页。

31 图版见王耀庭主编《新视界——郎世宁与清宫西洋风》，台北故宫博物院，2007，第 72~75 页。另有一卷收藏于柏林亚洲博物馆，图版参见 Lothar Ledderose, *Orchideen und Felsen: Chinesische Bilder im Museum für Ostasiatische Kunst Berlin* (Berlin: Staatliche Museen Preussischer Kulturbesitz, 1998), 344。

32 半幅之图版见 Hendrik Budde, Christoph Muller-Hofstede, Gereon Sievernich eds., *Europa und die Kaiser von China 1240 – 1816* (Frankfurt: Insel Verlag , 1985), 165; Niklas Leverenz, "From Painting to Print: The Battle of Qurman from 1760," *Orientations* 41:4 (2010.5): 48-53; Niklas Leverent, "The Battle of Qurman:A Third Fragment of the 1760 Qianlong Imperial Painting," *Orientations* 48:4(2015.5):3-6。

33 杨伯达：《清乾隆朝塞北题材院画初探》，收入氏著《清代院画》，第 84~92 页。

34 于敏中等纂《国朝宫史》卷十五《宫殿五·西苑中》，台湾学生书局，1965 年据台湾大学藏本影印，第 532~533 页；于敏中等编纂《日下旧闻考》卷二十四《国朝宫室·西苑四》，古籍出版社，1981，第 326 页。

35 关于历代功臣像的讨论，参见古晓凤《唐代凌烟阁功臣研究》，硕士学位论文，陕西师范大学，2008；张晓雄：《唐德宗与凌烟阁功臣画像》，《湖北师范学院学报》（哲学社会科学版）2009 年第 4 期，第 92~94 页；王隽：《宋代功臣像考述》，《河南大学学报》（社会科学版）2011 年第 6 期，第 68~75 页；张鹏：《金代衍庆宫功臣像研究》，《美术研究》2010 年第 1 期，第 42~50 页。

36 如曾嘉宝：《纪丰功 述伟绩——清高宗十全武功的图像记录——功臣像与战图》，《故宫文物月刊》第 93 期，1990 年，第 47 页；聂崇正：《纽约观 "紫光阁功臣像" 记》，《收藏家》2002 年第 2 期，第 24~26 页，后收入氏著《清宫绘画与 "西画东渐"》，第 288~297 页。

37 张照等纂修《秘殿珠林石渠宝笈·续编》卷七十六《御笔平定伊犁回部五十功臣像赞卷》，第 3652~3657 页。

38 金维诺：《步辇图与凌烟阁功臣图》，《文物》1962 年第 10 期，第 13~16 页。

39 金维诺：《步辇图与凌烟阁功臣图》，第 13~16 页。图版见中国美术全集编辑委员会编《中国美术全集·绘画编·石刻线画》，人民美术出版社，1987，第 67 页。

40 吴哲夫等编辑《中国五千年文物集刊·宋画篇三》，中华五千年文物集刊编辑委员会，1986，第 134~136 页。

41 林树中：《传陈闳中〈八公图〉研究》，《南京艺术学院学报》（美术与设计版）1992 年第 4 期，第 78~84 页。

42 司马光撰，胡三省注，章钰校记《资治通鉴》卷一百九十六，文光出版社，1972，第 6186 页。转引自金维诺《步辇图与凌烟阁功臣图》，第 16 页。

43 虽然目前存世的功臣图有限，仍不足以概括原来一百幅之全貌，但比对平定金川的功臣像来看，似乎正面立者多出现于前五十功臣像。参见曾嘉宝《平定金川前五十功臣像卷残本》，《文物》1993 年第 10 期，第 53~56 页；易苏昊、樊则春主编《五台山人藏：清乾隆宫廷书画》，第 280~335 页；聂崇正：《纽约观"紫光阁功臣像"记》，收入氏著《清官绘画与"西画东渐"》，第 288~297 页；http://www.battle-of-qurman.cn/e/list.htm，最后访问日期：2015 年 7 月 2 日。

44 图版见曾嘉宝《纪丰功　述伟绩——清高宗十全武功的图像记录——功臣像与战图》，第 41 页。

45 图版见聂崇正《清官绘画与"西画东渐"》，第 291 页。

46 参见郑振铎编《中国古代版画丛刊》，上海古籍出版社，1988，第 123 页；Anne Burkus-Chasson, *Through a Forest of Chancellors: Fugitive Histories in Liu Yuan's Lingyan Ge, An Illustrated Book from Seventeenth-Century Suzhou* (Cambridge, MA: Harvard University Asia Center for the Harvard Yenching Institute, 2010)。

47 于敏中等纂《国朝宫史》卷十五《宫殿五·西苑中》，第 540 页。

48 中国第一历史档案馆、香港中文大学文物馆合编《清官内务府造办处档案总汇》第 26 册，乾隆二十六年十月匣裱作，第 548 页。

49 中国第一历史档案馆、香港中文大学文物馆合编《清官内务府造办处档案总汇》第 26 册，乾隆二十六年三月记事录，第 607~608 页。

50 中国第一历史档案馆、香港中文大学文物馆合编《清官内务府造办处档案总汇》第 25 册，乾隆二十五年五月匣裱作，第 159 页。另外，同治元年《紫光阁武成殿大档一部》有更详细的陈设记录，详见本章注 56 的讨论。《紫光阁武成殿大档一部》收入中国第一历史档案馆编《清代中南海档案》第 23 册，西苑出版社，2004，第 1~65 页。感谢王静灵告知《清代中南海档案》有紫光阁陈设文件的资料。

51 紫光阁功臣图的玛瑺像，见易苏昊、樊则春主编《五台山人藏：清乾隆宫廷书画》，第 234~235 页。图版比较见 http://www.battle-of-qurman.cn/e/right.htm，最后访问日期：2013 年 10 月 30 日；Niklas

Leverent, "The Battle of Qurman:A Thiral Fragment of the 1760 Qianlong Imperial Painting," 6。

52　存世可确认的玛瑺形象并不一致。《玛瑺斫阵图卷》中骑马拿箭的玛瑺，与紫光阁功臣图立身张弓的玛瑺，虽然脸部类似而可能根据同样的肖像稿本，但并无统一容易辨认的玛瑺功臣像，或许和乾隆无意在紫光阁战图中突出个别功臣而代换《马得胜图》的态度接近。更不要说铜版战图与彩图册《呼尔满大捷》中的玛瑺已经无法辨认其肖像，下章会再讨论。同样的，不论是前述《呼尔满大捷战图》残片上虽标有功臣满文名并可辨认出豆斌、舒津泰等，还是天理大学图书馆所藏的三件稿本在诸将士旁所贴满文黄签，均是战图中的众兵将之一。辨认功臣像可参见 Niklas Leverenz, "From Painting to Print," 51-53 与 http://www.battle-of-qurman. com.cn/e/left.htm，最后访问日期：2013 年 10 月 30 日。三件稿本的图版参见 Niklas Leverenz, "Drawings, Proofs and Prints from the Qianlong Emperor's East Turkestan Copperplate Engravings," *Art Asiatiquess* 68 (2013): 39-60。

53　于敏中等纂《国朝宫史》卷十五《宫殿五·西苑中》，第 539 页。

54　于敏中等纂《国朝宫史》卷十五《宫殿五·西苑中》，第 539 页。

55　庆桂编《国朝宫史续编》卷六十五《宫殿十五·西苑四》，左步青点校，北京古籍出版社，1994，第 571~584 页。

56　其中《国朝宫史续编》"西尽间北壁，回部全图"与《国朝宫史》"左壁为平定伊犁图，右为平定回部图"，"平定回部图"的方位不同。不知是记录有误，还是因后续的战役而更换了位置。庆桂编《国朝宫史续编》卷六十五《宫殿十五·西苑四》，左步青点校，第 578 页；于敏中等纂《国朝宫史》卷十五《宫殿五·西苑中》，第 539 页。另外，伯希和根据刘松龄（Augustin de Hallerstein）信件后记，据说宫内某处壁上先有大幅战图十六帧，推测就是紫光阁战图，而广为学者所引用，但若将本书本章与第六章依据《国朝宫史续编》所列，包含平定金川与廓尔喀等其他战图一并计算，或是同治十三年的《中海各殿座贴落册档》提及紫光阁楼下"战图四张"、"紫光阁楼上战图两张、紫光阁筵宴图一张、午门受俘图一张、郊劳图一张"、武成殿"战图五张"，都不足十六幅。事实上目前学界多预设十六幅《平定准部回部得胜图铜版画》是从同样数量的紫光阁大幅战图而来，并视前述德国汉堡国立民俗博物馆藏《呼尔满大捷战图》半幅和私人收藏的残片为紫光阁大幅战图的一幅；由于残片上标有功臣满文名，天理大学图书馆所藏三件稿本有满文黄签，故推测后者可能即为大幅战图的稿本。然而若参照本书从《国朝宫史》与造办处档案等记录的讨论来看，铜版画未必是从大幅战图直接发展而来，文献记录中紫光阁悬挂的大幅战图并非十六幅而为七幅，且不包括《呼尔满大捷战图》。前述同治十三年的《中海各殿座贴落册档》所列，若对照《国朝宫史续编》与本书第六章的讨论，紫光阁楼下四张很可能即《平定伊犁受降》（伊犁全图）、《拔达山汗纳款》（回部全图）、《攻克噶喇依批捷》（平定两金川战图）、台湾战图，紫光阁楼上战图两张为《黑水围解》（黑水河打仗）、《阿尔楚尔之战》（阿尔楚尔打仗），武成殿的五张战图应有安南与廓尔喀战图，而其他三张详情不明（虽然《日下旧闻考》提及武成殿"东西两壁绘西师劳绩诸图"，然而其关于紫光阁与武成殿战图的记录很粗略，也与其他记录不符，容或将应在紫光阁的战图误植为武成殿），也显示清后期的记录与乾隆、嘉庆朝颇为一致，紫光阁内悬挂的平定准噶尔与回部大幅战图为七幅，而非十六幅。倘若如此，那么还有许多问题尚无法解答，例如，最后悬挂于紫光阁的战图样貌为何？是否如同《呼尔满大捷战图》残片所示包含满文将士名？没有标示满文将士名的《呼尔满大捷战图》半幅，与有标示满文将士名的残片，真的是来自同一幅作品吗？http://www.battle-of-qurman.com.cn/e/left.htm，最后访问日期：2013 年 10 月 30 日。网站即指出两者风格并不一致，虽然该网站似乎仍认为二者来自相同作品。如果依据《国朝宫史续编》最后悬挂于紫光阁的战图为七幅而不包括天理大学图书馆所藏的《通古斯鲁克之战》与《和落霍澌之捷》两图稿，那么这些图稿未必是大幅战图的稿本，而仍有可能是小幅铜版画的稿本？尽管战图呈现的仍是大场面的战况而不在于凸显个别将士的勋功，但毕竟无论是否标有诸将士名称，乾隆及其大臣对于紫光阁战图或《平定准部回部得胜图铜版画》都强调"录其功绩，绘为战图张壁"、"皆得按帙而指数之，曰是役也，某实任之，而先登则某之绩"等具有指认将士战绩之作用；而且选择图绘这些战役，例如前述《呼尔满大捷》与玛瑺、《格登鄂拉斫营》与阿玉锡，以及天理大学图书馆藏稿本《通古斯鲁克之战》特别以汉文黄签标出兆惠、明瑞等，也都与特定将士的战功不无关系，因此仍无法确认这些图稿只能是大幅战图的稿本，而不能是铜版画的图稿。又或者除了目前所见档案与《国朝宫史》等所载，还有其他大幅战图的制作也未可知？总之，就目前所能掌握的资料来看，尚有不少制作的细节问题无法厘清，但至少记录中的紫光阁最后悬挂之战图，应该并非十六幅而是七幅。Walter Fuchs, "Die Entwurfe Der Schlachtenbilder Der Kienlung- Und Taokuang-Zeit: Mit Reproduktion Der 10 Taokuang-Kupfer Und Der Vorlage Fur Die Annam-Stiche," *Monvmenta Serica* 华裔学志 9 (1944): 101- 122；Paul Pelliot, "Les 'Conquêtes de l'Empereur de la Chine,'" *T'oung Pao* 20:3/4 (1920–21): 268-271. 中文翻译见伯希和《乾隆西域武功图考证》，冯承均译，收入伯希和等著《西域南海史地考证译丛·六编》，《中国西北文献丛书·西北史地文献第四十卷》第 115 册，兰州古籍书店，1990，第 517~520 页。Niklas Leverenz, "Drawings, Proofs and Prints from the Qianlong Emperor's East Turkestan Copperplate Engravings," 41-43.《中海各殿座贴落册档》，收入中国第一历史档案馆编《清代中南海档案》第 23 册，第 174~177 页。另外，《国朝宫史续编》所见紫光阁战图悬挂于东尽间、东次间、楼上中间、西尽间、西次间共五间的建筑结构，与乾隆二十五年改建紫光阁的奏销档档案"查得紫光阁改建重檐楼五间"一致。中国历史第一档案馆、故宫博物院主编《清宫内务府奏销档》第 57 册，北京故宫博物院，2014，第 405 页。

57　中国第一历史档案馆、香港中文大学文物馆合编《清宫内务府造办处档
案总汇》第25册，乾隆二十五年四月如意馆，第498页。

58　庄吉发：《清高宗十全武功研究》，第38页；傅恒等编纂《平定准噶尔方
略》卷十二，收入《景印文渊阁四库全书》第358册，台湾商务印书馆，
1983年据台北故宫博物院藏本影印，第192页。

59　庄吉发：《清高宗十全武功研究》，第97页；傅恒等编纂《平定准噶尔方
略》卷八十一，收入《景印文渊阁四库全书》第359册，430页。

60　庄吉发：《清高宗十全武功研究》，第85页；傅恒等编纂《平定准噶尔方
略》卷六十四，第181~182页；卷六十五，第188~189页；卷六十八，
第242~244页，收入《景印文渊阁四库全书》第359册。

61　傅恒等编纂《平定准噶尔方略》卷七十六，收入《景印文渊阁四库全书》
第359册，第370页。

62　傅恒等编纂《平定准噶尔方略》卷八十四，收入《景印文渊阁四库全书》
第359册，第479~480页；卷八十五，收入《景印文渊阁四库全书》第
359册，第499、503页。

63　铜版画阿尔楚尔之战的御制诗，是乾隆在战图完成后的补咏，因而与
《国朝宫史续编》所记紫光阁的题诗不一样，未必表示两图的内容不同。

64　清高宗敕撰《钦定大清会典则例》卷七十四《礼部·军礼一》："乾隆
十四年议准献俘之仪，凡出师克捷，应照雍正二年平定青海之礼，以
俘献于庙社如仪。"收入《景印文渊阁四库全书》第622册，第57页。
清高宗敕撰、稽璜等纂修《钦定皇朝通典》卷五十九《礼·军二》：
"国朝定制，凡出征有功凯旋至京师，命廷臣以茶酒出郭迎劳，其有
擒贼灭寇立勋尤大者，皇帝亲行郊劳，并令成功将领行抱膝跪见礼，
以示优异，典礼至为崇巨。"收入《景印文渊阁四库全书》第643册，第
252页。

65　于敏中等编纂《日下旧闻考》卷一百三十三《京畿·良乡县》，第
2136页。

66　清高宗敕撰《钦定皇朝通志》卷四十四《礼略·军礼一》，收入《景印文
渊阁四库全书》第644册，第543页。

67　庄心俞：《清代宫廷画家徐扬笔下之乾隆武功》，第28~37页。

68　包括"平西域、定两金川、收台湾、服廓尔喀"，庆桂等编纂《国朝宫

史续编》卷六十五《宫殿十五·西苑四》，左步青校点，第585页。图版见曾嘉宝《平定金川前五十功臣像卷残本》，第55-56页。

69 于敏中等编纂《日下旧闻考》卷二十四《国朝宫室·西苑四》，第342页。

第 五 章

《平定准噶尔回部得胜图》与帝国武功[*]

　　如果紫光阁战勋图标志着武勋纪念建筑展示成组战图与仪
式图的出现，由西方传教士于北京起稿、送至法国制版印刷的
《平定准噶尔回部得胜图》铜版画，则是乾隆所要广泛宣传的
平定回疆武功形象。从巨幅贴落到铜版印刷，除了尺寸、材质
与流通的差别外，还有哪些差异？虽然紫光阁战勋图未存，难
以确认细节的变化，但是目前的资料提供了相当的基础，可借
以厘清《平定准噶尔回部得胜图》铜版画所表现的武勋特质。
过去学界普遍认为《平定准噶尔回部得胜图》运用西洋透视法
与明暗阴影等技法记录平定回疆的战役，体现了明显的西方影
响。然而，为什么乾隆宫廷要接受西方"影响"？西洋技法对
乾隆所要《平定准噶尔回部得胜图》呈现的武功形象有何帮
助？还有哪些要素形塑了此套铜版画的表现？以下先从紫光阁
战勋图与《平定准噶尔回部得胜图》的比较开始，讨论全套的
结构变化和意义；再针对其中描绘激战场景的十幅战图讨论其
如何调整西洋技法，以呈现乾隆所要的效果，并厘清十幅战图
所形塑的战争形象；最后追溯此战图战争形象的渊源，以及与
乾隆所欲建构的帝国武功之关系。

一　从紫光阁战勋图到《平定准噶尔回部得胜图》

《平定准噶尔回部得胜图》不论从制作时间、题材还是顺序，都可见是在紫光阁战勋图的基础上加以调整。目前关于《平定准噶尔回部得胜图》制作的最早记录，应该是乾隆二十七年六月活计档"郎世宁起得胜图小稿十六张，着姚文瀚仿画手卷四卷"，[1] 较紫光阁战勋图晚了约两年。虽然此记录与之后乾隆三十年（1765）"传旨西洋人郎世宁等四人起得胜图稿十六张，着丁观鹏等五人用宣纸依照原稿着色画十六张"的绘者人数不同，[2] 但得胜图数量与分裱成四卷的形式，与第一历史档案馆藏《宫裱绘龙卷轴式御笔平定西域战图》将十六张铜版画裱于四卷的形制相同，[3] 应该同属《平定准噶尔回部得胜图》制作过程的稿本，都是在紫光阁战勋图之后所作。《平定准噶尔回部得胜图》共十六幅，依序为《平定伊犁受降》、《格登鄂拉斫营》、《鄂垒扎拉图之战》、《和落霍澌之捷》、《库陇癸之战》、《乌什酋长献城降》、《黑水围解》、《呼尔满大捷》、《通古斯鲁克之战》、《霍斯库鲁克之战》、《阿尔楚尔之战》、《伊西尔库尔淖尔之战》、《拔达山汗纳款》、《平定回部献俘》、《郊劳回部成功诸将》、《凯宴成功诸将士》（图5-1～图5-16），[4] 其中九幅与紫光阁的图像关系密切。除了《平定伊犁受降》、《黑水围解》、《阿尔楚尔之战》、《拔达山汗纳款》、《平定回部献俘》、《郊劳回部成功诸将》、《凯宴成功诸将士》的主题与顺序，与前章所述紫光阁"伊犁人民投降、追取霍集占首级、黑水河打仗、阿尔楚尔打仗、献俘、郊劳、丰泽园筵宴"七图相当接近外（只是《凯宴成功诸将士》描绘的是乾隆二十六年正月于紫光阁的筵宴），《格登鄂拉斫营》与《呼尔满大捷》也与前述二十五年三月贴于紫光阁的《得胜图》/《达瓦齐图》和《马瑞得胜图》的战役相同（见表4-2）。新增的《鄂垒扎拉图之战》描绘乾隆二十二年二月，兆惠将军于今乌苏西与达什策

图 5-1~ 图 5-16 《平定准噶尔回部得胜图并御笔十六咏》，郎世宁、王至诚、安德义等绘。纸本 铜
版画　51 厘米 × 87 厘米　美国克利夫兰美术馆藏
Battle Scenes of the Quelling of Rebellions in the Western Regions, with Imperial Poems, c.1765-
1774. Giuseppe Castiglione (Italian, 1688-1766), Jean Denis Attiret (French, 1702-1768),Jean
Damascene Sallusti (Italian). Etching, mounted in album form, 16 leaves plus twoadditional leaves
of inscriptions; 51.0 x 87.0 cm. The Cleveland Museum of Art, John L.Severance Fund 1998.103.11

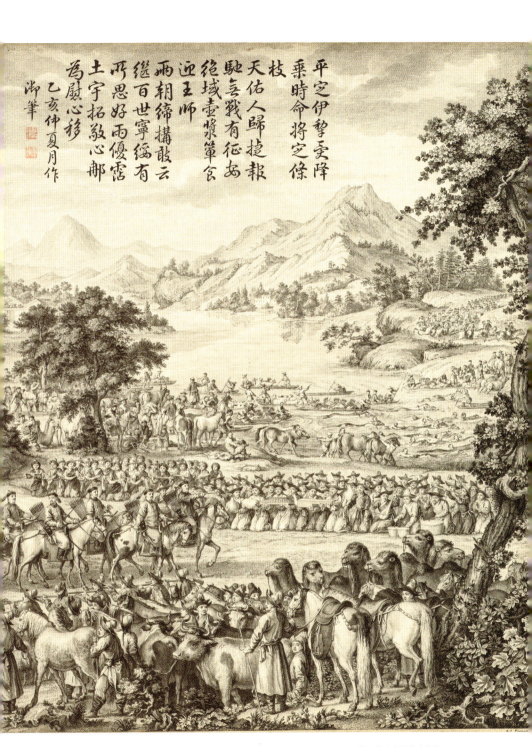

平定伊犁受降
乘時命將定條枝
天佑人歸捷報馳
無戰有征安絕域
壺漿簞食迎王師
兩朝締搆散敵雲
繼百世寧緝有思
好雨優霑兩土宇
拓敷心郵為尉心移

乙亥仲夏月作
御筆

图 5-1 　清 艾启蒙《平定伊犁受降》 纸本 铜版画 　51 厘米 × 87 厘米 　美国克利夫兰美术馆藏

图 5-2　清 郎世宁《格登鄂拉斫营》 纸本 铜版画　51 厘米 × 87 厘米　美国克利夫兰美术馆藏

図 5-3　清 郎世宁《鄂垒扎拉图之战》 纸本 铜版画　51 厘米 ×87 厘米　美国克利夫兰美术馆藏

鄂壘扎拉
圖之戰
以誠馭詐
致相輕哈
薩繞迴謵
竄生戊己
駐營攜少
辛蛌蛝與
督阻前程
上丁一□

图 5-4　清 王至诚《和落霍斯之捷》 纸本 铜版画　51 厘米 ×87 厘米　美国克利夫兰美术馆藏

和落霍澌之捷
今春我師勒逆亥
首戰霎和落霍澌
斬將搴旗早報捷
酬芳領袞已有差
卬今生酥俘囚至
散秩赭特寧桑伊
曰涯撬如鶵鴎
乃敢倡亂如鶵鴎
作去惟欲天寡其
波眾猶有子餘騎
現知我寡設計奇
輜重遁行誘我逐
厲伏賊撬陰燧官
軍四百始馳至少
騎示弱山之陸我
進波乃謹涌集銃
碯如雨循環施我
靈入矢齋鼓賊
鋒突擁護信有三衝
乃裏臉絡披底
鞬大膊張軍威殲
波屍僅近四百負
傷逭去敢無獸
傷誠
天助歟予慶奮勇
惡六資人為閭卹

图 5-5　清 安德义《库陇葵之战》 纸本 铜版画　51 厘米 ×87 厘米　美国克利夫兰美术馆藏

庫隴癸之戰

善旅常將軍誠勇多張捷伐騎先收牧馬羊以少勝五更直釀屯營寨兩氣正鷹揚寇捧宄竄賊人雖鼠許藏鋌險宄窮追邪射天狼三咸孤有事

丙戌孟秋上澣御詠御筆

图 5-6　清 安德义《乌什酋长献城降》 纸本 铜版画　51 厘米 × 87 厘米　美国克利夫兰美术馆藏

烏什酋長
敗城降
執渠早是
被恩榮畏
逼遠隨尚
近情識順
料伊將倒
錢剪亢亞
我顧佳兵
申明昧雄
霜嚴令釜
見牽羊肉
祖迎
天祐人歸
速屆績越
因兹業凜

图 5-7　清 郎世宁《黑水围解》 纸本 铜版画 51 厘米 × 87 厘米　美国克利夫兰美术馆藏

黑水圍解

喀喇烏蘇者唐
言黑水同去年
我軍薄賊究強
弩之末難稱雄
築壘黑水待圍
解詐人力也
天幟熒明瑞馳
驛踰月到面詢
其枝悚予衷峰
懷張甄軟去萬
三千餘人守泛
谷咢芎夫嚮鳖三

图 5-8　清 安德义　《呼尔满大捷》　纸本 铜版画　51 厘米 ×87 厘米　美国克利夫兰美术馆藏

呼爾滿大捷
我師萬里外馬力窮
難繼況深入賊巢主
客勢誠異此役所
圍固守鼓衆氣豈恩
罪輕進惟獎勤五事
再三撙援師速進以
拯濟只不待嗜責敵
慎人目勵屈指數居
諸兵應臨彼地爭賑
在俯仰所閱信非細
中夜不安寢巫盻佳
音念忽傳驛攻拿東
焽搜衣祝塵戰五日
夜軒將憂旗幟副將

图 5-9 清 郎世宁《通古斯鲁克之战》 纸本 铜版画 51 厘米 ×87 厘米 美国克利夫兰美术馆藏

通古思魯克
之戰
兩回首苦困
莎車浮地長
恩庶勞除赤
瞿峰老助白
聖偉如狼顱

图 5-10　清 郎世宁《霍斯库鲁克之战》 纸本 铜版画　51 厘米 ×87 厘米　美国克利夫兰美术馆藏

霍斯庫魯克
之戰
回城既定進
追克雙耳山
前寇跡逢賊
已六千橫擦
嶺兵繞九百
仰攻峯座迴
安集延迤邐
直躋拔達山
古難將卒同
心奮敵慌千
秋國史勒勳
庸

图 5-11　清 王至诚《阿尔楚尔之战》 纸本 铜版画　51 厘米 ×87 厘米　美国克利夫兰美术馆藏

图 5-12　清 安德义《伊西尔库尔淖尔之战》纸本 铜版画　51 厘米 ×87 厘米　美国克利夫兰美术馆藏

伊西洱庫爾之
戰
三交三勝
武羆雄貔
鼠洞噬五
技窮一綫
沿溪進魚
貫子尋列
嶂突藂叢
遊魂釜底
崔音光也

順笑彼悔
遲跋扈雄
和衆永爲
兩部定成
功遠在五
年中
天恩如此
昭優貺保
泰彌殷慎
勑躬
己卯長至作
御筆

图 5-13　清 安德义《拔达山汗纳款》 纸本 铜版画　51 厘米 ×87 厘米　美国克利夫兰美术馆藏

图 5-14　清 王至诚《平定回部献俘》 纸本 铜版画　51 厘米 ×87 厘米　美国克利夫兰美术馆藏

平定回部獻俘

面首霍占
來月襄傾
心素坦款
天閤理官
淋問寧須

郊劳回部成
功诸将士
京縣郊南祝
勞軍
圜壇陳
嘉謝成勳出
師本賣聊嘗
試奏凱今朝
備禮文釋甲
殳弓罷派伐
論功行賞策
忠勤都前抱
見詢経庭一
瞬五年威以
欲同心茅
里郵畯速畢
竞歡言賦果
徹勇將歸来
黄福將歝衣
著滂解戎衣
漭稍偃武脩
文日怃卯嬈
文悟武機飲
玉寧詩暢和
樂拊琴孟厲
慎幾微

庚辰仲春上院作

图 5-15　清 安德义《郊劳回部成功诸将》 纸本 铜版画　51 厘米 ×87 厘米　美国克利夫兰美术馆藏

图 5-16　清 郎世宁《凯宴成功诸将士》 纸本 铜版画　51 厘米 ×87 厘米　美国克利夫兰美术馆藏

凱宴成功諸將士得詩八章

凱宴成功諸將士得詩八章

出勞委勳藏
禮校升平闕凱
寅池瑞液滿賓
疆揮送凱賓
從容錫講林
見子庸詞筌
下命宋宣詧
惟云不音生
里祗覺迴思
越愉覺風日
飛禩瓜春未
水滸演流備
語伯試臺上
偓有主水試
陳延排備程
禁嚬寫奏住
柳典樂時乘
圓帶修延喜
西壁紉心
動值視修前
我歌眾武將
日不愛武出
滾滾治崖頌
車沿㪅夾將
軽滾獨僊將
讚讚淵頌儀

凌交战；[5]《和落霍澌之捷》描画乾隆二十三年三月，副将军策布登扎布于乌苏西五十里的和落霍澌河与准部战；[6]《库陇葵之战》刻画乾隆二十三年三月，兆惠于伊犁附近的库陇葵山与准部战；[7]《乌什酋长献城降》描绘乾隆二十三年八月，乌什伯克霍集斯遣子赉文来迎兆惠；[8]《通古斯鲁克之战》为乾隆二十三年十月至二十四年一月，兆惠与霍集占对峙于叶尔羌南的通古斯鲁克，待富德援兵至而突破进剿；[9]《霍斯库鲁克之战》乃乾隆二十四年八月，清军追霍集占于喀什噶尔城西五百里的霍斯库鲁克岭；[10]《伊西尔库尔淖尔之战》绘乾隆二十四年七月，清军于通往巴达克山界的伊西尔库尔淖尔追剿霍集占。[11]

　　虽然《平定准噶尔回部得胜图》将紫光阁最初的《得胜图》/《达瓦齐图》与《玛瑺得胜图》，也就是两场和阿玉锡与玛瑺相关的战役纳入，即《格登鄂拉斫营》与《呼尔满大捷》，但《平定准噶尔回部得胜图》其实与紫光阁战图相同，

图 5-17　清《呼尔满大捷》册页　彩图　55.4 厘米 ×90.8 厘米　北京故宫博物院藏
资料来源：徐启宪主编《清宫武备》，香港商务印书馆，2008，第 90 页。

均无意标举个别武士的勇猛。如前章所言,玛瑺固然在很可能是《马瑺得胜图》左半的《呼尔满大捷战图》绢轴中相当引人注目,但画面重点并不在于呈现其个人奋战,而是要表现双方的激战。《呼尔满大捷》铜版画和彩图(图5-17)亦是如此,其中的玛瑺甚至已经无法辨认其肖像。即便《平定准噶尔回部得胜图》制作过程中或曾企图描绘参战将士的面容(现存的草稿标有兵将的满文姓名,[12] 乾隆二十八年也有"着艾启蒙用白绢画脸像"的记录[13]),于敏中(1774~1779)于《平定准噶尔回部得胜图》的跋文也说"得按帙而指数之曰是役某实任之,而先登则某之绩",然而显然最终版本的铜版画和彩图已无意以写实肖像突显个别武士的英勇,更着重表现战役的激烈战况。

事实上,《平定准噶尔回部得胜图》战图与仪式图的比例(10∶6),比起紫光阁战勋图(2∶5)高出许多。《平定准噶尔回部得胜图》不但加入了紫光阁原有的两役《格登鄂拉斫营》、《呼尔满大捷》和更换的两役《黑水围解》、《阿尔楚尔之战》,还新增了平准的三役《鄂垒扎拉图之战》、《和落霍澌之捷》、《库陇葵之战》,与平回的三役《通古斯鲁克之战》、《霍斯库鲁克之战》、《伊西尔库尔淖尔之战》。《平定准噶尔回部得胜图》战图的大幅增加,逆转了原本紫光阁战勋图中仪式图的主导地位,使战图成为铜版画展现武勋的要角。相对来看,《平定准噶尔回部得胜图》的仪式图仅增加一幅于战地举行的《乌什酋长献城降》,其余《平定伊犁受降》、《拔达山汗纳款》、《平定回部献俘》、《郊劳回部成功诸将》、《凯宴成功诸将士》,均与紫光阁战勋图的仪式图主题接近。如此战地与帝京仪式图绘的比重,也自紫光阁战勋图(2∶3)的略逊一筹,到《平定准噶尔回部得胜图》(3∶3)的旗鼓相当,而与《平定准噶尔回部得胜图》战图比例增多相应,其较紫光阁战勋图更重视对作战过程的表现。

不过,虽然《平定准噶尔回部得胜图》的仪式图只多出《乌什酋长献城降》,但从搭配战图的顺序来看,它不仅使《平定准噶尔回部得胜图》比紫光阁战勋图更清楚地呈现战争进程，还具有关键的结构性作用。活计档中紫光阁战勋图的次序"伊犁人民投降、追取霍集占首级、黑水河打仗、阿尔楚尔打仗、献俘、郊劳、丰泽园筵宴"并不完全依照时间先后，"追取霍集占首级"理应晚于"黑水河打仗、阿尔楚尔打仗"。但从《国朝宫史》、《钦定日下旧闻考》与《国朝宫史续编》的记载，可以发现紫光阁战勋图更重视配合空间展示的成组效果，也就是东尽间东壁"平定伊犁图"与西尽间西壁"平定回部图"配对，阁上"正中绘平定西陲凯宴图，左壁绘西陲献馘图，右壁绘平定回部郊劳图"成套，楼上东尽间东壁"黑水河打仗"与西尽间西壁"阿尔楚尔打仗"成组，强调的并非时间的顺序，而是空间布置的组合关系。相反的，《平定准噶尔回部得胜图》则清晰地按照事件的发生时间安排十六幅的顺序，其中的六幅军事仪式图更标示了战争进程的结构。前三幅为战场上的仪式图，第一幅受降图位居平定准噶尔战争之首，第六幅献城降之图为平定回部战役的首幅，第十三幅纳款图则是平回之役的最后一幅；三者将十幅战图等分为"平准"与"平回"两部分，仿若里程碑般点出平定准回的战役进程。后三幅的凯旋典礼图，则描绘胜仗后乾隆于首都举行的献俘、郊劳与凯宴三种中央等级的军礼。凯旋典礼的主题虽沿用自紫光阁战勋图，但透过承接于以战地仪式和战场作仗标示出进程的十三幅之后，除了加强时间次序的彰显外，也更突出平定回疆之战从战场提升到帝国层次的效果。合而观之，相较于紫光阁战勋图依空间成组展示的排布，《平定准噶尔回部得胜图》六幅仪式图标志了自平定准部到平定回部的战役历程，以及从战场到帝国的层级，就全套而言更具有提纲挈领的结构性作用。

换个角度来看，尽管《平定准噶尔回部得胜图》仪式图对全套结构的作用突出，却也从紫光阁中自成一格的悬挂组合，转变为搭配战争进程的一环，因此必须考虑其在系列战勋图的定位。以首幅《平定伊犁受降》为例，此主题虽在紫光阁战勋图中即有，但原是作为"平定伊犁图"与"平定回部图"战场仪式的配对之一，固然与"献俘、郊劳、丰泽园筵宴"帝国军礼构成对照，但作为战役历程的作用并不明显。相对的，《平定伊犁受降》则不仅是平定准噶尔的第一幅，更是《平定准噶尔回部得胜图》的首幅，描绘部众望风归降的情景，形塑出清军乃前来安定准部的备德王师之形象。尽管伊犁在平回疆战役中意义重大，既是清军北西两路军队首先会师之处，也是准噶尔首领达瓦齐的据点，但是以此地受降作为《平定准噶尔回部得胜图》首幅，无疑与明代以来如《平番得胜图》从固原发兵开始，乃至乾隆初期《初定金川出师奏凯图》以命师、御饯等出兵为始的系列战勋图很不相同。

简言之，乾隆战勋图中仪式图是逐步发展变化的。最初如第四章所述，随着平定回疆的进程，乾隆逐渐摒弃长卷战勋军礼图的成套格式，改以针对不同的仪典内容分别描绘，制作了《平定准噶尔图》卷、《紫光阁赐宴图》卷、《平定西域献俘礼图》等长卷，而再无命师与御饯之图。接下来紫光阁战勋图保留了战场与首都军仪，并再加上新的献俘与郊劳帝国军礼。而《平定准噶尔回部得胜图》之后，清宫更进一步舍弃了单景描绘的战场仪式图。乾隆后续制作的《平定两金川得胜图》、《平定台湾得胜图》、《平定安南得胜图》、《平定廓尔喀得胜图》不但未以战场仪式图为始，[14] 也未将之穿插来结构各套战图，却是根本摒弃独立的战场仪式图，只留下最末三幅献俘、郊劳、筵宴，有时甚至仅保留最末筵宴的帝国军礼图。关于后续战图系列的发展，详见下章讨论。

之后系列得胜图铜版画中战场仪式图消失，仅保留最末筵宴的帝国军礼图，战图的比重更呈现大幅增加的趋势。如此战图取代仪式图为主导的倾向，从紫光阁战勋图到《平定准噶尔回部得胜图》的发展就已见端倪，而可见战图作为铜版画要角的核心地位。《平定准噶尔回部得胜图》的十幅战图虽然各有不同，但如同下文所述，其构图与叙事结构都有共通之处，故可以一并讨论之。以下便以十幅战图为中心，讨论其如何形塑出乾隆所要传达的武勋形象。

二　"摹写毕肖"的"西洋"技法再检视

《平定准噶尔回部得胜图》最引人注目的，莫过于采用了透视与阴影等西洋技法，使得前景双方的激战在广大的背景下显得格外气势撼人，而与过去中国战图或采高视点而未能突显作战细节（如《平番图》），或仅有近距离冲杀而无辽阔远景（如《三省备边图记》）的表现十分不同。不过《平定准噶尔回部得胜图》所见西洋技法及其造成的视觉效果，究竟是法国作坊的作用，还是来自乾隆对原稿的要求？

清宫对于欧洲铜版制作的要求非常明确，《平定准噶尔回部得胜图》原稿运往法国制版时附带的上谕译文，就清楚表达了乾隆"照式刊刻"的期望，所附郎世宁的说明除了再次强调上谕的指示外，更交代"务必使其精巧悦目，技师务必详加削正，俾其明晰"。[15] 虽然法国据以制作《平定准噶尔回部得胜图》的图稿未存，难以确认乾隆所要求的效果与成品的具体差别，但是李欣苇根据送法国前的乾隆三十年（1765）活计档案"传旨西洋人郎世宁等四人起得胜图稿十六张，着丁观鹏等五人用宣纸依照原稿着色画十六张"，参照可能依照同样稿本描绘的《平定伊犁回部战图》彩图（图 5-18）和《平定准噶尔回部得胜图》，发现两者战图的表现十分接近，就算略有差别也不牵涉结构与视角，因而认为铜版画对原稿的更动应该有限[16]

除了构图之外，《平定准噶尔回部得胜图》十幅战图的细节呈现，应该也与乾隆的期待相距不远。虽然《平定伊犁回部战图》彩图以皴法和晕染来仿真阴影的效果，与铜版画的成效有所差异，但从许多幅均表现了传统水墨画少见的渲染天空来看，[17] 应也是源自原稿。很可能《平定准噶尔回部得胜图》不论树木、人物乃至云彩的阴影处理，也都是原稿即有，而非法国作坊的加工。的确，《平定准噶尔回部得胜图》"全幅以无比清晰的刻线呈现，连远景也不含糊"的效果，与法国作坊所

图 5-18　清《和落霍斯之捷》册页　彩图　55.4 厘米 ×90.8 厘米　北京故宫博物院藏
资料来源：Chu, Petra and Ding Ning eds. *Qing Encounters: Artistic Exchanges between China and the West, Issues and Debates Serie* (Los Angeles: Getty Research Institute, 2015), p.161。

熟悉的西方风景画之模糊远景不同，应是原稿所致。[18] 再加上若观察其后清宫制作的《平定金川得胜图》乃至《台湾战图》等，亦可以看到乾隆对于铜版细致线条和阴影明暗效果的要求，[19] 可以说《平定准噶尔回部得胜图》呈现了乾隆所要的战图样貌，其中的透视或阴影处理，并非来自法国作坊的修改，而是相当忠实地再现了原稿的设计。

　　然而，如果乾隆选择铜版画来制作《平定准噶尔回部得胜图》是为了追求细致与明暗的效果，特意送往欧洲制版印刷以达成最准确的成效；那么他对其中另一受人瞩目的西洋透视法，则无意完全照本宣科。《平定准噶尔回部得胜图》虽然保留了线性透视法压缩空间所造成的逼人前景与辽阔远景，形塑出过去中国战图所无法企及的震撼印象，却仍然做了很大调整。最大的改变在于《平定准噶尔回部得胜图》几乎舍弃了空气透视法，除了极远处的山峦外，全幅从近景、中景到远景的物象都十分清晰，并未呈现出随着距离应该逐渐模糊的空气透视效果。《平定准噶尔回部得胜图》与西洋透视法的对比，几乎就像 Heinrich Wöfflin 对比文艺复兴艺术的绝对清晰性（absolute clarity）与巴洛克美术的相对清晰性（relative clarity）。[20] 而且《平定准噶尔回部得胜图》模糊了高地平线的物象比例，远方的山石尺寸过大，前景的物象却略小。其中所采取的高地平线，比起低地平线可让观者看到更多的中景，但《平定准噶尔回部得胜图》通过调整前景与远景的物象比例，使得中景更加清晰明确。因而《平定准噶尔回部得胜图》从前景、中景到远景都展现了清晰可辨的丰富细节，远近物象的尺寸和清晰度都没有强烈的差异。

如此改良的透视法，很可能就是法国经手《平定准噶尔回部得胜图》的 Marginy 侯爵（Abel-François Poisson de Vandières, 1727-1781）认为其"就中国风味画出"的原因。[21] 因为一旦删除了空气透视法并调整高地平线的物象比例，观者不再感受到运用西洋透视法所造成的仿若窗景之效应。对 Marginy 来说，与欧洲透视法相对应的应该就是所谓中国画的散点透视。的确，《平定准噶尔回部得胜图》虽采用了西洋透视法同时呈现前景偌大的战斗场面与广阔的远景，却在前景与远景展现了诸多清晰的细节，与所谓中国画视点流动不居以展现丰富景致之效果类似。再加上前述《平定准噶尔回部得胜图》连远景也以清晰刻线呈现的做法，可以说都鼓励观者的视线游移于画面各处，观看以细致铜版线条形塑出的具有明暗阴影之逼真物象。

《平定准噶尔回部得胜图》从前景到远景都充满写实物象细节的战争场景，应该就是乾隆"接受""西方影响"的原因。只是他并非被动全盘接受西洋技法，而是有所取舍地挪用清晰的铜版细致线条和明暗阴影，并调整透视法使前景的激战场面和广阔的远景都蕴含丰富细节，来达成他所要的"写实"战图效果。以远景为例，传统中国战图多为格式化地以山峦笼统地暗示战场的背景，[22] 边塞绘画则用荒漠沙坡或雪山一角来铺陈前景人物之所在，[23] 既无法展现辽阔的空间效果，也使塞外山水流于刻板。相反的，《平定准噶尔回部得胜图》以铜版线条刻画出山石向背的形状与体积感，与透视法所营造的空间场景，所呈现的新疆战场就显得"真实"许多。[24] 乾隆的臣子傅恒（1720~1770）与尹继善（1694~1771）等对《平定准噶尔回部得胜图》的跋文，[25] 也称颂"凡我将士靡垒斫阵、霆奋席卷之势，与夫贼众披靡溃窜、麕奔鹿骇之状，靡不摹写毕肖。鸿猷显铄，震耀耳目，为千古胪陈战功者所未有"。[26] 如此画面铺天盖地"摹写毕肖"所造成的震撼效果，显然已经不是纯粹西洋技法所能独力达成。

三 "事以图详，军容森列"的战争形象

那么，除了折中的西洋技法所造成的震撼视觉效果之外，乾隆所要建构的战争形象为何？总督英廉（1707~1783）得赏《平定准噶尔回部得胜图》奏谢折的感言"事以图详，军容森列"，[27] 可以说简要地总结了这十幅战图的特色，尤其若对比明代战勋图有限的战争母题和其画面相对随机的构组，更能够说明《平定准噶尔回部得胜图》整合多元战争细节与结构秩序的特质。

《平定准噶尔回部得胜图》所呈现的战争母题，不论就涵括的类别还是表现的层次来说，都远较明代丰富许多。以战图最常刻画的两军交战来说，明代战勋图多展现两方步兵的对峙；《平定准噶尔回部得胜图》则囊括近身的肉搏战、骑兵间的近距离厮杀、两军骑兵的成群冲杀，以及双方以枪炮和鸟枪等不同武器布阵抗衡等诸多情景。《平定准噶尔回部得胜

图》对于战争进程的描绘也较明代的多元，除了常见从前锋、交战到一方追击与另一方败逃的不同阶段外，还包括收取战利马匹、物资和处理俘虏等明代鲜少出现的面向。以兵力调遣部署来说，明代多只描画官员着官服督战，《平定准噶尔回部得胜图》则进而表现戎装将领执马鞭指挥作战之貌，另有两军营垒、移动军资和后备部队等明代鲜见的母题。这些丰富的战争元素在《平定准噶尔回部得胜图》中构成了比明代战图更历历如绘的详尽战争场面。若将《平定准噶尔回部得胜图》自城内向外突破的《通古斯鲁克之战》（图 5-9）与《三省备边图记》从城外往内攻击之《平潮阳剧寇图》（图 1-17）相比较，两者虽同以城墙为中心，前者多元的战争母题显然表现出更为生动的战争场景。《通古斯鲁克之战》的构图从中央营垒戎马静立的指挥将领、营帐间奔走的士兵，到墙垣内发射大炮和涌出墙门的军伍，呈现出作战命令由内向外逐渐发动的部署次序；城垣外则是渐次纷乱的作战场面，从沿着城墙牵骆驼、背麻袋、赶俘虏的缓步兵士，到最外围十数座冒着熊熊浓烟的台垒处，或冲入搜捕或冲出火烬的两军肉搏酣战。相比之下，《平潮阳剧寇图》仅以城外张弓箭、"架飞楼、垒卤草"对比城内静立排列的潮寇，[28] 虽然也呈现箭草环向中心的动势，但有限的兵军动作和简化的城墙等背景，不免流于仿若符号拼贴的图式，而与《通古斯鲁克之战》以诸多战争母题所组成的详细场景相差甚远。

　　尤其值得注意的是，《平定准噶尔回部得胜图》远比明代丰富的战争母题，并未让战图显得凌乱；相反的，这些细节于画面的配置所形塑出的军事秩序感，较明代有限的战争元素构组出的战图来得清晰许多。明代战争图母题固然不多，但安排于画面的位置不一，相互交杂成纷乱的战争场景。例如《三省备边图记》之《南岭破山寇图》（图 1-16），有些步兵从中景左右的山径鱼贯而下，其他前锋骑兵则自前景右方坡石后跃出，加上这些先锋人马并未在画面中清楚地与其他士兵区隔，突显的是混乱的战争场面而非井然的秩序。反之，《平定准噶尔回部得胜图》不论是战争事件的进程，还是兵力的调遣部署，基本上都是依照前、中、后景的顺序安排。例如《格登鄂拉斫营》（图5-2）、《阿尔楚尔之战》（图5-11）、《伊西洱库尔淖尔》（图5-12）皆在前景布置了山石围成的窄径以描绘前锋骑兵的路线；中景是双方交战之所在；清军追赶奔逃敌军的景况随之出现在中后景；远景则可见大队人马渐向远方逃窜。可以说都是按照时间先后，将战役进程事件的母题布排在画面由近而远的位置。同样的，兵力调遣的母题也常以类似的时空关系搭配处理，清军将领指挥作战多出现在前景平台，如《库陇癸之战》（图5-5）、《黑水围解》（图5-7）、《霍斯库鲁克之战》（图5-10）；后备的清军辎重炮队或后勤的两军营垒则置放于中景，如《呼尔满大捷》（图5-8）、《阿尔楚尔之战》（图5-11），以及《格登鄂拉斫营》（图5-2）、《鄂垒扎拉图之战》（图5-3）。如此依前、中、后景安排不同阶段战役进程与兵力部署的战争母题时序，呈现出战争进行的清晰序列。

《平定准噶尔回部得胜图》的构图也依简单清楚的几何原则，构组按时间先后在前、中、后景出现的战争母题，更是加强了军事次序的明晰效果。十幅战图以同样占画面三分之一的远景比例配置山峦与天空，前景与中景的构图或合为左右两半，成为斜角，或为横带。左右两半者为双方在平野对抗的《和落霍澌之捷》（图5-4）与《呼尔满大捷》（图5-8）；斜角构图如《库陇癸之战》（图5-5）、《黑水围解》（图5-7）与《霍斯库鲁克之战》（图5-10）；横带处理者为《格登鄂拉斫营》（图5-2）、《鄂垒扎拉图之战》（图5-3）与《阿尔楚尔之战》（图5-11）。这些构组并不复杂，原则上就是运用山石树木切割出几个大的块面，再于这些区块中填入依时序发生的战争母题，进而拼组成各幅战图。如此简明的几何构图，与战争母题按时间先后于前、中、后景的配置，为前述删除空气透视法后得以游移于《平定准噶尔回部得胜图》画面各处清晰细节的观者，提供了清楚的参照。即便是《平定准噶尔回部得胜图》十幅战图中构图最为特殊的《通古斯鲁克之战》（图5-9），其由内而外的环形构图虽远较区块拼组的几何原则复杂，但画面中央将城墙的上下两面略平行于水平画面的做法，也有区分前、中景横带的分割效果，具简化整体构图的作用。再加上前述其表现作战命令与行动逐渐向外发动的层次也很分明，可以说和其他九幅战图一样呈现了战役进程的序列。虽然以区块拼组的几何构图容或有整合块面的问题，但无碍于整体战图井然有序的效果。例如《阿尔楚尔之战》（图5-11），前景左方进入山路的清军，虽然与中景阵势浩大的清军显得无甚关联，但通过前、中景清楚的横带构图，以及前景先锋部队、中景双方交战依时间先后的母题布置，呈现出清晰有序的战争进程，未因拼凑区块而抵消全图的军事秩序。

　　如此《平定准噶尔回部得胜图》以折中西洋技法的"摹写毕肖"风格，整合多元的战争母题，将之按时间顺序配置于画面前后，并以简明的几何原则构图，可以说的确形塑出"鸿猷显铄，震耀耳目，为千古胪陈战功者所未有"的恢弘战图。[29] 这般"事以图详，军容森列"的战争形象，与明代个人战勋图以传统绘法营造骚乱动势，但无意呈现战况细节的做法大异其趣，这是乾隆特意以明晰的铜版细致线条与明暗阴影以及调整的西洋透视法所要建构的武功形象。

四 "太祖实录图"、《平定准噶尔回部得胜图》与帝国武功

　　如果折中西洋技法有助于形塑《平定准噶尔回部得胜图》恢弘战争的视觉效果，那么具有丰富作战细节与军事秩序的战图场面，又是从何而来？是否亦是挪用欧洲铜版战图，或者另有渊源可考？本书导论已经提到佛兰德斯画家 Adam Frans van der Meulen 为路易十四所画之铜版战图，很可能是启发乾隆制作《平定准噶尔回部得胜图》的欧洲来源。[30]《平定准噶尔回部得胜图》的确可见 Van der Meulen 援用地图图式在前景安插人物，[31] 作为带领观者进入画面的常见手法。不过，Van der Meulen 战图铜版画转换法兰德斯地图式的战图表现（图5-19），一方面是为了在远景呈现法国军队征服的地景，另一

209

图5-19　Adam Frans van der Meulen, Arrivée du Roy au Camp devant Mastrick, en l'année 1673, c. 1674, engraving, 50cm × 132cm. Cabinet du Roy, Vol. 14. (Houghton Library, Harvard University)

方面则是在前景突显路易十四亲征的形象，[32] 两者均非《平定准噶尔回部得胜图》的重点。而且 Van der Meulen 的战图铜版画并不着重刻画双方战争的细节，[33] 而这恰恰是《平定准噶尔回部得胜图》所刻意表现的。倘若如此，那么《平定准噶尔回部得胜图》并不企图模拟 Van der Meulen 铜版战图的战争形象。相反的，若检视本书第二章所讨论的"太祖实录图"战争母题与叙事表现，会发现其与《平定准噶尔回部得胜图》不无关系。

《平定准噶尔回部得胜图》丰富的战争母题，不论是两军交战的多样形态、战争进程的不同面向，还是兵力调遣的细节等，都是明代个人勋迹图鲜少出现的元素，却可在"太祖实录图"中见到。例如《太祖败乌拉兵》（图 5-20）的三群骑兵冲杀，或《诸王破康应干营》（图 5-21）、《太祖破陈策营》（图 5-22）的双方布阵对峙，都较明代如《南岭破山寇图》（图

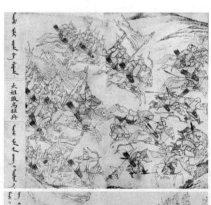

图 5-20　清《满洲实录》之《太祖败乌拉兵》 哈佛燕京图书馆藏

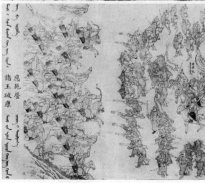

图 5-21　清《满洲实录》之《诸王破康应干营》哈佛燕京图书馆藏

1-16)、《岭东破残寇图》（图 5-23）两路兵士持矛冲撞的场景来得多元。"太祖实录图"中《四王射死囊努克》（图 5-24）与《阿巴泰德格类斋桑古岳托大破昂安》（图 5-25）驱赶乘车部众及其牲畜，以及攻入敌军营垒帐包的情景，更是明代战勋图未见的战争细节。

不仅如此，"太祖实录图"对战争母题所侧重的面向，也与《平定准噶尔回部得胜图》类似。例如，同样是督战母题，《平定准噶尔回部得胜图》刻画披战袍的将领执马鞭于前景平台指挥，与"太祖实录图"将尺寸较大的武将置于画面边角统领战局，都意在展现将领于作战中的主导地位，而与明代官员未着戎装却穿戴官帽官服，仅是象征性地视察战役的表现很不相同。同样的，以军队群组的母题来说，明代《永宁破倭寇图》（图 1-15）虽有步兵、骑兵之分别，但两组人马内部或彼此的从属关系并不清楚；相反的，"太祖败乌拉兵"（图 5-20）光是骑兵就分作层级鲜明的三组部队，各群以身后有小兵高举军旗的队长为首，三群间又以位居中央且身形比例最大的太祖队伍为依归。这般表现战斗时部队的分群冲杀，也类似《平定准噶尔回部得胜图》对军队组织与作战的处理，同样都可见以军旗编队的标志，以及部队间的主从关系。可以说比起明代个

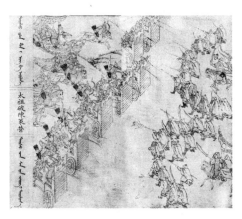

图 5-22 清《满洲实录》之《太祖破陈策营》 哈佛燕京图书馆藏

图 5-23　明 苏愚《三省备边图记》之《岭东破残寇图》中国国家图书馆藏

人勋迹图，"太祖实录图"与《平定准噶尔回部得胜图》不但有较多元的战争母题，更是重视这些元素对战役的作用，尤其着重战时层级分明的阶层关系，呈现了森严的军事纪律。

从"太祖实录图"和《平定准噶尔回部得胜图》所呈现的清晰的敌我分别，也可见到类似强调战争秩序的叙事表现。明代如《岭东破残寇图》（图 5-23）虽可从进攻与溃败的对比辨认明军与寇贼，但是两者的装束的差别除了帽子的差异外并不明显。又或《永宁破倭寇图》（图 1-15）的明兵形象随着步兵与骑兵的差别而有很大的改变，反倒是倭寇穿着祖衣短裤的形象较为统一。相反的，"太祖实录图"的满洲士兵形象鲜明，无论骑兵还是步兵，右腰间必配戴插着五枝箭矢的箭袋，左手或举大刀，或张弯弓。加上前述"太祖实录图"的满洲部队群组有序，更与散乱窜逃的敌军形成清楚的对照。《平定准噶尔回部得胜图》清军与敌兵的对比尤其明显，除了清军所戴的帽子与敌方很不相同外，右腰装满箭矢的箭袋也是一大特色，同样可见整饬的清军部队相对于四散败逃的敌兵，甚至双方人马抗衡时还经常以不同的武器区分，都是与"太祖实录图"一样重视明晰敌我对照的表现。

图 5-24　清《满洲实录》之《四王射死囊努克》 哈佛燕京图书馆藏

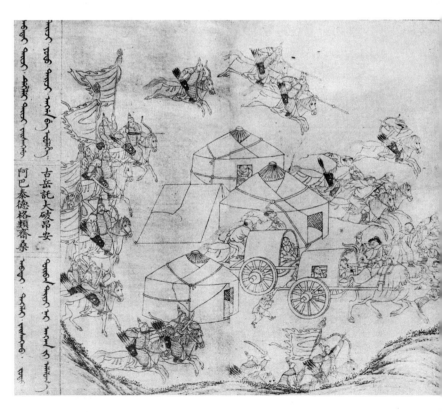

图 5-25　清《满洲实录》之《阿巴泰德格类斋桑古岳托大破昂安》 哈佛燕京图书馆藏

总的来看，虽然"太祖实录图"和《平定准噶尔回部得胜图》的绘法风格迥异，但是就展现多元的战争母题，以及强调军事纪律和敌我对比的叙事表现来说，两者却相当一致地与明代个人战勋图很不相同。如果明代战图以表现骚乱动势为主，作为纪念个别文官督导激战的象征，那么"太祖实录图"和《平定准噶尔回部得胜图》则是要以明确的战争场面，呈现清楚的军事纪律和敌我对比，以建构国家王师的威武形象。虽然难以厘清清代官方与明朝个人战图如此的差别，究竟是因为国家与个人赞助的公私差异，还是满汉对再现战争的概念不同，或者更可能二者兼有，但无论如何分别建构了反差强烈的个人勋迹与帝国武功。

小　结

尽管"太祖实录图"的战争母题与叙事表现，已经以传统绘法尝试呈现战图的军事秩序和敌我对比，但是一直要到《平定准噶尔回部得胜图》采取了折中西洋技法，乾隆才真正建构出他所要的帝国武功之形象。改良的透视法兼绪前景逼人激战与辽阔远景，并展现丰富清晰细节的特色，配合明晰铜版细致线条和明暗阴影的效果，得以形塑出看似写实精确的战争场面。如此的视觉效果辅以更为多元的战争母题，依时间先后配置战争进程于前、中、远景的位置，加上简单清楚的几何原则构图，使得《平定准噶尔回部得胜图》呈现出壮盛帝国之师井然有序地平定准噶尔与回部的恢弘形象。从以仪式图为主的紫光阁战勋图到以战图为中心的《平定准噶尔回部得胜图》，至此乾隆终于成功地将个人战勋图转换成足以展现武功强盛的帝国战图。《平定准噶尔回部得胜图》铜版战图纪念战争的模式，也因此成为清帝国的新范式，一再被复制与套用。

注 释

* 本章自笔者硕士学位论文改写而成。马雅贞：《战争图像与乾隆朝对帝国武功之建构：以〈平定准部回部得胜图〉为中心》，硕士学位论文，台湾大学艺术史研究所，2000，第 39~63 页。其中修改自第二至四节的英文版，参见 Ya-chen Ma, "War and Empire: Images of Battle during the Qianlong Reign," in Petra Chu and Din Ning eds., *Qing Encounters: Artistic Exchanges between China and the West, Issues and Debates Serie* (Los Angeles: Getty Research Institute, 2015), 158-172。

1 中国第一历史档案馆、香港中文大学文物馆合编《清宫内务府造办处档案总汇》第 27 册，乾隆二十七年六月如意馆，人民出版社，2005，第 193 页。

2 中国第一历史档案馆、香港中文大学文物馆合编《清宫内务府造办处档案总汇》第 29 册，乾隆三十年五月如意馆，第 515 页。

3 中国第一历史档案馆编《乾隆西域战图秘档荟萃》，北京出版社，2007。

4 此处的排序依照《秘殿珠林石渠宝笈·续编》，张照等纂修《秘殿珠林石渠宝笈·续编》，收入《秘殿珠林·石渠宝笈合编》，上海书店出版社，1988，第 806~810 页。

5 傅恒等编纂《平定准噶尔方略》卷三十七，收入《景印文渊阁四库全书》第 358 册，台湾商务印书馆，1983 年据台北故宫博物院藏本影印，第 617~619 页。

6 傅恒等编纂《平定准噶尔方略》卷五十三，收入《景印文渊阁四库全书》第 359 册，第 3~4 页。

7 傅恒等编纂《平定准噶尔方略》卷五十三，收入《景印文渊阁四库全书》第 359 册，第 14 页。

8 傅恒等编纂《平定准噶尔方略》卷六十二，收入《景印文渊阁四库全书》第 359 册，第 143 页。

9 傅恒等编纂《平定准噶尔方略》卷六十八，收入《景印文渊阁四库全书》

第 359 册，第 236 页。

10　傅恒等编纂《平定准噶尔方略》卷七十六，收入《景印文渊阁四库全书》第 359 册，第 364 页。

11　傅恒等编纂《平定准噶尔方略》卷七十七，收入《景印文渊阁四库全书》第 359 册，第 373 页；《钦定皇舆西域图志》卷十七，收入《景印文渊阁四库全书》第 500 册，第 404 页。

12　图版参见青木茂、小林宏光《中国の洋風画展——明末から清時代までの絵画・版画・挿絵本》，町田市立国际版画美术馆，1995，第 286 页。Walter Fuchus, "Die Entwurfe Der Schlachtenbilder Der Kienlung Und Taokuang~Zeit: Mit Reproduktion Der 10 Taokuang Kunpfer Und Vorlage Dur Die Annam Stiche," *Monvementa Serica* 华裔学志 9 (1944): 101-122; Niklas Leverenz, "Drawings, Proofs and Prints from the Qianlong Emperor's East Turkestan Copperplate Engravings," 41-43.

13　中国第一历史档案馆、香港中文大学文物馆合编《清宫内务府造办处档案总汇》第 28 册，乾隆二十八年十月如意馆，第 75 页。

14　图版参见青木茂、小林宏光《中国の洋風画展——明末から清時代までの絵画・版画・挿絵本》，第 289~322 页；高田时雄解说《铜版画複製乾隆得勝圖》全 7 种 80 枚，临川书店，2009~2012。

15　伯希和：《乾隆西域武功图考证》，冯承均译，收入伯希和等《西域南海史地考证译丛・六编》，《中国西北丛书・西北史地文献第四十卷》，兰州古籍书店，1990，第 410~411 页。根据伯希和，此上谕原件不存，但法国国家档案馆藏有一件法文译文（O'1924〔1〕），冯承均自伯希和法文译为"俾能与原图不爽毫厘"。但若依据法国国家图书馆藏中文合同，要求法国"依图样及番字写明刻法，敬谨照式刊刻"，或更接近上谕。Pascal Torres, *Les Batailles de l'Empereur de Chine. La gloire de Qianlong célébrée par Louis XV, une commande royale d'estampes* (Editions Le Passage, 2009), 29 & 31.

16　李欣苇：《清宫铜版画战图创生：从〈平定准噶尔回部得胜图〉到〈台湾战图〉》，硕士学位论文，台湾大学艺术史研究所，2012，第 13~14 页。Niklas Leverenz 也提及法国版画工坊对构图的更动有限。Niklas Leverenz, "On Three Different Sets of East Turkestan Paintings," *Orientations* 42:8 (2011.11/12): 97-99.

17　虽然 Niklas Leverenz 比较《呼尔满大捷》彩图与铜版画，认为法国版画工坊添加了天空云彩，但从图版可见，至少《格登鄂拉斫营》、《和落霍澌之捷》、《乌什酋长献城降》、《阿尔楚尔之战》、《拔达山汗纳款》都有明显天空渲染的云彩效果。由于彩图是以中国渲染的方式来模仿天空云彩，效果不若铜版画明显，加上乾隆多题诗于天空处题诗更造成辨识的难度，或应仔细观看原作才能确认是否全套每幅的天空都有晕染。无论如何，这种以渲染表现天空云彩的方式，很可能是此套彩图的共相。Niklas Leverenz, "On Three Different Sets of East Turkestan Paintings," 98.

18 李欣苇：《清宫铜版画战图创生》，第26~28页。

19 李欣苇：《清宫铜版画战图创生》，第34~48页。

20 Heinrich H.Wölfflin, *Principle of Art History: The Problem of the Development of Style in Later Art,* trans. by M. D. Hottinger (New York: Dover Publications, 1950), 196-225.

21 伯希和：《乾隆西域武功图考证》，冯承均译，第436页。

22 例如《平番图》卷（中国国家博物馆藏）。

23 前者如传胡瑰《出猎图》、《回猎图》，传刘贯道《元世祖出猎图》（台北故宫博物院藏），后者如华岩《天山积雪图》（北京故宫博物院藏）。Ginger Hsu, "Traveling to the Frontier: Hua Yan's Camel in Snow," in Lucie Olivorá and Vibeke Børdahl eds., *Lifestyle and Entertainment in Yangzhou* (Denmark: Nordic Institute of Asian Studies, 2009), 347-375.

24 相对于《平定准噶尔回部得胜图》对空间、肌理与体积感的着重，其对不同季节的表现并不注重。虽然战争的时节囊括四季，但不论版画或彩画都不见雪景，对秋天红叶的描绘也与战争季节不符。乾隆显然无意援用传统塞外山水的荒漠或雪景表现，刻意营造不同的战争场景，但也与下文提及的 Adam Frans van der Meulen 之地图式地景不一样，并无意突出表现新疆地志（topographical）样貌。换个角度来看，《平定准噶尔回部得胜图》中的新疆地景表现，与北京近郊的良乡并无不同，也显现出《平定准噶尔回部得胜图》无意追求客观的真实再现，而只是要制造看似"写实"的效果。如果再参照《南巡盛典》的"郊劳台"与《平定准噶尔回部得胜图》的"郊劳回部成功诸将"，前者的郊劳台为围墙所环绕，临近和郊劳台同年建造的永庆寺，后者的郊劳台则坐落于空旷的空间中，完全不见围墙或寺庙。何者为真并非重点，其中的差异显示的是两者企图呈现的不同效果。高晋等：《钦定南巡盛典》卷八十二《名胜·直隶山东》，收入《景印文渊阁四库全书》第659册，第307页。

25 乾隆大臣的跋文最先可能针对的是《平定伊犁回部战图册》彩图。不过如前所述，彩图与《平定准噶尔回部得胜图》可能根据同样稿本，虽然皴法渲染和铜版刻线的做法有别，但追求的"写实"效果应该是一致的。而且在《平定准噶尔回部得胜图》制作完成后，大臣的跋文一样附于册后。第一历史档案馆收藏的宫裱绘龙卷轴式《平定准噶尔回部得胜图》也将跋文附于卷末。可见对乾隆而言，并不要求其臣针对不同媒材另写跋文。

26　张照等纂修《秘殿珠林石渠宝笈·续编》，第 811 页。

27　中国国家图书馆辑《国家图书馆藏历史档案文献丛刊·稿本乾隆机密文书暨奏稿》第 2 册，全国图书馆文献缩微复制中心，2010，第 517 页。

28　苏愚：《三省备边图记》，收入北京图书馆古籍出版编辑组编《北京图书馆古籍珍本丛刊》史部地理类第 22 册，书目文献出版社，1988 年据明万历刻本影印，第 877~941 页。

29　张照等纂修《秘殿珠林石渠宝笈·续编》，第 811 页。

30　Evelyn S. Rawski and Jessica Rawson eds., *China: The Three Emperors (1662-1795)* (London: Royal Academy of Arts, London, 2006), 407；Michèle Pirazzoli-t'Serstevens, *Castiglione: Giuseppe Castiglione 1688-1766, peintre et architecte à la cour de Chine* (Paris, Thalia édition, 2007), 192.

31　Robert Wellington, "The Cartographic Origins of Adam Frans van der Meulen's Marly Cycle," *Print Quarterly* 28:2 (2011.6): 142-154；Robert Wellington, The Visual Histories of Louis XIV, (Ph. D. diss., University of Sydney, 2014), 205-308.

32　Robert Wellington, "The Cartographic Origins of Adam Frans van der Meulen's Marly Cycle," 142-154；Robert Wellington, The Visual Histories of Louis XIV, 205-308; Robert Wellington,*Antiquarianism and the Visual Histories of Louis XIV:Artifacts for a Future Past* (Farnham,Surrey,England: Ashgate,2015):121-122.

33　Julie Anne Plax, "Seventeenth-Century French Images of Warfare," in Pia F. Cuneo ed., *Artful Armies, Beautiful Battles: Art and Warefare in Early Modern Europe* (Leiden: Brill, 2002), 131-158; Donald Haks, "Military Painting in Flux. Flemish, French, Dutch and British Pictures Glorifying Kings, c. 1700," *Dutch Crossing* 35:2 (2011.7): 162-176. 在法国国王路易十四的雕版集成（Cabinet du Roi）中，只有极少数的战图描绘如营帐等作战细节；相反的，诚如上注 Robert Wellington 所言，大部分战图的特色在于前景路易十四的象征形象，和远景为法国军队所征服的地志样貌。

第 六 章
帝国武勋图像之成立

《平定准噶尔回部得胜图》铜版战图之后，乾隆朝后期陆续制作了《平定两金川得胜图》、《平定台湾得胜图》、《平定安南得胜图》、《平定廓尔喀得胜图》等系列，囊括了乾隆五十七年以"十全武功"称之的"平准噶尔为二、定回部为一、扫金川为二、靖台湾为一、降缅甸安南各一、即今二次受廓尔喀降"之大多数战争。[1] 这些战图因其独特的铜版媒材与战争主题，近年来成为学界经常一并讨论的对象。[2] 的确，清代文献如造办处活计档、[3]《国朝宫史续编》等，[4] 不论是制作、收贮还是赏赐都经常将这些战图一并处理，归属于相同的类别，而与其他清宫图像有所区隔，因此本书也将后续的战图合为一章讨论。不过，如果从《平定准噶尔回部得胜图》的例子来看，铜版战图的制作实与紫光阁战图息息相关，后续的铜版画系列究竟自成体系，还是与紫光阁有所关联，其又与前述乾隆建构的帝国武勋文化有何联结，值得进一步讨论。

同时，学界普遍认为《平定准噶尔回部得胜图》铜版战图与后续系列因制作团队不同，而在风格上有显著的差异。过去多认定后者因是清宫自行刻印，对于空间处理与阴影表现和法国工坊的做法差别很大；最近李欣苇的硕士学位论文则详细检视造办处档案，讨论清宫铜板作如何发展出铜版画的工序，以因应乾隆对密布明暗刻线与快速制作的要求，厘清了从《平定准噶尔回部得胜图》到《平定台湾得胜图》技术与风格的转变。[5] 不过，除了风格形式外，后续的铜版画系列与《平定准噶尔回部得胜图》的异同及其意义还有待探索。李欣苇就提出《平定台湾得胜图》针对林爽文事件，在地形变化、生擒、渡海、赐宴等方面表现有所调整，展现了清军驾驭海陆地形的能力，将地方民变形塑成如有神助的海疆之役。[6] 那么其他战图与《平定准噶尔回部得胜图》又有何区别，整体来看又应如何理解其转变，与帝国武功的关系何在？

进一步而言，并非所有《平定准噶尔回部得胜图》之后的战役均绘制战图，也非所有绘有战图者都刻版印刷。那么选择的标准为何？牵涉哪些环节？陆续制作的铜版战图究竟成为什么样的武勋系列？为了回答上述问题，以下依照时间先后考察《平定准噶尔回部得胜图》之后的战图制作，讨论帝国武功图像成立的过程。

一　从《平定准噶尔回部得胜图》
到《平定金川得胜图》

关于《平定准噶尔回部得胜图》版画制作的中西档案很多，前章已经述及最早乾隆二十七年（1762）郎世宁起小稿，学界也多次爬梳整理，确认乾隆三十年（1765）传旨郎世宁等四人起稿，同年所有图稿完成，交由粤海关负责安排送往法国制版印刷，乾隆三十五年（1770）第一次送回部分成品，其余陆续分批完成，乾隆四十二年（1777）全部从法国运送回北京；[7] 雕版送回北京之后，中国又自行重新印刷。[8] 李欣苇的硕士学位论文分析了法国方面花了很长的时间才完成的原因，主要在于 Jacques-Philippe Le Bas（1707-1783）工坊为求质量，不论腐蚀、直刻或印刷都很耗时，有些工序还需要充足的日光才能进行，因此历时超过十年。[9]

从档案中乾隆的询问与粤海关官员的一再说明可见，如此久的制作时间对乾隆而言实是漫长的等待。不过，虽然造办处档案不乏乾隆催促速办的旨令，但乾隆对铜版战图的焦急，很可能与边疆战事的出现和相应的武勋图像纪念有关。乾隆三十年（1765），原已纳入版图的新疆爆发乌什之变，战事结束后乾隆三十三年（1768）张廷彦与贾全分别奉命完成《平定乌什图》轴与《平定乌什图册》。[10] 同年首次出现乾隆对《平定准噶尔回部得胜图》版画进度落后的询问，"迄今已阅二载有余，何以尚未办竣？"[11] 同时的命令与催促应非巧合，因为张廷彦与贾全一轴一册的配对组合，与《平定准噶尔回部得胜图》紫光阁大轴与彩图小册的搭配一致，很可能乾隆也打算比照平定新疆同样的纪念武勋方式，制作悬挂的大幅、彩图小幅，以及小幅转刻的铜版画，故而询问《平定准噶尔回部得胜图》版画何时能够竣工，以便同步处理。的确，贾全《平定乌什图册》的尺寸与《平定准噶尔回部得胜图》的彩幅十分接近，前者纵一尺七寸、横二尺八寸五分，后者则是纵长同、横宽少五分。[12] 其他之后的《平定两金川得胜图》（图6-1）、《平定台湾得胜图》、《平定安南得胜图》、《平定廓尔喀得胜图》等系列的彩图尺寸也都是纵一尺七寸、横二尺八寸左右。[13] 乾隆诸臣在《平定乌什图册》的题跋也说"是图也，固当与伊犁战图，并垂策府"。[14] 不过乌什战役规模有限，贾全的册页也仅绘单幅设色画，也许原也有补充《平定准噶尔回部得胜图》之意。或许乾隆原来计划延续《平定准噶尔回部得胜图》的模式来添制《平定乌什图册》，但《平定准噶尔回部得胜图》铜版画离完成还差距甚远，只能作罢；连带的也并未将张廷彦的《平定乌什图》轴悬挂于紫光阁。[15]

如果乾隆在平定乌什战图绘制时还对比照《平定准噶尔回部得胜图》的模式有所期待，铜版画的一再延宕不免令人心灰意冷。乾隆三十五年的苗寨滋事，乾隆甚至回归旧有的仪式图

图 6-1　徐扬《平定两金川得胜图》之《收复小金川》册页　绢本　设色　55.5 厘米 ×91.1 厘米
北京故宫博物院藏
资料来源：聂崇正主编《清代宫廷绘画》，第 260 页。

式，命钱维城制作《苗寨图》卷，以"图苗境山川扼寨"图绘"党堆寨逆苗香要滋事"，[16] 沿用了先前《平定准噶尔图》卷、《平定伊犁图》和《圣谟广运图》卷标注地名的方式。[17] 虽然不排除此事规模不大，乾隆也不打算大肆宣扬的可能，但是此后再无回到以仪式图卷描绘战事的做法，[18] 或可说明初期一再制作的仪式图卷不再是其属意的武勋图式。

不过对于稍后爆发的金川之战，乾隆则决意比照平定新疆同样的纪念武勋方式，包括悬挂于紫光阁的大图、彩图小幅，以及小图转刻的铜版画。前二者的制作属经常委托院画家制作贴落和册页的工作类型，并不困难，待胜战后再摹拟平定新疆的做法即可。的确，乾隆四十一年二月大金川索诺木出降，"三月初五日，首领董经交御笔宣纸战图纪西师事字一开，徐扬、宣纸画战图十六开"，[19] 很可能是命徐扬依照以前制作的《平定准噶尔回部得胜图》纸本绘制《平定金川得胜图》；[20] 翌年三月十九日即有"着艾启蒙照徐扬画平定金川得胜图十六张起稿呈览"的记录，[21] 可知一年内徐扬就完成了宣纸战图册。不过虽然大幅战图的绘制并非问题，但紫光阁已经挂满纪念平定准回的文字与图像，为了悬挂平定金川的图绘，必须先扩展建筑。乾隆四十年在紫光阁宴请外藩时，就"拟于阁外展接前庑，以备绘图纪绩"，翌年的筵宴大约已经准备完成，就等胜战后绘制张挂，"今征剿金川，集勋在即，而自进攻促浸以来，摧坚夺隘，战绩尤多，拟添绘新图纪盛。预展前楹以待，当于凯旋时张之"，[22] 可见乾隆对金川战役武勋图像的计划，在战争进行之时就已经开始。

如果紫光阁大画需要先拓展建物，铜版画的制作更是必须事前详尽规划。《平定准噶尔回部得胜图》版画一再拖延，乾隆想必十分担心清宫自行制作可能遇到的问题，虽然造办处当时正在制作铜版《乾隆内府舆图》而对相关事务略有经验，但战图的复杂度远高于舆图，从档案中可见乾隆要求内务府从法国《平定准噶尔回部得胜图》的铜版学习刻版印刷的经验。乾隆三十六年十月上谕宣示用兵小金川之意，[23] 不久后就有他再度催促《平定准噶尔回部得胜图》版画进度的记录，"乾隆三十六年十一月十九日，着问德魁因如此迟滞，并令催办"。[24] 随着战事的发展，乾隆除了一再要求尽快完成印图外，还十分关切铜版是否送抵宫中，"乾隆四十年闰十月十六日，问德魁，外洋现刻所少得胜图铜板为何不见送来"，[25] 主要的原因应该是要让造办处试印效果，为之后清宫自行制作平定金川铜版画做准备。从档案记录乾隆三十六年"十二月二十日……将图交启祥宫归入先前送到之图一事收贮，其铜板四块着造办处刷印铜板图之人，刷印呈览……十二月二十二日……图交启祥宫归入先收图一处，铜板三块归入刷印铜板一处"、[26]"乾隆三十八年五月初三日，送到铜板七块，每样压印图十张，内每样各得好图二张，不真图八张"，[27] 显示与直接收贮的铜版画的不同，铜版送达宫中后，很可能随即交由当时已经在处理《乾隆内府舆图》铜版印刷相关作业的"刷印铜板一处"尝试印刷，[28] 一开始压印十张只得两件成品。不久后，"铜板处"正式出现在活计档中，[29]"乾隆四十年十一月，铜板处，十七日太监胡世杰传旨，着金（辉）照粤海关送到得胜图铜板样，在京内雇觅好手匠役刊刻呈览"，[30] 此时的要求已经从以法国铜版试印，进阶到摹刻印刷，"四十一年二月初一日……照粤海关送到得胜画铜板样式，刻得长七寸五分、宽四寸五分铜板一块，随印得纸样三张"，并呈报工作效率，"自十一月十八日起至四十一年二月三十日止，内除放匠每日用画匠四名，刻画匠四名，刻做六十八日，交太监胡世杰口奏"。[31] 翌年起就开始制作平定金川战图的铜版画，"六月初三日如意馆将贺清泰画得攻克美诺得胜图一张呈览，奉旨交金（辉）刻铜版，钦此"。[32] 可见乾隆关切《平定准噶尔回部得胜图》版画进度的原因之一，是让造办处习得刻印铜版的经验，准备日后制作平定金川铜版画。

然而，为什么纪念平定金川战役的武勋图绘，非得比照平定准回之战的图绘配套模式不可？《平定金川得胜图》真的完全模拟《平定准噶尔回部得胜图》吗？

二 《平定金川得胜图》及其后

随着《平定准噶尔回部得胜图》版画制作时间的推进，乾隆朝的政治形势发生变化，西师之战的意义亦有所增益。特别是后起战事纷纷出现，除了前述乌什之变与党堆寨逆苗香要滋事外，还有乾隆三十九（1774）年山东王伦的白莲教动乱、四十六年（1781）兰州回叛、[33] 四十九年（1784）石峰堡回乱等。[34] 乾隆屡屡依其规模与性质，将之与平定准回战争参照，既赋予后来战事在乾隆朝战争序列的定位，也转换了西师之役的意义，并以此来决定武勋纪念的差别。例如，乾隆五十三年（1788）《平定台湾二十功臣像赞》言，"近着剿灭台湾逆贼、生擒林爽文记事语。以为伊犁、回部、金川，三大事，各有端文。王伦、苏四十三、田五，次三事，不足芳其功。若资林爽文之剿灭，介于六者间，虽弗称大事，而亦不为小矣，故其次三讫未纪勋图像……故于紫光阁纪勋图像，一如向三大事之为。然究以一区海滨，数月底绩，故减其百为五十，而朕亲制赞五十者为二十"。[35] 乾隆在此为战事排序，日后发生的动乱事件为"次三事"，平定准部伊犁、回部与金川三役则为"三大事"，更晚的台湾林爽文事件则在此序列的中间。与此位阶配套的是武勋图像，"三大事"皆绘制百幅紫光阁功臣像，其中乾隆亲自为赞五十幅，"次三事"则无，位于之间的林爽文事件则作五十幅功臣图，亲赞者二十。如此分明的序列一则确立了平准回之战的重要地位，另则也通过位阶标示出其他战役与平准回战争的相对关系。平准回之战之所以能被拉抬到所有战役之上，一方面与其颇为成功且开辟了新的疆域有关；另一方面，后期战事规模的缩减与军事进程的不顺利，也是重要因素。虽然平定金川瞻对之战也被列在三大事中，但乾隆亦自言："平伊犁、定回部，其事大矣。然费帑不及三千万，成功不过五年。兹两金川小寇，地不逾五百里，人不满三万众，而费帑至七千万，成功亦迟至五年。"[36] 尽管平定金川之役其实并没有平准回之战那么成功，但是乾隆通过将"伊犁、回部、金川三大事"并称，大大提升了平定金川之战的地位。[37]

226

进一步而言，西师之役不仅具有重要的军事意义，更在乾隆的政绩中占有超群地位。后期的民乱不仅突显出西师的重要，对史家而言反映的更是乾隆朝后期政治转衰的情势，与和珅专政、官吏贪黩、财政虚耗等密切相关。[38] 在国势中衰的情势下，平准回的成功更成为不可多得的当年之勇。无怪乎乾隆于乾隆五十年（1785）云，"予临御五十年，凡举二大事，一曰西师，二曰南巡"，将平准回之战列于个人政绩之首位。[39] 这样来看，莫怪乎纪念平定金川战役的武勋图绘，必须比照平定准回之战的图绘配套模式，《平定金川五十功臣像赞》即言"金川既平定，图功臣像于紫光阁，序而赞之，一依伊犁回部之例"。[40] 不论是百幅紫光阁功臣图，还是收藏在乾清宫的十六张彩图的宣纸册、悬挂于紫光阁的大图，又或者十六幅的

铜版战图，都要一致等同办理，以符合其与平准回并列"三大
事"之头衔。

不过，虽然平金川战争同样绘有大幅战图和小幅彩图册页
及铜版画，[41] 但表现的内容与选择的题材并未完全模仿平准回
的武勋图绘。首先，以小幅册页来说，相较于《平定准噶尔回
部得胜图》辽阔的远景，《平定金川得胜图》十分强调碉堡建
筑与山势连绵的地理特色。[42] 其次，除了突出金川之战的特殊
地景外，更值得注意的是战图比重的增加。虽然紫光阁大画已
佚，但根据《国朝宫史续编》的记录，新增的抱厦西壁"绘两
金川全图，圣制将军阿桂奏攻克噶喇依贼巢，红旗报至，喜成
凯诗十首"，[43] 题诗与小幅的第十三图相同，可能与之前平准
回所绘紫光阁大轴和册页小幅的前例类似，应该与小幅一样描
绘阿桂攻下噶喇依的状况。也就是说，唯一选入悬挂于紫光阁
的画轴，是战图而非仪式图。

这种侧重战图的表现，同样可以在《平定金川得胜图》图
册中看到。此图册仅保留最后三幅战争完成后的仪式图，删除
了《平定准噶尔回部得胜图》的三幅战场仪式图，使得战图与
仪式图的比例从 10：6 锐增为 13：3。尽管《平定金川得胜图》
的十三幅战图中偶尔穿插了跪俘面对将领的场景，但与《平定
准噶尔回部得胜图》突出个别仪式特殊性的做法不同，很类似
明代以来的格套；并经常与清军的帐幕并置，所在位置从前景
到远景不一，这是套用既有母题的格式化表现。可以说不论大
画或册页都以战图为中心，仪式图的地位显然大幅下降。

同样的，之后的铜版画系列《平定台湾得胜图》、《平定
安南得胜图》、《平定廓尔喀得胜图》，[44] 延续了战图为主、仪
式图为辅的新趋势（见表 6-1）。后续的铜版画系列均未将战
场仪式图独立成幅，仪式的场景亦只是组成战图的元素之一。
尤有甚者，战后首都仪式图删减到仅余最后劳师的凯旋赐宴，
虽然这与乾隆认为后来的战役较不重要而未举行献俘和郊劳有
关，[45] 但也使得战图的比例愈益增高。这些铜版画的系列战图

都承袭了《平定准噶尔回部得胜图》战图所表现的重点，虽然学界多评论后续的铜版画系列经常挪用《平定准噶尔回部得胜图》的构图和元素，但换个角度来看，其中的多元战争母题，强调将领指挥、军事纪律与敌我分明的叙事表现等，都成为乾隆朝铜版战图的特色。其建构国家军队的威武形象与呈现战争的模式，正是"太祖实录图"、《平定准噶尔回部得胜图》以来清代官方与明朝个人战勋图的区别。

如此对战图的高度重视与划一表现作战的方式，不仅树立了乾隆武勋的清晰形象，可能还有上溯满清开国武功的意义。金川之战进行不久后的十余年间，乾隆进行了一连串重理开国史的活动，包括始修《开国方略》、缮录满文老档等，[46] 其中敕令制作的满洲开国图像，尤其特别强调战争的面向。本书第二章"战争与满洲"所讨论的乾隆朝重绘之"太祖实录图"，不论在乾隆的诗文还是在官方记录如《钦定盛京通志》、《皇朝通志》中，都称作《太祖实录战图》。[47] 虽然"太祖实录图"之中描绘作战场景的比例很高，但绝非全貌，且与以太祖事迹绘成"实录图"的主旨不甚相符，然而乾隆却刻意标为"战图"，突显其军事武功。乾隆下令绘制的另一与满洲开国相关的《盛京、吉林、黑龙江等处标注战迹舆图》（后简称《盛京事迹图》），虽然包括"自长白发祥……建国迁都"等事迹，却也同样在标题突出"战迹"，显示乾隆有意以战争相关图像来形塑开国武功。如此来看，乾隆铜版画系列越趋以"太祖实录图"、《平定准噶尔回部得胜图》以来，描绘多元战争母题，强调将领指挥、军事纪律和敌我分明的战图为核心，容或也呼应了后期同样对开国迄今帝国武功的关切。[48] 或许嘉庆朝编纂的《国朝宫史续编》，其内的《书籍图刻》最为贴切地编排出乾隆的用意，"首列（太祖）实录战图，次纪盛京事迹图，次纪高宗纯皇帝平定伊犁回部、两金川、台湾、安南、廓尔喀、苗疆诸图"，[49] 直接将铜版画系列上接满洲开国战迹，建立了清帝国武功一脉相承的图像世系。

三　帝国武功图像的确立

　　铜版画系列除了登录在官方史录之外，大量印刷制作更是为了陈设与赏赐。目前所见最早使用这批铜版画的记录，是乾隆四十三年（1778）军机处分发五次的赏赐清单。[50] 第一次赏赐的对象有十七人，为乾隆直系子孙、军机大臣与两位平准回功臣；第二次为二十四人，包括复原开国封爵之亲王与其他亲王、各省总督与部分巡抚；第三次三十六人，有阿哥、部院大臣、部分巡抚与八旗将军都统等；第四次共十九人，为平准回之功臣或子弟，以及各部侍郎；第五次则为四位藏书家。[51] 其中的功臣及其子弟均自绘入功臣图的前十六名中，选出参与后期战争且属八旗的。四位藏书家则是编纂四库全书时，进献最多的江浙藏书家。[52] 之后五十一年（1786）还有赏给孔子后代孔宪培的记录，五十三年（1788）赏赐朝鲜、暹罗、琉球、安南和马戛尔尼等。[53] 相较之下，乾隆五十二年描绘圆明园长春园西洋楼的《谐奇趣图》铜版画清单，"赏六、八、十一、十五、十七阿哥，三公主、十公主，绵恩、绵亿、绵惠、绵志、绵勋、绵懿、宜纯阿哥，军机大臣阿桂、和珅、福康安、福长安、王杰、董诰各一份"，[54] 仅有亲近的皇室男女成员与少数大臣，《平定准噶尔回部得胜图》涵盖的对象除了排除皇室女性、增加中央臣官人数外，还包括封疆大臣、功臣、藏书家与使臣，显示两者的意义十分不同。[55]《谐奇趣图》只有特定的观众得以观看乾隆特殊的西洋楼与线法设计，[56]《平定准噶尔回部得胜图》则是值得收藏并流传万世的珍贵版本，[57] 更有向皇室、官员、功臣、使臣乃至于孔子后代宣示帝国武功的用意，尤其颁发代表帝国武勋的战图给文圣的当代传人，可以说呼应了前述康熙以来"遣官告祭先师孔子"、[58]"告成太学"等将文武并列的国家仪典，[59] 再次宣告武功与文教旗鼓相当的价值。

　　得胜图版画除赏赐以外，还分发于各处宫殿、行宫和"各直省督抚衙门及将军都统各处"收贮与陈设。乾隆四十四年分送的宫殿包括盛京、[60] 北京"紫光阁……懋勤殿……造办处舆图房"，行宫包括"浙江杭州行宫、天津柳墅行宫、海宁安澜园、圣园寺、金山寺、天宁寺、江宁行宫、苏州行宫、栖霞行宫、山东灵厓行宫、白鹤全行宫、泉林行宫"。[61] 后来随着铜版画系列的陆续印成，陈设的行宫范围越发扩大，例如乾隆四十九年五月初一日"上谕内阁曰，仿宋板五经，着于直隶赵北口、绛河、山东德州、白鹤泉、泮池、泉林、江南天宁寺、高旻寺、金山、焦山、寄畅园、苏州灵岩山、江宁徐州、柳泉、浙江杭州圣因寺、龙井、安澜园等处，各陈设一部。其平定准噶尔回部、两金川得胜图，亦着一并陈设"。[62] 李欣苇并指出乾隆会要求先调查宫中收藏的数量，若有多余则撤出改分发到他处，不足则补印，使陈设地点同步收藏各套的意图明显。[63] 不过，各套铜版画同步收藏不表示只能收贮于配匣中，除了李欣苇提到的挂屏、手卷、"不挑样"单幅，甚至接画加长画幅等方式外，[64] 另有朱色雕漆的媒材，[65] 显示除了铜版画系列外，陈设做法的多元性。不过就活计档的记录来看，不论赏赐还是陈设，仍是以成套的铜版战图为主。

230

　　然而，对乾隆的"十全武功"来说，铜版战图系列虽然纳入官方典籍，也作陈设与赏赐之用，[66] 却非完整的帝国武功图像，必须与乾清宫所藏彩图册页，以及紫光阁武勋空间展示的大幅战图合而观之。之前已经提到《平定准噶尔回部得胜图》、《平定两金川得胜图》、《平定台湾得胜图》、《平定安南得胜图》、《平定廓尔喀得胜图》的彩图册页尺寸一致，其实这样的尺寸与铜版画的大小也很接近，更不用说彩图与版画描绘的内容十分一致，乾隆与官员的题跋也都一样，可以说彼此互可替代。除了相当于替代品的彩图与铜版画外，紫光阁悬挂的大幅战图应该也是成套的武勋图像之一。本书第四章已经论证《平定准噶尔回部得胜图》铜版画与紫光阁战图的密切关系；

《平定两金川得胜图》也有小幅和大轴，前已述及紫光阁的空间有限，为了悬挂平定金川战图，乾隆特地预先加盖紫光阁前楹。之后的台湾、安南与廓尔喀战图也是如此，"去年一岁之中，台湾、安南两蒇大功，俱令于阁中补绘战图"。[67] 不过虽说是阁内，但应该是指后殿武成殿，如"武成殿用平定安南战图一张，高一丈二尺八寸、宽一丈二尺六寸，用绢画"，[68]"紫光阁后殿西间北墙一样尺寸画大画一张，廓尔喀战图七张会揔全图一张，先起小稿"。[69] 可见《平定准噶尔回部得胜图》、《平定两金川得胜图》、《平定台湾得胜图》、《平定安南得胜图》、《平定廓尔喀得胜图》铜版画，也都制作了大幅战图。尤其值得注意的是活计档中的一则下令绘制廓尔喀大轴战图与小幅册页的记录。后者小幅册页的稿本既是《石渠宝笈续编》所载、收贮于乾清宫的《平定廓尔喀得胜图》彩图纸本之底稿，那么应该也供雕刻铜版线描稿的"清样"参考，[70] 刻印成《平定廓尔喀得胜图》铜版画；再加上前者的大轴战图，可以说三者都是成套帝国武功图像的一部分。大图、彩图与铜版画因材质、尺寸、数量的不同，分别有紫光阁展示、收贮乾清宫，以及赏赐与陈设的不同功能。

　　类似区分不同功能的做法，在紫光阁内另一类重要的陈列品——乾隆御制诗上也可以看到。乾隆二十八年，地方上的总督、巡抚收到赏赐的"紫光阁碑文墨拓"三十三张，[71] 应该就是《国朝宫史》所载紫光阁"左右两庑间，石刻御制自乙亥军兴以来讫己卯成功诗二百二十四首"的拓本。[72] 乾隆显然有意让地方官臣目睹紫光阁的武勋展示，已经刻石的御制诗文通过墨拓复制分发，大幅战图则转以铜版画的方式赏赐陈设。

　　如此看来，虽然每次战役制作的紫光阁战图与小幅得胜图数量不同，但帝国武功图像的成立有赖于两者的相辅相成。大幅战图的作用是于帝国武勋空间所在的紫光阁展示，小幅得胜图则是复制紫光阁的展示，使其能够在其他空间陈设与收贮。如此展示与复制的概念是从平定准回之战时发展出来的，从前述乾隆二十五年"着郎世宁画伊犁人民投降、追取霍集占首级、黑水河打仗、阿尔楚尔打仗、献俘、郊劳、丰泽园筵宴七张绢画"于紫光阁，[73]之后二十七年（1762）郎世宁起得胜图小稿十六张，约莫即是上述"紫光阁碑文墨拓"的制作时间，都是为了复制紫光阁的展示。此后很可能就是大轴与小幅一起进行，至少上述廓尔喀的例子"紫光阁后殿西间北墙一样尺寸画大画一张，廓尔喀战图七张会摁全图一张，先起小稿"即是如此。[74]值得注意的是，虽然"紫光阁碑文墨拓"完全复写了乾隆的御制诗，但对大幅战图的复制则非亦步亦趋，而是跳出紫光阁空间的限制，以小幅册页的形式呈现更为全面的武勋图像。朱珪即言，金川战后，乾隆"命将军等择其地最险而功最多者分绘呈进，诏画院绘为大图，张之紫光阁壁，并令各自为图凡十六帧"，[75]乾隆亦言"昨岁展拓前楹以备绘金川战绩，命将军等具稿以进，择其事最大战最伟者绘之"，[76]可见小幅比大轴更为完整。前已述及《平定准噶尔回部得胜图》铜版画提高战图的比例，并提升仪式图结构全套战勋图的作用，之后的大幅战图受限于空间仅制作一图，紫光阁也不再将御制诗刻石，而铜版画既有乾隆题诗，也描绘更多作战场面和首都仪式图，使其转换出较紫光阁更为完整的武勋展示。

相对的，虽然乾隆号称修建紫光阁是为了"嘉在事诸臣之迹"，但百幅平定准回功臣像并未受到与御制诗及战图对等的重视与传布，也非武勋图像的标准配套之一。虽然乾隆屡屡制作功臣像，"自平西域、定两金川、收台湾、服廓尔喀，凡四次"，分别绘制了百幅、百幅、五十幅、二十幅的功臣图，而有"云台烟阁不足多也"的傲人数量；[77]但不论从紫光阁的有限空间，还是现存绘画多完好如新的状况，都可想见近三百幅的功臣像应非紫光阁的常设展示。而且，如果说武勋纪念必须随着战事的等级而有所区别，但实际调整最多的却是数量剧减的功臣图，而非紫光阁展示的大轴战图，或开数略减的小幅册页。再者，平定安南后援用了前例制作大轴与小幅得胜图，但并未制作功臣像，也可见功臣图对乾隆而言并非不可或缺的武勋图像，紫光阁大轴与小幅册页才是帝国武功图像最核心的要素。

在紫光阁大轴与小幅册页共同组成的完整帝国武功图像中，由于后续的紫光阁大轴均为战图，战图的地位如前所述越发重要；不过在小幅册页中，仪式图仍是不可或缺的一环，这是因为帝国仪式本身昭显了战役的重要性。金川之后虽然未举行献俘、郊劳而仅有凯宴仪式，但凯宴仍是具备相当规模与等级的战事才会举行的仪典。一旦没有举行凯宴，也就不会制作紫光阁大轴和小幅册页的完整武功图像。例如，"十全武功"之后的平定苗疆与种苗均无举行凯宴，是故《平定苗疆得胜图》与《平定种苗得胜图》铜版画皆无仪式图，也没有绘制紫光阁大轴。[78] 不过，换个角度来看，《平定苗疆得胜图》与《平定种苗得胜图》全由战图组成，显示至此乾隆已经完全跳出长久以来战勋图绘与帝国军礼紧密联结的框架，与紫光阁脱钩的同时，战图也在其武勋纪念图像中有了独当一面的地位。

小　结

乾隆的战勋图像一方面强化了其所强调的特定军事典仪，另一方面也与这些典仪一起成为帝国武勋纪念方式中位阶很高的一环。虽然未曾亲征的乾隆于最早制作的战勋图《初定金川出师奏凯图》特别突显命将出征和凯旋典礼，但之后平定准回的大举成功，容或促使乾隆将重心改为凯旋典礼，不但亲自郊劳，还增加献俘。同样的，《平定准噶尔回部得胜图》也无命将出征的典礼，而全为凯旋礼。而前述平准回的典范效应，使得后来的战役依规模与重要性比照办理，之后举行凯旋典礼的金川、台湾、安南、廓尔喀战役，也都绘有武勋图像。李欣苇曾推测铜版画的制作与否可能直接反映了乾隆对战役的重视程度，并认为每次完成后陈设与赏赐的同步，形成了战功精选辑，再加上外交成功的缅甸，即成两次平准、一次平回、两次金川、一次台湾、一次缅甸、一次安南、一次廓尔喀的"十全武功"。[79] 但从以上的讨论可知，铜版画一是与紫光阁展示大轴搭配成组的帝国武功图像，二是与战后的凯旋典礼密不可分，或应合而观之；不过，武勋图像的一再制作，的确为乾隆惯以数字总结自身事迹的癖好铺路，[80] 有助于形塑出最后的"十全武功"。从阿桂、和珅等在《平定廓尔喀得胜图》的题跋来看，"恭惟临御以来，为战图凡五，而告成功者九。方兹海宇乂安，圣训持盈，刻刻以黩武为戒。向令边外远番，稍习王化，光天煮冒，必不肯加之师旅。而乃天夺其魄，自作不靖，用张挞伐之威，以成十全大武之盛"，[81] 乾隆的臣子的确清楚意识到战勋图像与"十全武功"的关联。虽然相对于其他成为仪典的战勋纪念方式，如前述康熙朝新创的告成太学战碑与宣付史馆方略、雍正率先施行的献俘，以及乾隆下旨议叙入礼的堂子行礼和郊劳等，战争图像并未正式纳入军礼之中，但在乾隆新建构的武勋表述中，其与相关典礼无疑占有可相比拟的重要地位。

不过，虽然上述军礼与武勋图像的关系十分密切，仪式图也始终在战勋图像中占有一定的位置，但乾隆朝的武勋图像逐渐发展出以战图为中心的紫光阁大轴与小幅册页配对。最初铜版战图的延宕、后期战事与政治情势的变化、上溯满清开国武功、展示与陈设的不同功能等多种因素，促成了帝国武功图像的确立。经历了从回疆战争到乾隆后期的漫长历程，展现丰富作战细节，强调将领指挥、军事纪律与敌我分明的独特武勋图像终于建立，并有展示于紫光阁的大轴战图配合，战勋图像于是乎成为帝国武勋纪念不可或缺的一环，更是之后晚清宫廷战图祖述的范式。

表 6-1 乾隆朝铜版战图系列

《平定准噶尔回部得胜图》	《平定金川得胜图》	《平定台湾得胜图》
1.《平定伊犁受降》	1.《收复小金川》	1.《大埔林之战》
2.《格登鄂拉斫营》	2.《攻克喇穆及日则丫口》	2.《进攻斗六门》
3.《鄂垒扎拉图之战》	3.《攻克罗博瓦山碉》	3.《攻克斗六门》
4.《库陇葵之战》	4.《攻克宜喜达尔图山梁》	4.《攻克大里杙贼巢》
5.《和落霍澌之捷》	5.《攻克日旁一带》	5.《攻剿小半天山》
6.《乌什酋长献城降》	6.《攻克康萨尔山梁》	6.《枯寨之战》
7.《通古斯鲁克之战》	7.《攻克木思工噶克丫口》	7.《生擒逆首林爽文》
8.《黑水围解》	8.《攻克宜喜甲索等处碉卡》	8.《集集埔之战》
9.《呼尔满大捷》	9.《攻克石真噶贼碉》	9.《大武垄之战》
10.《阿尔楚尔之战》	10.《攻克蒈则大海昆色尔山梁并拉枯喇嘛寺等处》	10.《生擒庄大田》
11.《伊西尔库尔淖尔之战》	11.《攻克贼巢》	11.《渡海凯旋》
12.《霍斯库鲁克之战》	12.《攻克科布曲索隆古山梁等处明寨》	12.《凯旋赐宴》
13.《拔达山汗纳款》	13.《攻克噶喇依报捷》	
14.《平定回部献俘》	14.《郊台迎劳将军阿桂凯旋》	
15.《郊劳回部成功诸将》	15.《午门受俘》	
16.《凯宴成功诸将士》	16《紫光阁凯宴成功诸将士》	

《平定安南得胜图》	《平定廓尔喀得胜图》	《平定苗疆得胜图》	《平定种苗得胜图》
1.《嘉观诃泸之战》	1.《攻克擦木》	1.《兴师图》	1.《剿捕种苗南笼围解》
2.《三异柱右之战》	2.《攻克玛噶尔辖尔甲》	2.《剿捕秀山苗匪》	2.《攻克洞洒当丈贼巢》
3.《寿昌江之战》	3.《攻克济陇》	3.《攻檞木山》	3.《攻克北乡巴林贼巢》
4.《市球江之战》	4.《攻克热索桥》	4.《攻解松桃之围》	4.《剿净种苗余党》
5.《富良江之战》	5.《攻克协布噜》	5.《大剿土空寨苗匪解永绥城围》	
6.《阮惠遣侄阮光显入觐赐宴》	6.《攻克东觉山》	6.《攻克兰草坪滚牛坡》	
	7.《攻克帕朗古》	7.《攻克黄瓜寨巢贼》	
	8.《廓尔喀陪臣至京》	8.《攻克苏麻寨》	
		9.《攻得茶它柳夯等处贼巢》	
		10.《攻克高多寨生擒逆首吴半生》	
		11.《攻克廖家冲生擒首逆石三保》	
		12.《收复干州》	
		13.《攻克强虎哨》	
		14.《攻克平陇贼巢》	
		15.《捷来图》	
		16.《攻克石隆苗寨》	

注 释

1 清高宗《御制文集·三集》卷八《十全记》，收入《景印文渊阁四库全书》第 1301 册，台湾商务印书馆，1983 年据台北故宫博物院藏本影印，第 622 页；庄吉发：《清高宗十全武功研究》，台北故宫博物院，1982。

2 张晓光：《清代铜版战功图全编》，学苑出版社，2003；卢雪燕：《镂铜铸胜——院藏清宫得胜图铜版画》，《故宫文物月刊》第 293 期，2007 年，第 40~51 页；高田时雄解说《铜版画複製乾隆得勝圖》全 7 种 80 枚，临川书店，2009~2012。

3 例如"奉旨查所有造过战图铜板俱系何处……查得平定西域战图铜板一分计十六块，压印过二百四十七分，各处陈设一百三十八分，赏用一百九分。金川战图铜板一分计十六块，压印过二百二十分，各处陈设一百三十八分，赏用八十二分。台湾战图铜板一分计十二块，压印过二百分，各处陈设一百十九分，赏用八十一分。安南战图铜板一分计六块，已刻得五块……得时压印二百分。廓尔喀战图铜板一分计八块……"。中国第一历史档案馆、香港中文大学文物馆合编《清宫内务府造办处档案总汇》第 50 册，乾隆五十三年十月记事录，人民出版社，2005，第 659~666 页。

4 庆桂等编纂《国朝宫史续编》卷九十七《书籍二十三·图刻一》，左步青校点，北京古籍出版社，1994，第 956~966 页。

5 李欣苇：《清宫铜版画战图创生：从〈平定准噶尔回部得胜图〉到〈台湾战图〉》，硕士学位论文，台湾大学艺术史研究所，2012，第 39~48 页。

6 李欣苇：《清宫铜版画战图创生》，第 56~71 页。

7 如中国第一历史档案馆《乾隆年间法国代制得胜图铜版画史料》，《历史档案》2002 年第 1 期，第 5~14 页。

8 蒋友仁于北京重印两百套，且据称乾隆五十年又重制。参见庄吉发《清代乾隆年间的铜版得胜图》，收入氏著《清高宗十全武功研究》，第 528 页。目前流传有两种版本：第一种题诗在另外的木板印刷册页上，加上序跋共三十四叶；第二种题诗直接位于画面上方，加上序跋共十八叶。后者应是法国将铜版运送回北京后，中国重新印刷的版本。参见鸟山喜一《乾隆時代の戰爭画に就いて——御題平定伊犁回部全圖お主さいて》，《朝鮮》281，1938 年 10 月，第 146~147 页。

9 李欣苇：《清宫铜版画战图创生》，第 16~23 页。

10　张照等纂修《秘殿珠林石渠宝笈·续编》，收入《秘殿珠林·石渠宝笈合编》，上海书店出版社，1988，第790、812~816页。

11　乾隆三十三年七月二十六日《着李侍尧查明得胜图现在法国曾否刊刻完缴事上谕》，转引自中国第一历史档案馆《乾隆年间法国代制得胜图铜版画史料》，第9页。

12　张照等纂修《秘殿珠林石渠宝笈·续编》，第812页。

13　张照等纂修《秘殿珠林石渠宝笈·续编》，第816、822、827、837页。甚至乾隆五十五年为《平定伊犁回部战图》、《平定两金川战图》、《平定台湾战图》册页加裱卷首御笔大字时，也一并为《平定乌什战图》册页加上御笔而成为同样的装裱形式。中国第一历史档案馆、香港中文大学文物馆合编《清宫内务府造办处档案总汇》第52册，乾隆五十五年十一月十七日如意馆，第33页。

14　张照等纂修《秘殿珠林石渠宝笈·续编》，第816页。

15　《国朝宫史》等均无悬挂于紫光阁的相关记录，而且《平定乌什图》轴的尺寸为纵二尺九寸、横三尺六寸五分，与可能是紫光阁战勋图的德国汉堡民俗博物馆半幅巨轴《呼尔满大捷战图》相比也小了很多。

16　张照等纂修《秘殿珠林石渠宝笈·续编》，第743页。

17　钱维城的《平定准噶尔图》卷有两本，图版见故宫博物院编《〈故宫博物院藏〉清代宫廷绘画》（文物出版社，1992，第218页）与《中国国家博物馆馆藏文物研究丛书·绘画卷·历史画》（上海古籍出版社，2006，第162~177页）。著录见张照等纂修《秘殿珠林石渠宝笈·续编》，第741~742页。另外，《秘殿珠林石渠宝笈·续编三编》著录"蒋溥画高宗纯皇帝平定准噶尔图并书御制文一卷"也是绘"边邮险隘、禁旅赳桓、回部投诚、军门受款状"，并"分段小楷标识"地名；而《秘殿珠林石渠宝笈·续编》著录钱维城《圣谟广运图卷》亦是"画平定回部军营景，间标地名"，并提到"前岁画平定伊犁图"，或许亦是类似的做法。见英和等纂修《秘殿珠林石渠宝笈·三编》，收入《秘殿珠林·石渠宝笈合编》，第2280页；张照等纂修《秘殿珠林石渠宝笈·续编》，第735~739页。

18　唯一的例外是弘旿所作《红旗三捷图》卷"设色画大军攻克金川勒乌围噶喇伊红旗报捷景"，但由于弘旿的皇室身份与词臣或院画家不同，他所绘制的作品应非皇帝直接授意，其跋亦云乾隆驻跸桃花寺行宫时收到捷报书凯歌十首，弘旿"既闻大捷，复得快睹鸿篇，忭舞钦欣，不能自已"，是在如此较亲近的状态下绘图。张照等纂修《秘殿珠林石渠宝笈·续编》，第572页。

19　翁连溪编《清内府刻书档案史料汇编》，广陵出版社，2007，第232页。

20　关于徐扬平定金川彩图小幅册页的研究，参见庄心俞《清代宫廷画家徐扬笔下之乾隆武功》，硕士学位论文，台湾中央大学艺术学研究所，2014，第49~83页。

21　中国第一历史档案馆、香港中文大学文物馆合编《清宫内务府造办处档案总汇》第40册，乾隆四十二年三月二十九日如意馆，第265页。

22　于敏中等编纂《日下旧闻考》卷二十四《国朝宫室·西苑四》，北京古籍出版社，1981，第342页。

23　庄吉发:《清代乾隆年间的铜版得胜图》，第527页。

24　中国第一历史档案馆、香港中文大学文物馆合编《清宫内务府造办处档案总汇》第33册，乾隆三十五年十月记事录，第485页。

25　翁连溪编《清内府刻书档案史料汇编》，第219页。

26　翁连溪编《清内府刻书档案史料汇编》，第140页；中国第一历史档案馆、香港中文大学文物馆合编《清宫内务府造办处档案总汇》第33册，乾隆三十五年十月记事录，第487页。

27　翁连溪编《清内府刻书档案史料汇编》，第168页；中国第一历史档案馆、香港中文大学文物馆合编《清宫内务府造办处档案总汇》第33册，乾隆三十五年十一月记事录，第489页。

28　关于乾隆《内府舆图》的制作，参见薛月爱《康熙〈皇舆全览图〉与乾隆〈内府舆图〉绘制情况对比研究——以东北地区为例》，《哈尔滨学院学报》2008年第10期，第102~126页。

29　李欣苇:《清宫铜版画战图创生》，第39页。

30　中国第一历史档案馆、香港中文大学文物馆合编《清宫内务府造办处档案总汇》第38册，乾隆四十年十一月十七日铜板处，第280页。

31　中国第一历史档案馆、香港中文大学文物馆合编《清宫内务府造办处档案总汇》第38册，乾隆四十年十一月十七日铜板处，第280页。

32　翁连溪编《清内府刻书档案史料汇编》，第243页。

33　李天鸣:《院藏清代"作战态势图"与战史研究——以苏四十三之役为例》，《故宫学术季刊》第20卷第3期，2003年3月，第133~183页。

239

34　李天鸣：《石峰堡之战和石峰堡战图》，《故宫学术季刊》第27卷第1期，2009年9月，第139~177页。

35　张照等纂修《秘殿珠林石渠宝笈·续编》，第3678页。

36　张照等纂修《秘殿珠林石渠宝笈·续编》，第3399页。另参见戴逸、华立《一场得不偿失的战争——论乾隆朝金川之役》，《历史研究》1993年第3期，第53~64页。

37　或是以命令皇子书《平定金川、准噶尔、回部、两金川四次御制告成太学碑文》等方式将之相提并论，张照等纂修《秘殿珠林石渠宝笈·续编》，第3395~3400页。

38　萧一山：《清代通史》，台湾商务印书馆，1962，第209~254页；Mark C. Elliott, *Emperor Qianlong: Son of Heaven, Man of the World* (Upper Saddle River, New Jersey: Pearson Longman, Inc., 2009), 143-161。

39　高晋等初编，萨载等续编，阿桂等合编《钦定南巡盛典》卷首上《御制南巡记》，收入《景印文渊阁四库全书》第658册，第1页。

40　于敏中等编纂《日下旧闻考》卷二十四《国朝宫室·西苑四》，第332页。

41　值得注意的是，不论李欣苇或庄心俞都注意到平定金川彩图小幅和铜版画的差别。李欣苇更指出由于此为乾隆朝第一次尝试在清宫制作铜版画战图，铜版作为达到乾隆的要求，最后制作铜版所需的线描稿（即档案中所谓的"清样"）时，主要参考的并不是如意馆画作所绘制的彩图，却是《平定准噶尔回部得胜图》铜版画；到了制作《平定台湾得胜图》铜版画时，大多的清样更是直接由铜版作负责，彩图更是配合铜版画的需求来构图，如此以节省制作时间，之后的战图系列也是沿用此模式。李欣苇：《清宫铜版画战图创生》，第31~34页；庄心俞：《清代官廷画家徐扬笔下之乾隆武功》，第79~82页。

42　庄心俞认为徐扬的绘画册页对于金川河的强调，远高于《平定金川得胜图》铜版画的表现。参见庄心俞《清代官廷画家徐扬笔下之乾隆武功》，第79~81页。不过不论是徐扬画册还是《平定金川得胜图》铜版画，都表现出崎岖的四川地理特色，只是程度有别。

43　庆桂等编纂《国朝宫史续编》卷六十五《官殿十五·西苑四》，左步青校点，第581页。《日下旧闻考》亦载"东西廊壁，恭悬御制平定两金川告成太学碑文，及两金川全图，并御制报捷凯歌十首"。于敏中等编纂《日下旧闻考》卷二十四《国朝宫室·西苑四》，第327页。

44　图版参见青木茂、小林宏光《中国の洋風画展——明末から清時代までの絵画·版画·挿絵本》，町田市立国际版画美术馆，1995，第289~322页；

高田时雄解说《铜版画複製乾隆得勝圖》全 7 种 80 枚。

45 例如"自庚辰岁兆惠平定回部凯旋，始创行郊劳之礼。迨丙申阿桂平定两金川凯旋，遂踵行之……至近年平定台湾，虽亦擒获逆首，然究系内地奸民，而缅甸安南相继归降，均与回部金川迥异，是以概未举行"。清高宗御制，董诰等奉撰《御制诗集·五集》卷八十七《郊台》，收入《景印文渊阁四库全书》第 1311 册，第 309 页。

46 乔治忠:《论乾隆年间对开国史的重理》，收入氏著《清朝官方史学研究》，文津出版社，1994，第 255~295 页。另参见 Pamala Kyle Crossley, *A Translucent Mirror: History and Identity in Qing Imperial Ideology* (Berkeley: University of California Press,1999), 281-336；马雅贞:《战争图像与乾隆朝（1736~95）对帝国武功之建构: 以〈平定准部回部得胜图〉为中心》，硕士学位论文，台湾大学艺术史研究所，2000。

47 清高宗御制，董诰等奉撰《御制诗集·四集》卷七十七《敬题重绘太祖实录战图八韵》，收入《景印文渊阁四库全书》第 1308 册，第 550 页；清高宗御制，董诰等奉撰《御制诗集·五集》卷二十七《古今体二十五首·开国方略书成联句》，收入《景印文渊阁四库全书》第 1311 册，第 15 页；卷九十三《古今体二十九首·洪范九五福之五曰考终命联句》，收入《景印文渊阁四库全书》第 1311 册，第 405 页；阿桂、刘谨之等奉敕撰《钦定盛京通志》卷十五《诗·敬题重绘太祖实录战图诗》，收入《景印文渊阁四库全书》第 501 册，第 289 页；清高宗敕撰《钦定皇朝通志》卷一百一十三《图谱略·一》，收入《景印文渊阁四库全书》第 645 册，第 517 页。

48 从这个角度看，乾隆最初预期《平定准噶尔回部得胜图》的具体作用，因其在法国制作的延宕，而难以追想还原；多年后其在平定金川之际终于全数送达北京，却也衍生出后期政治情势下的新意义。关于艺术品移动所产生效应的讨论，参见 Jennifer L. Roberts, *Transporting Visions: The Movement of Image in Early America* (Berkeley: University of California Press, 2014)。

49 庆桂等编纂《国朝官史续编》卷九十七《书籍二十三·图刻一》，左步青校点，第 956 页。

50 庄吉发:《清代乾隆年间的铜版得胜图》，第 527~528 页。另外，乾隆四十四年活计档亦有赏赐的记录，部分获赏名单与此清单重复。翁连溪编《清内府刻书档案史料汇编》，第 277~278 页。

51 乾隆三十九年（1774）赏《古今图书集成》各一部、《平定伊犁战图》一册，五十二年（1787）赐《小金川战图》一册。闽尔昌纂《碑传集补》，收入周骏富辑《清代传记丛刊》第 122 册，明文书局，1985，第 790 页。

52 萧一山:《清代通史》,第 51 页。

53 《朝鲜史》第 5 编第 10 卷,第 620 页,转引自鸟山喜一《乾隆時代の戰爭画に就いて》,第 147 页;李欣苇:《清宫铜版画战图创生》,第 52~53 页。

54 中国第一历史档案馆编《圆明园》下编,上海古籍出版社,1991,第 1565~1566 页。关于此套铜版画的研究,参见 Kristina R. Kleutghen, The Qianlong Emperor's Perspective: Illusionistic Painting in Eighteenth-Century China (Ph. D. diss., Harvard University, 2010), Chapter Four; Kristina R. Kleutghen, "Staging Europe: Theatricality and Painting at the Chinese Imperial Court," *Studies in Eighteent-Century Culture* 42 (2012): 81-102。

55 李欣苇也指出一开始《谐奇趣图》的版画与战图放在同匣中,后来将之撤出另外配匣,改将五套战图(回部、金川、台湾、安南、廓尔喀)汇为一套。李欣苇:《清宫铜版画战图创生》,第 51 页。

56 Kristina R. Kleutghen, "Staging Europe: Theatricality and Painting at the Chinese Imperial Court," 81-102.

57 薛福成编《天一阁见存书目——附天一阁藏书考》,古亭书屋重印,1960,第 27~32 页。

58 《清实录·圣祖仁皇帝实录》卷一百八十四,康熙三十六年七月,中华书局,1986,第 971 页;梁国治等奉敕编《钦定国子监志》卷三《御制》,收入《景印文渊阁四库全书》第 600 册,第 41 页。

59 昆冈、刘启端等纂修《钦定大清会典事例》卷四百一十一《礼部一二二·军礼一》,收入《续修四库全书》,第 810 册,上海古籍出版社,2002 年据清光绪石印本影印,第 492 页。

60 《盛京典制备考》卷一,转引自鸟山喜一《乾隆時代の戰爭画に就いて》,第 145 页。

61 同本章注 50。

62 高晋等初编,萨载等续编,阿桂等合编《钦定南巡盛典》卷八十一《名胜》,第 298 页。

63 李欣苇:《清宫铜版画战图创生》,第 50~51 页。

64 李欣苇:《清宫铜版画战图创生》,第 51~52 页。

65 http://www.battle-of-qurman.com.cn/e/hist.htm,最后访问日期:2013 年 10 月 30 日;Herbert Butz, *Bilder für die Halle des Purpurglanzes* (Berlin:

Museum für Ostasiatische Kunst, 2003), 63, 66-67.

66　庄吉发:《清代乾隆年间的铜版得胜图》,第527页。

67　庆桂等编纂《国朝宫史续编》卷四十四《典礼三十八·宴赉八》,左步青校点,第347页。

68　中国第一历史档案馆、香港中文大学文物馆合编《清宫内务府造办处档案总汇》第51册,乾隆五十四年十月二十四日如意馆,第512页。

69　中国第一历史档案馆、香港中文大学文物馆合编《清宫内务府造办处档案总汇》第53册,乾隆五十八年四月五日如意馆,第615页。

70　根据李欣苇的研究,《平定金川得胜图》时由如意馆画家负责铜版线描稿"清样",但《平定台湾得胜图》制作过程中就改交铜板作负责,之后的《平定安南得胜图》更是直接由铜版作负责。如此来看,《平定廓尔喀得胜图》应该也是如此。李欣苇:《清宫铜版画战图创生》,第31~34页。

71　台北故宫博物院编《宫中档乾隆朝奏折》第19辑,台北故宫博物院,1982,第563、680、706、708、767、784、789、833页;第20辑,第15、48、114、174页。

72　于敏中等纂《国朝宫史》卷十五《宫殿五·西苑中》,第540页。从《秘殿珠林石渠宝笈·续编》的记录可知,紫光阁刻石的计划是由于敏中负责"编次御制诗篇之有关西师者,恭缮而镌之石"。除了刻石和拓本外,还有于敏中"书石既竟,谨就副本,汇为十册"的《武成纪实》十册。张照等纂修《秘殿珠林石渠宝笈·续编》,第1822~1823页。

73　中国第一历史档案馆、香港中文大学文物馆合编《清宫内务府造办处档案总汇》第25册,乾隆二十五年四月如意馆,第498页。

74　中国第一历史档案馆、香港中文大学文物馆合编《清宫内务府造办处档案总汇》第53册,乾隆五十八年四月五日如意馆,第615页。

75　阿桂等奉敕撰《平定两金川方略》卷首《天章七》,收入《景印文渊阁四库全书》第360册,第63页。

76　于敏中等编纂《日下旧闻考》卷二十四《国朝宫室·西苑四》,第344页。

77　庆桂等编纂《国朝宫史续编》卷六十五《宫殿十五·西苑四》,左步青校点,第585页。

78　虽然同治十三年的《中海各殿座贴落册档》提及武成殿五张战图,但除了安南与廓尔喀战图外其他详情不明,然而《国朝宫史续编》与造办处关于乾隆战图的记录中并无其他战图，或许同治时期所记录的五张中包含乾隆朝之后所制者，如武成殿北墙所贴道光朝"御制平定回疆剿捦逆裔告成太学碑文"。《中海各殿座贴落册档》，收入中国第一历史档案馆编《清代中南海档案》第23册，西苑出版社，2004，第177页。

79　李欣苇：《清宫铜版画战图创生》，第54~55页。

80　除了上述"以为伊犁、回部、金川，三大事……王伦、苏四十三、田五，次三事"外，还有"七德七功"，如《赐凯旋将军福康安参赞海兰察等宴即席成什》所言"西域金川宴紫光，台湾凯席值山庄。敢称七德七功就（予自即位以来，弗敢轻言用兵。然前此平伊犁、定回部、收金川、诛王伦、覃苏四十三、洗田五，及兹俘林爽文而七，要皆不得已而用之。故皆仰邀天鉴俱获成功。若唐太宗之侈陈七德以为已功，则实自恧耳）"等。清高宗御制，董诰等奉撰《御制诗集·五集》卷四十一《赐凯旋将军福康安参赞海兰察等宴即席成什》，收入《景印文渊阁四库全书》第1310册，第271页。

81　张照等纂修《秘殿珠林石渠宝笈·续编》，第839页。

结　论

　　从明代流行的个人勋迹图、皇太极时制作的"太祖实录图"、康熙朝的武勋文化，到乾隆朝逐步建构武勋图像的复杂历程，如此的长期观察既勾勒出明清战勋图从个人事迹到帝国武功的发展轨迹，亦是理解晚期中国艺术与文化不可或缺的取径，更是突破"新清史"与"汉化说"来思考满人何以统治汉人近三百年的新尝试。位处画史与正史的边缘地带的战争图绘，在明清时期的跨界与发展，彰显了过去鲜少受到重视的官员视觉文化之存在，其于清代的变化更突显了清皇权转换汉人精英视觉文化，逐步建立文武双全的皇清文化霸权之意义。

　　明代士人文集所记录的大量官员战勋图像虽然多数并未留存，但其对讨论明清画史与文化史的重要性却不容忽视。明代官员战勋图不再受限于传统皇权描画战图的宫廷政史框架，而成为宦迹图流行的一环。明代战争图像的蓬勃发展不但是官员视觉文化的一部分，更对同时期其他阶层与地区的图绘表现有所影响，如可能是商业作坊制作的"文征明画胡默林平倭图"、朝鲜的《临溟破倭图》、17 世纪上半叶的"太祖实录图"等。

　　尤其值得注意的是，明代宦迹图与为数众多的清宫纪实画之关系。皇太极时制作的"太祖实录图"，可以说就是清宫首次承袭并转换明朝以来宦迹图的大型纪实画计划。原来以官员为主体且通常为民间制作的宦迹图，转变为由官方主导并以清帝国的皇帝事迹为中心；不再归属于宦迹图的范畴，而划分在皇帝实录的类别，主角的身份差别则使其远较明代宦迹图具有更强大的政治宣示意义。康熙朝虽然并无官方战争图像的制作，但是清宫对于描绘皇帝事迹的兴致有增无减。康熙宫廷大规模的视觉计划，不论是十二卷的《康熙南巡图》还是《康熙六旬万寿图卷》，都和宦迹图一样，是以治下的重要事件为题所绘制的纪实画，其所蕴含的意义或因不同的时间脉络而有所差异，但政治重要性不在言下。这些纪实画不仅是康熙帝治下重要事件的图像记录，也可视作明代宦迹图的变形。同样，乾隆皇帝的大量纪实画，也可以在清宫承袭并转换明代宦迹图的角度下获得新的理解。过去因为缺乏明朝以来宦迹图的参照，而难以将清宫纪实画归类。然而一旦从长时段观察，就会发现纪实画的视觉文化并非清宫独有，除了中国传统王权相关的题材如职贡图、祥瑞图之外，更与明代士大夫的宦迹图有密切关系。这些清代大型的宫廷纪实图绘，从帝王立场转换明代以来的宦迹图，成为皇清文化霸权建构的另一例。

    明代宦迹图的流行及其于清代的变化，除了显示从士人的视觉履历转变成宣示清帝王政绩的宫廷图绘记录外，若从近年来学界频频探索的文士雅俗文化来看尤其别具意义。20 世纪 90 年代初柯律格（Craig Clunas）对于晚明消费社会模糊了精英文士与商人巨贾之间文化界线的诠释影响深远，[1] 20 余年来学界了持续讨论消费与雅俗等相关文化议题外，[2] 也对他的理论有所修正。例如石守谦对于文征明《寒林钟馗图》的讨论，就显示文人的雅俗焦虑在晚明消费社会前之 16 世纪就已经存在，精英与大众文化之间的复杂拉锯未必与商人或商业直接相关；[3] 费丝言对于《金陵图咏》和晚明旅游文化的研究，则指出当时的文人除了对外重新界定雅俗的界线外，其内部也逐渐分层化。[4] 如果明代的文士借由微妙地品赏物件、描绘钟馗或论述旅游等，表现出其与商人、大众或庸俗化的文人之不同；那么标榜个人勋迹的图绘以为官宦任的事迹为核心，又何尝不是士人得以强化其精英地位的媒介，只是其主题与媒材如此直接简白，同其所抗衡的平民品味几无二致。精英与大众的界线除了隐晦的雅俗标准外，科考中试与官宦生涯的履历，无疑是更直接的展示。明代宦迹图清晰地宣示士人独特的阶级与身份，也正是从明中期文士雅俗焦虑逐渐白热化之时开始盛行，成为官员视觉文化的重要场域。莫怪乎清宫积极参与其中，收编并宣示皇权的地位。

清宫纪实图绘与明代以来宦迹图的关系，可以进一步加以整合，以思考清帝国不同于历代宫廷艺术的特色及其效应；尤其相对于目前研究较充分的宋代与明代，不少清宫选择的风格与题材都和明代文士的图绘传统（不论是松江画风还是个人勋迹图）密切相关，[5] 而与宋代和明代多以承继前代宫廷画风为主再加以变化的发展路径十分不同。[6] 的确，相较于历代宫廷艺术主要传承过去皇权传统，但几无全面热切地提倡士人文化的态度，盛清皇帝对主流的文士视觉文化，如董其昌书画风格、园林图绘、宦迹图等的收编，都显示满洲皇权对汉人社会精英文化的积极作为。如此现象与文士文化在明代的突出地位密切相关，同时也意味着比起宋明对宫廷艺术的一脉相传，盛清宫廷对于明代文士视觉文化的承袭与转换，并使之与清帝国意象相符的过程，具有更深层的树立皇清文化霸权的作用，也对既有的士大夫视觉文化造成巨大的效应。

从满清皇权收编并转换士大夫视觉文化的角度，我们得以跳出"新清史"与"汉化说"的框架，重新思考何以康熙奠定了满人能够长期统治汉人的基础。除了"新清史"强调的满人主体性和"汉化说"重视的承继汉王权外，康熙收编并转化士大夫文化所建立的皇清文化霸权，对统治汉人社会所发挥的效应，更是不可或缺的关键。尽管皇太极制作的"太祖实录图"，激进地结合汉人皇帝实录传统与士大夫宦迹

图来建构满洲意识，而可能由于极度偏离传统皇权实录体例
的传统，而未能为之后的满洲皇帝所继承；但康熙选择描绘
其治下的重要事件为皇帝独有的《康熙南巡图》与《万寿盛
典初集》，一方面回避了皇太极脱逸皇权传统的失格，另一
方面将中国社会中官僚精英的视觉文化，从文士宦迹图转换
为皇帝的帝国大业图绘，成功地建立了满洲皇帝"文治"的文
化霸权。也因此雍正与乾隆都承续康熙立下的模式，一再制作
描绘其治理事迹的纪实图绘。

然而一直要到乾隆朝的回疆战争，才彻底完成文武兼具
的皇清文化霸权。尽管康熙开创了新的记述武勋模式，包括
新创官修方略，以及创新于文庙／学校竖立战碑，成为之后
清代帝国军礼的一环，将武勋提升到帝国仪典的层次，而为
乾隆所继承；但数百年以来战勋图与个人勋迹的联结，却也
使得不欲强调其个人武功色彩的康熙皇帝，无意于战争相关
图绘的制作。满洲战勋图像与武勋展示等军事文化的极致，
要到了乾隆历时良久的平定回疆过程中才逐步建构而成，并经
由后续战事一再复制同样的模式，建立起战勋图像在帝国武勋
文化中的重要地位。

乾隆承继康熙所完成的、收编汉人士大夫视觉文化所建立
的皇清文化霸权，可以说相当成功地树立其统治威权。康熙之
后，民间宦迹图的制作逐渐衰微；乾隆开始绘制战勋图以后，
康熙时期尚有所发展的个人战勋图也随之隐没；而且除了臣僚
奏谢折中的"罐头掌声"外，未见其他文士的响应或评论。毕
竟当皇帝大举以图像传播其君王事迹与帝国武功时，应该鲜有
官员的宦迹或战勋得以或敢与皇帝的帝国大业相比拟，原来广
泛流行的官员视觉文化也因此逐渐销声匿迹；而士大夫面对其
视觉文化风潮被皇权纪实图像大业收编的现实，除了噤若寒蝉
外恐怕也别无选择。[7] 梅韵秋的研究亦显示当乾隆收编了原属
文人的碑刻文化，挟皇权之优势在江南著名景点立下一座又一
座记录其诗文的碑石、在《南巡盛典》的"名胜图"标记无所

不在的御碑时，不见文人对于乾隆遍土造碑的直接评论。[8] 不过碑刻的传统较久远多元，文士尚可选择悖反的策略——访寻古碑和绘制访碑图系列来回应；[9] 18世纪的个人勋迹图绘则成为满洲皇帝独有的舞台，一直要到清代后期中央的力量逐渐衰蔽后，才开始复苏。[10] 这样的现象，与王汎森最近以"权力的毛细管作用"来比拟盛清文字狱所造成的士人自我压抑、禁书在晚清重新出现的状况十分类似，[11] 应该都是文士面对浩大皇权而选择默然回避、当皇权力量降低时则又复出的结果。不过，也正如官方查毁禁书的力量无法彻底下达一样，皇清文化霸权的视觉文化效应也未能一致。碑石的例子之外，清宫皇苑图绘的效应也与宦迹图不同。清宫皇苑图像亦是收编文士文化的园林图绘并刻版印刷颁赐臣下，虽然同样只见大臣的"罐头掌声"而无其他文士的响应，但并未影响民间继续制作私人园林或想象皇苑的图绘；或许两种与明清士人相关的院画类型——皇帝文治武功的纪实图像与皇苑图绘，分属文人自我形象与公共形象的不同领域，故面对皇权的收编并无相同的隐没效应。[12]

248

这些清宫纪实画有时以收编的正统派风格搬演剧目，有时则参以西洋技法，端看导演的目的为何。以战图来说，对乾隆而言，平定新疆战争的重要性，突显了既有武勋模式的不足：不仅明代的战争画表现无法服膺乾隆所要的效果，其初期传承并发展的康熙以军礼为核心的战勋图也无法展现此役的意义。随着平定回疆战争的进程，清宫逐渐开创出描绘激战场景的崭新战图，其中紫光阁的展演与复制以陈设和赏赐最为重要。紫光阁作为乾隆展示战勋的空间，不但传统的功臣图形式须经转换以呈现将士的武勇，而且要搭配新战图来呈现激烈的战况，在乾隆战争图绘转化的历程中具有重要的角色。然而紫光阁战图仅存半幅残片而原貌难寻，通过后续制作的《平定准噶尔回部得胜图》铜版画，则得以确认乾隆所欲呈现的武功形象与战争场面的表现息息相关。相较于紫光阁战勋图，《平定准噶尔回部得胜图》战图对仪式图的比例逐渐增高,其中战图调整西洋技法与参照法国路易十四时期的铜版战图之后,所形塑出的"事以图详,军容森列"战争样貌,倒与"太祖实录图"的战争母题和叙事表现相当接近,呈现了清晰的军事纪律并建构出国家王师的武功形象。《平定准噶尔回部得胜图》仿若真实的视觉印象固然是由某些西洋技法所形成,但同时也凭借修正透视法等形塑出承袭自清初的特定满洲帝国武功图像。战图的案例显示,若要深入探讨清宫"中西融合"的作品,除了必须对欧洲的来源加以省思外,对其中的中国、满清要素也必须一并重新考虑,才能更全面理解其意义。

如此看来,明代宦迹图与战勋图尽管排除于传统绘画着录的范畴之外,也未有著名画家之作且多挪用既存图绘格套,但其广泛流行的通俗性既反映了明代社会的特质,也改变了中国视觉文化的历史。正如 20 世纪中期的西方商标广告或连环漫画固然非传统定义下的美术,但其于社会的普遍存在既揭示了现代西方的大众文化,也促发了波普艺术的产生,对当今社会的视觉文化有难以磨灭的影响。尽管大半的明代宦迹图与战勋图至今已然未存,但其所彰显的明代文化,以及对之后清宫收编转化的宫廷纪实图绘之影响,显然越发凸显其重要。不论从现代的艺术史与文化史论述,还是对明清当时的意义来看,可说是既属边缘却也具有主流意义,或可称为"边缘的主流"而不容忽视。

最后,明清的战争图像不该再居于中国画史或历史研究的边陲,从其长时段的发展和变化来看,其所牵涉的非但不限于军事战争的课题,还包括明代官员视觉文化的盛行,清宫纪实画、清宫图绘对欧洲绘法的挪用,清代尚武文化,以及满洲作为少数族群何以统治中国的皇清文化霸权等议题,而得以从中一窥其他题材的图绘所难以提供的文化视野。作为晚期中国战争的文化表述之一环,明清的战勋图绘只是一个小小的起点,希冀未来有更多的讨论,让长久以来"尚文轻武"的明清研究,更为均衡与丰富。

注　释

1　Craig Clunas, *Superflous Things: Material Culture and Social Status in Early Modern China* (Urbana, Illinois: University of Illinois Press, 1991).

2　如王鸿泰《雅俗的辩证——明代赏玩文化的流行与士商关系的交错》，《新史学》第 17 卷第 4 期，2006 年 12 月，第 73~143 页；巫仁恕：《明清消费文化研究的新取径与新问题》，《新史学》第 17 卷第 4 期，2006 年 12 月，第 217~253 页。

3　石守谦：《雅俗的焦虑：文征明、钟馗与大众文化》，《台湾大学美术史研究集刊》第 16 期，2004 年，第 307~336 页。

4　Siyen Fei, *Negotiating Urban Space: Urbanization and Late Ming Nanjing* (Cambridge, Mssutusetts: Harvard University Asia Center, 2009).

5　当然藏传佛教等可能对清宫艺术也有很大的影响，参见 Patricia Berger, *Empire of Emptiness: Buddhist Art and Political Authority in Qing China* (Honolulu: University of Hawaii Press, 2003)。

6　关于宋代与明代官廷绘画的研究有很多，台湾的研究回顾参见马雅贞《二十年（1990~2009）来台湾关于中国官廷图绘的研究》，《艺术学研究》第 8 期，2011 年，第 205~242 页。

7　论者或可说由于乾隆官廷制作的战图已经标举了相关将领的功劳，所以官员、下属或其家人不再有自行制作个人战勋图的需要。然而，乾隆铜版画战图虽然印制数量不少，但赏赐清单中将领的数量有限。明代到乾隆以前的个人战勋图主要是官员社交圈互相题跋，以及收藏于家族，尤其明代不乏正史中鲜有记载但自行制作战勋图的例子，个人应该仍有自行制作个人战勋图以供社交互动和家族保存的需要，若非乾隆官廷战勋图的文化霸权效应，个人战勋图的流行容或不会突然中断。梅韵秋举《四库全书总目》对于李同芳《视履类编》、《李贽》等明代官员传记的评论，如"至于著一书以自誉，则自有文籍未之前闻也"、"颇嫌于自誉也"，认为盛清之所以鲜少宦迹录或图，应该和四库馆臣的讥讽所反映的时代氛围有关；或也与本书所论个人勋迹图和乾隆官廷战勋图的消长类似。梅韵秋：《天下名胜的私家化：谈清嘉、道年间自传体纪游图谱的兴起》，中研院历史语言研究所文物图像研究室专题演讲，2015 年 5 月 20 日；永瑢：《四库全书总目》，收入王云五主持《合印四库全书总目提要及四库未收书目禁毁书目》，台湾商务印书馆，1971，第 1403、1405 页。

8 Yun-chiu Mei, The Pictorial Mapping and Imperialization of Epigraphic Landscapes in Eighteenth-Century China (Ph. D. diss., Stanford University, 2008).

9 Yun-chiu Mei, The Pictorial Mapping and Imperialization of Epigraphic Landscapes in Eighteenth-Century China.

10 关于晚清宦迹图，如《中华历史人物别传集》所收就有不少附图的传记。国家图书馆分馆编《中华历史人物别传集》，线装书局，2003。近年来毛文芳对于清初的两个案例有专文讨论，其中除了牵涉明代宦迹图的图绘传统之外，或也可与罗慧琪博士论文所讨论的晚明乔装肖像画潮流互为参照。Hui-chi Lo, Political Advancement and Religious Transcendence: The Yongzheng Emperor's (1678-1735) Development of Portraiture (Ph.D. diss., Stanford University, 2009), 156-166；毛文芳：《顾盼自雄·仰面长啸：清初释大汕（1637~1705）〈行迹图〉及其题辞探论》，《清华学报》第40卷第4期，2010年12月，第789~850页；毛文芳：《一部清代文人的生命图史：〈卞永誉画像〉的观看》，《中正大学中文学术年刊》第15期，2010年6月，第151~210页。不过毛文芳前文第791~792页与后文第153~154页，都提到陈康祺（1840~1890）《郎潜纪闻》所记曾见陈文恭（陈宏谋，1696~1771）于雍正年间抚浙时之"宦迹图"，但此条记录未必可确认陈文恭宦迹图为乾隆时期所作，亦不无可能是晚清作品。无论如何，比起明代文集中的大量条目，清中叶的宦迹图记录十分稀少。

11 王泛森：《权力的毛细管作用：清代的学术、思想与心态》，联经出版公司，2013。

12 马雅贞：《皇苑图绘的新典范：康熙〈御制避暑山庄诗〉的制作及其意义》，《故宫学术季刊》第32卷第2期，2014年12月，第39~80页。

参考书目

一　史料

阿桂、刘谨之等撰《钦定盛京通志》，收入《景印文渊阁四库全书》第 501~503 册，台湾商务印书馆，1983~1986。

阿桂等撰《平定两金川方略》，收入《景印文渊阁四库全书》第 360~361 册。

阿桂等纂修《八旬万寿盛典》，收入《景印文渊阁四库全书》第 660~661 册。

阿克敦：《奉使图》，黄有福、千和淑校注，辽宁民族出版社，1999。

安邦俊：《隐峰全书》，收入《韩国文集丛刊》第 81 册，景仁文化社，1996。

北京图书馆善本部金石组编《北京图书馆藏画像拓本汇编》，书目文献出版社，1993。

贝琼：《清江诗集》，收入《景印文渊阁四库全书》第 1228 册。

边贡：《华泉集》，收入《景印文渊阁四库全书》第 1264 册。

不著撰人：《民抄董宦事实》，收入《丛书集成续编》第 278 册，新文丰出版社，1989 年据又满楼丛书排印本。

不著撰人：《玉茗堂批点皇明开运辑略武功名世英烈传》，台北故宫博物院据明崇祯元年（1628）刊本摄制微片。

蔡潮：《霞山文集》，高桥情报，1990 年据东京内阁文库藏明刊本影印。

陈梦雷:《松鹤山房诗集》，收入《续修四库全书》第 1415 册，上海古籍出版社，2002 年据北京图书馆藏清康熙铜活字印本影印。

陈用光:《太乙舟诗集》，收入《续修四库全书》集部第 1493 册，上海古籍出版社，1995 年据湖北省图书馆藏清咸丰四年（1854）孝友堂刻本影印。

《大清高宗纯皇帝实录》，华文书局，1964。

《大清太祖承天广运圣德神功肇纪立极仁孝武皇帝实录》，收入《续修四库全书》史部第 368 册，上海古籍出版社，1995 年据复旦大学图书馆藏民国二十一年（1932）北平故宫博物院铅印本影印。

《大清太祖高皇帝实录》，中华书局，1964。

《大清文皇帝太宗实录》，华文书局，1969。

邓原岳:《西楼全集》，收入《四库全书存目丛书》集部第 173~174 册，庄严文化事业有限公司，1996 年据福建省图书馆藏明崇祯元年（1628）邓庆寀刻本影印。

丁丙藏、丁仁编《八千卷楼书目》，收入《续修四库全书》第 921 册，上海古籍出版社，2002 年据民国 12 年（1923）钱塘丁氏铅印本影印。

丁廷楗修，赵吉士纂《(康熙)徽州府志》，收入《中国方志丛书》第 237 号，成文出版社，1975 年据清康熙三十八年（1699）刊本影印。

丁启浚著，丁楫辑《平圃诗集》，高桥情报，1991 年据日本内阁文库藏崇祯十四年（1641）刊本影印。

董其昌:《容台集》，收入《四库禁毁书丛刊》集部第 32 册，北京出版社，2000 年据北京大学图书馆藏明崇祯三年（1630）董庭刻本影印本。

鄂海、车鼎晋编《抚苗录》，康熙五十二年序刊本，东洋文库藏。

鄂海、车鼎晋编《抚苗录》，收入《史料七编》，广文出版社，1978 年据中研院藏本影印。

范钦:《天一阁集》，收入《续修四库全书》集部第 1341 册，上海古籍出版社，1995 年据宁波市天一阁博物馆藏明万历刻本影印。

冯时旸、梁天锡、江美中辑撰《安南来威图册》，收入《北京图书馆古籍珍本丛刊》史部杂史类第 10 册，书目文献出版社，1988 年据明隆庆刻本影印。

傅恒等编纂《平定准噶尔方略》，收入《景印文渊阁四库全书》第 358~359 册。

傅恒等编纂《钦定皇舆西域图志》，收入《景印文渊阁四库全书》第 500 册。

高晋等初编，萨载等续编，阿桂等合编《钦定南巡盛典》，收入《景印文渊阁四库全书》第 658~659 册。

葛嗣浵:《爱日吟庐书画续录》，收入《续修四库全书》子部第 1088 册，上海古籍出版社，2002 年据清宣统二年（1910）葛氏刻本影印。

葛韵芬:《重修婺源县志》，收入《中国地方志集成·江西府县志辑》第 27~28 册，江苏古籍出版社，1996 年据民国 14 年（1925）刻本。

公鼐:《问次斋稿》，赵广升点校，中国戏剧出版社，2008。

故宫博物院编《（故宫博物院藏）清代宫廷绘画》，文物出版社，1992。

故宫博物院清代新疆文物展编辑委员会编《故宫博物院清代新疆文物展》，新疆人民出版社，2011。

关嘉录、佟永功、关照宏译《天聪九年档》，天津古籍出版社，1987。

过庭训纂集《明分省人物考·四》，收入周骏富辑《明代传记丛刊》第 132 册，明文书局，1991 年据刊本影印。

国家图书馆分馆编《中华历史人物别传集》，线装书局，2003。

国家图书馆辑《国家图书馆藏历史档案文献丛刊·稿本乾隆机密文书暨奏稿》，全国图书馆文献缩微复制中心，2010。

郭子章撰，郭子仁编《青螺公遗书》，中研院历史语言研究所傅斯年图书馆藏光绪八年（1882）冠朝三乐堂本。

韩经:《恒轩遗稿》，据明正统间刊本拍摄微卷，国家图书馆藏。

韩雍:《襄毅文集》，收入《景印文渊阁四库全书》第 1245 册。

汉语大词典出版社编《中国古代小说版画集成》第 4 册，汉语大词典出版社，2002。

何孟春：《何文简公集》，国家图书馆藏明万历二年永州府同知邵城刊丁亥汤日昭增补本。

何乔远：《镜山全集》，高桥文化，1980 年据日本内阁文库藏崇祯十四年（1641）刊本影印。

何治基撰《（光绪）安徽通志》，收入《中国省志汇编》第 3 册，华文书局，1967 年据清光绪三年（1877）重修本影印。

胡广：《胡文穆公文集》，收入《四库全书存目丛书》集部第 29 册，庄严文化事业有限公司，1996 年上册据复旦大学图书馆藏清乾隆十五（1750）年刻本影印，下册据复旦大学图书馆藏清乾隆十六年（1751）胡张书等刻本影。

黄绾：《久庵先生文选》，据日本尊经阁文库藏明万历刊本影印，汉学研究中心藏。

黄克晦：《吾野诗集》，收入《四库全书存目丛书》集部第 189 册，庄严文化事业有限公司，1996 年据复旦大学图书馆藏清乾隆二十五年（1760）黄隆恩刻本影印。

黄彭年：《陶楼文钞》，收入《续修四库全书》集部第 1552~1553 册，上海古籍出版社，2002 年据复旦大学图书馆藏民国十二年（1923）章钰等刻本影印。

黄虞稷：《千顷堂书目》，收入《丛书集成续编》第 4 册，台北，新文丰出版社，1989 年据适园丛书排印。

黄虞稷：《千顷堂书目》，收入《景印文渊阁四库全书》第 676 册。

焦竑：《焦氏澹园集》，收入《四库禁毁书丛刊》集部第 61 册，北京出版社，2000 年据中国科学院图书馆藏明万历三十四年（1606）刻本影印。

康海：《对山集》，收入《四库全书存目丛书》集部第 52~53 册，庄严文化事业有限公司，1996 年据北京师范大学图书馆藏明嘉靖二十四年（1545）吴孟祺刻本（卷八卷九配钞本）影印。

亢思谦：《慎修堂集》，收入《四库未收书辑刊》五辑第 21 册，北京出版社，1997年据明万历詹思虞刻本影印。

昆冈、刘启端等纂修《钦定大清会典事例》，收入《续修四库全书》第810册，上海古籍出版社，2002年据清光绪石印本影印。

雷礼：《国朝列卿纪》，收入《四库全书存目丛书》史部第92~94册，庄严文化事业有限公司，1996年据山东省图书馆藏明万历徐鉴刻本影印。

雷礼：《皇明大政纪》，收入《四库全书存目丛书》史部第7~8册，庄严文化事业有限公司，1996年据吉林大学图书馆北京大学图书馆藏明万历三十年（1602）秣陵周时泰博古堂刻本影印。

雷思忠辑《王公忠勤录》，曹思彬校正，中研院历史语言研究所傅斯年图书馆藏。

厉鹗：《南宋院画录》，收入《丛书集成续编》第101册，新文丰出版社，1989年据武林掌故丛编本排印。

李濂：《嵩渚文集》，收入《四库全书存目丛书》集部第70~71册，庄严文化事业有限公司，1996年据杭州大学图书馆藏明嘉靖刻本影印。

李东阳：《怀麓堂集》，收入《景印文渊阁四库全书》第1250册。

李堂：《堇山文集》，收入《四库全书存目丛书》集部第44册，庄严文化事业，1996年据北京大学图书馆藏明嘉靖刻本影印。

李廷龟：《月沙集》，收入《韩国文集丛刊》第69册，景仁文化社，1996。

梁国治等编《钦定国子监志》，收入《景印文渊阁四库全书》第600册。

辽宁省档案馆编《满洲实录：满文、汉文》，辽宁教育出版社，2012。

林弼：《林登州集》，收入《景印文渊阁四库全书》第1227册。

林大春：《井丹先生集》，据日本官内厅书陵部藏万历十九年（1591）刊本影印，中研院历史语言研究所傅斯年图书馆藏。

林文俊：《方斋存稿》，收入《景印文渊阁四库全书》第1271册。

刘伯燮：《鹤鸣集》，收入《四库未收书辑刊》伍辑第22册，北京出版社，1997年据明万历十四年（1586）郑懋洵刻本影印。

刘春：《东川刘文简公集》，收入《续修四库全书》集部第
1332册，上海古籍出版社，1995年据北京图书馆藏明嘉靖三十三年
（1554）刘起宗刻本影印。

刘敏宽修纂《（万历）固原州志》，台北故宫博物院藏明万历
四十四年（1616）刊本。

刘锡玄：《巡城录》，国家图书馆藏。

刘昫等撰《旧唐书》，中华书局，1975。

陆心源：《穰梨馆过眼录》，收入《续修四库全书》子部第1087
册，上海古籍出版社，2002年据清光绪十七年（1891）吴兴陆氏家
塾刻本影印。

陆钺：《春雨堂稿》，据日本尊经阁文库藏弘治年间刊本影印，汉
学研究中心藏。

骆徒宇：《澹然斋存稿》，台北中央图书馆，明崇祯十年（1637）
武康骆氏原刊本。

缪荃孙：《云自在龛随笔》，收入《民国笔记小说大观》第2辑，
山西古籍出版社，1996。

闵尔昌纂《碑传集补》，收入周骏富辑《清代传记丛刊》第122
册，明文书局，1985。

《明神宗实录》，中研院历史语言研究所校勘，中研院历史语言
研究所，1966年据国立北平图书馆藏红格钞本微卷影印。

《明实录·穆宗实录》，中研院历史语言研究所校勘，中研院历
史语言研究所，1966。

《明实录·世宗实录》，中研院历史语言研究所校勘，中研院历
史语言研究所，1966。

《明实录·太祖实录》，中研院历史语言研究所校勘，中研院历
史语言研究所，1966。

莫如忠：《崇兰馆集》，收入《四库全书存目丛书》集部第
104~105册，庄严文化事业有限公司，1996年据中国社会科学院文
学研究所藏明万历十四年（1586）冯大受董其昌等刻本印。

沐昂：《素轩集》，收入《续修四库全书》集部第 1329 册，上海古籍出版社，1995 年据南京图书馆藏明刻本影印。

倪岳：《青溪漫稿》，收入《景印文渊阁四库全书》第 1251 册。

潘柽章：《国史考异》，收入《续修四库全书》史部 452 册，上海古籍出版社，1997 年据北京图书馆藏清初刻本影印。

钱塘西湖隐叟：《胡少保平倭记》，上海古籍出版社，1990 年据上海图书馆藏钞本影印。

钱载：《箨石斋诗集》，收入《续修四库全书》第 1443 册，上海古籍出版社，2002 年据清乾隆刻本影印。

《钦定大清会典则例》，收入《景印文渊阁四库全书》第 620~625 册。

《钦定皇朝通典》，收入《景印文渊阁四库全书》第 642~643 册。

《钦定皇朝通志》，收入《景印文渊阁四库全书》第 644~645 册。

清高宗：《御制诗集》，收入《景印文渊阁四库全书》第 1302~1311 册。

清高宗：《御制文集·三集》，收入《景印文渊阁四库全书》第 1301 册。

庆桂等编纂《国朝宫史续编》，左步青点校，北京古籍出版社，1994。

清圣祖：《圣祖仁皇帝御制文集二集》，收入《景印文渊阁四库全书》第 1298 册。

清圣祖：《御定历代题画诗》，收入《中国书画全书》第 9 册，上海书画出版社，1992~1999。

《清实录·太祖高皇帝实录》，中华书局，1986。

《清实录·圣祖仁皇帝实录》，中华书局，1986。

邱浚：《琼台会稿》，收入《丛书集成三编》文学类第 38~39 册，新文丰出版社，1996 年据丘文庄公丛书本影印。

仇英：《倭寇图卷》，近藤出版社，1974。

沈德潜等编《清诗别裁集》，上海古籍出版社，1984 年据清乾隆二十五年（1760）教忠堂刻本影印。

沈懋孝:《长水先生文钞》，收入《四库禁毁书丛刊》集部第159~160 册，北京出版社，2000 年据中国科学院图书馆南京图书馆藏明万历刻本影印。

施琅:《靖海纪事》，收入《续修四库全书》史部第 390 册，上海古籍出版社，2002 年据复旦大学图书馆藏清康熙刻本影印。

司马光撰，胡三省注，章钰校记《资治通鉴》，文光出版社，1972。

苏愚:《三省备边图记》，收入《北京图书馆古籍珍本丛刊》史部地理类第 22 册，书目文献出版社，1997 年据明万历刻本影印。

孙成德:《满洲实录：满文、汉文、蒙文三体》，辽宁省档案馆，2007。

台北故宫博物院编《宫中档乾隆朝奏折》，台北故宫博物院，1982。

台北故宫博物院编《故宫书画图录》第 15 册，台北故宫博物院，1995。

台北故宫博物院编《故宫书画图录》第 21 册，台北故宫博物院，2002。

台北故宫博物院编《故宫藏画大系》，台北故宫博物院，1993~1998。

台北故宫博物院编《旧满洲档》，台北故宫博物院，1969。

脱脱等编《辽史》，中华书局，1974。

王邦瑞:《王襄毅公集》，台北"国家图书馆"藏隆庆五年（1571）湖广按察使温如春刊本。

王材:《念初堂集》，高桥情报，1990 年据东京内阁文库藏雍正五年（1727）正气堂重刊本影印。

王鹤龄修《（万历）枣强县志》，收入国家图书馆地方志和家谱文献中心编《明代孤本方志选》3，中华全国图书馆文献缩微复制中心，2000。

王畿:《樗全集》，收入《四库全书存目丛书》集部第 178 册，庄严文化事业有限公司，1996 年据清华大学图书馆藏清乾隆二十四年（1759）王宗敏刻本影印。

王穆：《城固县志》，收入《中国方志丛书》第263册，成文出版社，1969，据清康熙五十六年（1717）修、清光绪四年（1878）重刊本影印。

王掞监修，王原祁等撰《万寿盛典初集》，收入《景印文渊阁四库全书》第653~654册。

王世懋：《王奉常集》，收入《四库全书存目丛书》集部第133册，庄严文化事业有限公司，1996年据首都图书馆藏明万历刻本影印。

王世贞：《弇州四部稿》，收入《景印文渊阁四库全书》第1279~1284册。

王学伊等修纂《（宣统）固原州志》，收入《中国方志丛书·华北地方·甘肃省》第337号，成文出版社，1970年据宣统元年（1909）刊本影印。

汪鋆：《扬州画苑录》，收入《续修四库全书》第1087册，上海古籍出版社，2002年据南京图书馆藏清光绪十一年（1895）刻本影印。

温达等编《圣祖仁皇帝亲征平定朔漠方略》，收入《景印文渊阁四库全书》第354册。

翁方纲：《复初斋诗集》，收入《续修四库全书》第1454册，上海古籍出版社，2002年据清刻本影印。

翁连溪编《清内府刻书档案史料汇编》，广陵出版社，2007。

吴熙常：《老洲集》，收入《韩国文集丛刊》第280册，景仁文化社，1996。

吴玄应：《雁荡山樵诗集》，台北故宫博物院1997年据明嘉靖三十五年（1556）乐清吴氏家刊本摄制微卷。

萧仪：《袜线集》，收入《四库全书存目丛书》集部第31册，庄严文化事业有限公司，1996年据江西省图书馆藏清乾隆五年（1740）重刻本影印。

许成名：《龙石先生诗抄》，国家图书馆藏明万历三年（1575）聊城丁氏芝城刊本。

徐阶：《少湖先生文集》，收入《四库全书存目丛书》集部第80

册，庄严文化事业有限公司，1996年据天津图书馆藏明嘉靖三十六年（1557）宿应麟刻本印。

徐学谟:《徐氏海隅集》，收入《四库全书存目丛书》集部第124~125册，庄严文化事业有限公司，1996年据北京大学图书馆藏明万历五年刻四十年（1612）徐文振重刻本影印。

徐扬绘，易苏昊、樊则春主编《五台山人藏——徐扬画平定西域献俘礼图》，文物出版社，2009。

玄默:《剿贼图记》，中研院历史语言研究所傅斯年图书馆藏雍正九年（1731）重刊本。

玄默:《剿贼图记》，道光元年（1821）金陵甘福之重雕本，中国国家图书馆藏。

玄默:《剿贼图记》，同治十一年（1872）石印本，中国国家图书馆藏。

玄默:《剿贼图记》，收入域外汉珍本文库编纂出版委员会编《域外汉珍本文库》第四辑史部十七，西南师范大学出版社、人民出版社，2013，第131~159页。

薛瑄:《河汾诗集》，收入《四库全书存目丛书》集部第32册，庄严文化事业，1996年据北京图书馆藏明成化五年（1469）谢廷桂刻本影印。

严从简:《殊域周咨录》，收入《续修四库全书》史部第735~736册，上海古籍出版社，1995年据北京图书馆藏明万历刻本影印。

杨干庭:《杨道行集》，收入《四库全书存目丛书》集部第168~169册，庄严文化事业有限公司，1996年据原北平图书馆藏明万历刻本影印。

杨一清:《石淙文集》，收入陈子龙等编《明经世文编》，收入《续修四库全书》集部第1656~1662册，上海古籍出版社，1995年据明崇祯平露堂刻本影印。

杨钟义:《雪桥诗话三集》，收入沈云龙主编《近代中国史料丛刊·续辑》第240辑，文海出版社，1975年据民国求恕斋丛书本影印。

姚觐元:《清代禁毁书目四种》，收入《续修四库全书》史部第

921 册，上海古籍出版社，2002 年据上海辞书出版社图书馆藏清光绪十年（1884）刻昢进斋丛书第三集本影印。

佚名：《康亲王平定四省大功图》，台北故宫博物院图书文献馆善本书室、东京国立公文书馆藏。

佚名编《满洲实录》，辽宁通志馆，1930，哈佛大学燕京图书馆藏。

佚名编《闽颂汇编》，收入《台湾文献汇刊》第 2 辑第 1 册，九州岛出版社，2004 年据清康熙刻本影印。

佚名：《戚南塘剿平倭寇志传》，上海古籍出版社，1994 年据北京图书馆藏明刊本影印。

伊桑阿等修纂《大清会典（康熙朝）》，收入《近代中国史料丛刊三编》第 724 册，文海出版社，1993。

英和等纂修《秘殿珠林石渠宝笈·三编》，收入《秘殿珠林·石渠宝笈合编》，上海书店出版社，1988。

永瑢：《合印四库全书总目提要及四库未收书目焚毁书目》，台湾商务印书馆，1978。

永瑢：《四库全书总目》，收入《景印文渊阁四库全书》第 2 册。

郁逢庆编《续书画题跋记》，收入徐蜀编《国家图书馆藏古籍艺术类编》第 11 册，北京图书馆，2004 年据清抄本影印。

虞集：《道园学古录》，收入《景印文渊阁四库全书》第 1207 册。

允禄等监修《大清会典（雍正朝）》，收入《近代中国史料丛刊三编》第 779 册，文海出版社，1995。

于敏中等纂《国朝官史》，台湾学生书局，1965 年据台湾大学藏本影印。

于敏中等编纂《日下旧闻考》，北京古籍出版社，1981。

俞汝楫：《礼部志稿》，收入《景印文渊阁四库全书》第 597~598 册。

允祹等纂修《钦定大清会典》，收入《景印文渊阁四库全书》第 619 册。

俞允文：《仲蔚先生集》，收入《四库全书存目丛书》集部 140 册，庄严文化事业有限公司，1996 年据北京大学图书馆藏明万历十年（1582）程善定刻本影印。

赵宪:《重峰集》,收入《韩国文集丛刊》第 54 册,景仁文化社,1996。

周楫纂:《西湖二集》,陈美林校注,三民出版社,1998。

周伦:《贞翁净稿》,收入《四库全书存目丛书》集部第 51 册,庄严文化事业有限公司,1996 年据苏州市图书馆藏明嘉靖三十七年(1558)周凤起刻本影印。

周瑛:《翠渠摘稿》,收入《景印文渊阁四库全书》第 1254 册。

张宝:《泛槎图》,北京古籍出版社,1988。

张丑纂《张氏四种》,收入《丛书集成续编》艺术类第 95 册,新文丰出版社,1989 年据翠琅玕馆丛书本排印。

张瀚:《奚囊蠹余》,收入《四库全书存目丛书》集部第 101 册,庄严文化事业有限公司,1996 年据中山大学图书馆藏明隆庆六年(1572)刻本影印。

张际亮:《思伯子堂诗集》,收入《续修四库全书》集部第 1526 册,上海古籍出版社,1997 年据上海辞书出版社图书馆藏清同治八年(1869)姚浚昌刻本影印。

张佳胤:《居来先生集》,收入《四库全书存目丛书》补编第 51 册,庄严文化事业有限公司,1996 年据中国科学院图书馆藏明万历刻本影印。

张鉴:《冬青馆集》,收入《续修四库全书》集部第 1492 册,上海古籍出版社,1995 年据上海辞书出版社图书馆藏民国四年(1915)刘氏嘉业堂刻吴兴丛书本影印。

张鼐:《宝日堂初集》,收入《四库禁毁书丛刊》集部第 76 册,北京出版社,2000 年据中国科学院图书馆藏明崇祯二年(1926)刻本影印。

张廷玉等撰《明史》,郑天挺点校,中华书局,1974。

张照等纂修《秘殿珠林石渠宝笈·续编》,收入《秘殿珠林·石渠宝笈合编》,上海书店出版社,1988。

张贞:《杞田集》,收入《四库未收书辑刊》七辑第 28 册,北京出版社,1997 年据清康熙四十九年(1710)春岑阁刻本影印。

张英：《文端集》，收入《景印文渊阁四库全书》第 1319 册。

张悦：《定庵集》，收入《四库全书存目丛书》集部第 37 册，庄严文化事业，1996 年据上海图书馆藏明弘治十七年（1504）刻本影印。

中国第一历史档案馆整理《康熙起居注》，中华书局，1984。

中国第一历史档案馆编《乾隆西域战图秘档荟萃》，北京出版社，2007。

中国第一历史档案馆编《清代中南海档案》第 23 册，西苑出版社，2004。

中国第一历史档案馆编《圆明园》，上海古籍出版社，1991。

中国第一历史档案馆、北京大学图书馆、故宫博物院图书馆、中华书局编《清实录·满洲实录》，中华书局，1986。

中国历史第一档案馆、故宫博物院主编《清宫内务府奏销档》，故宫博物院，2014。

中国第一历史档案馆、中国社会科学历史研究所译注《满文老档》，中华书局，1990。

中国第一历史档案馆、香港中文大学文物馆合编《清宫内务府造办处档案总汇》，北京人民出版社，2005。

朱彝尊：《曝书亭集》，收入《景印文渊阁四库全书》第 1317~1318 册。

邹守益：《东廓邹先生文集》，收入《四库全书存目丛书》集部第 65~66 册，庄严文化事业有限公司，1996 年据北京大学图书馆藏清刻本影印。

邹守益：《王阳明先生图谱》，收入《四库未收书辑刊》四辑第 17 册，北京出版社，1997 年据清钞本影印。

Abbé de Vares, Registre des Livres de figures et Estampes qui ont été distribués suivant les ordres de Monseigneur le marquis de Louvois depuis L'Inventaire fait avec M. l'abbé Vares au mois d'aout 1684, Bibliotheque Nationale de France, Estampes Réserve: pet. fol. rés. YE. 144.

二　专著

毕梅雪、侯锦郎:《木兰图与乾隆秋季大猎的研究》,台北故宫博物院,1982。

陈大康:《明代小说史》,人民文学出版社,2007。

陈景富:《大慈恩寺志》,三秦出版社,2000。

陈益源:《王翠翘故事研究》,里仁书局,2001。

党为:《美国新清史三十年:拒绝汉中心的中国史观的兴起与发展》,上海人民出版社,2012。

邓小南:《祖宗之法:北宋前期政治述略》,三联书店,2006。

冯明珠主编《乾隆皇帝的文化大业》,台北故宫博物院,2005。

台北中央图书馆编《明代版画艺术图书特展》,台北中央图书馆,1989。

阚红柳:《清初私家修史研究:以史家群体为研究对象》,人民出版社,2008。

赖惠敏:《清代的皇权与世家》,北京大学出版社,2010。

赖惠敏:《天潢贵胄——清皇族的阶层结构与经济生活》,中研院近代史研究所,1997。

刘静贞:《北宋前期皇帝和他们的权力》,稻香出版社,1996。

刘昕主编《中国古版画·地理卷·名山图》,湖南美术出版社,1999,影印墨绘斋崇祯六年(1633)刻本。

毛文芳:《图成行乐:明清文人画像题咏析论》,台湾学生书局,2008。

聂崇正:《清宫绘画与"西画东渐"》,紫禁城出版社,2008。

聂崇正主编《清代宫廷绘画》,商务印书馆,1996。

祁美琴、强光美编译《满文〈满洲实录〉译编》,中国人民大学出版社,2015。

乔治忠:《清朝官方史学研究》,文津出版社,1994。

汪圣铎:《宋真宗》,吉林文史出版社,1996。

王重民辑录《美国国会图书馆藏中国善本书目》,文海出版社,

1972。

王泛森：《权力的毛细管作用：清代的学术、思想与心态》，联经出版公司，2013。

王耀庭主编《新视界——郎世宁与清宫西洋风》，台北故宫博物院，2007。

吴哲夫等编辑《中国五千年文物集刊·宋画篇三》，中华五千年文物集刊编辑委员会，1986。

萧一山：《清代通史》，台湾商务印书馆，1962。

谢贵安：《明实录研究》，文津出版社，1995。

谢贵安：《清实录研究》，上海古籍出版社，2013。

徐启宪主编《清宫武备》，商务印书馆，2008。

薛福成编《天一阁见存书目——附天一阁藏书考》，古亭书屋重印，1960。

杨伯达：《清代院画》，紫禁城出版社，1993。

杨新主编《故宫博物院藏文物珍品全集8·明清肖像画》，商务印书馆，2008。

姚继荣：《清代方略研究》，西苑出版社，2006。

伊夫斯·德·托马斯·德·博西耶夫人：《耶稣会士张诚——路易十四派往中国的五位数学家之一》，辛岩译，大象出版社，2009。

易苏昊、樊则春主编《五台山人藏：清乾隆宫廷书画》，文物出版社，2009。

尤淑君：《从宾礼到礼宾——外使觐见与晚清涉外体制的变化》，社会科学文献出版社，2013。

余辉主编《故宫博物院藏文物珍品4·元代绘画》，商务印书馆，2005。

域外汉珍本文库编纂出版委员会：《域外汉珍本文库》第四辑史部十七，西南师范大学出版社、人民出版社，2013。

张晓光：《清代铜版战功图全编》，学苑出版社，2003。

郑振铎编《中国古代版画丛刊》，上海古籍出版社，1988。

中国古代书画鉴定组编《中国古代书画图目》，文物出版社，

1986。

中国国家博物馆编《中国国家博物馆馆藏文物研究丛书·绘画卷·风俗画》，上海古籍出版社，2006。

中国国家博物馆编《中国国家博物馆馆藏文物研究丛书·绘画卷·历史画》，上海古籍出版社，2006。

中国美术全集编辑委员会编《中国美术全集·绘画编·石刻线画》，人民美术出版社，1987。

周芜:《徽派版画史论集》，安徽人民出版社，1984。

周芜编《中国版画史图录》，上海人民美术出版社，1988。

周心慧主编《新编中国版画史图录·第六册·明万历版画（三）》，学苑出版社，2000。

朱诚如主编《清史图典》第6册，紫禁城出版社，2002。

朱静编译《洋教士看中国朝廷》，上海人民出版社，1995。

煮雨山房辑《故宫藏历代画像图鉴》，北京古籍出版社，2005。

庄吉发:《清高宗十全武功研究》，台北故宫博物院，1982。

陈邦植:《陈璘明水军都督의 征倭纪功图 再照明》（明水军都督陈璘的征倭纪功图再照明），东邦企划，2000。

陈邦植:《陈璘提督과 임진왜란 종결》（陈璘提督与壬辰倭乱的终结），东邦企划，1998。

高田时雄解说《铜版画复制乾隆得胜图》全7种80枚，临川书店，2009~2012。

今西春秋:《滿洲の實錄》，日满文化协会，1938。

青木茂、小林宏光:《中国の洋風画展——明末から清時代までの絵画·版画·挿絵本》，町田市立国际版画美术馆，1995。

松村润:《明清史论考》，山川出版社，2008。

藤田美术馆收藏，贝冢茂树等编辑《文人画粹编·董源巨然》第二卷，中央公论社，1975。

田村实造:《慶陵の壁画》，同朋舍，1977。

Berger, Patricia. *Empire of Empitiness: Buddhist Art and Political Authority in Qing China*. Honolulu: University of Hawai'i

Press, 2003.

Brook, Timothy. *The Confusions of Pleasure: Commerce and Culture in Ming China*. Berkeley: University of California Press, 1998.

Budde, Hendrik, Christoph Muller-Hofstede, Gereon Sievernich eds. *Europa und die Kaiser von China 1240 – 1816*. Frankfurt: Insel Verlag , 1985.

Burkus-Chasson, Anne. *Through a Forest of Chancellors: Fugitive Histories in Liu Yuan's Linyan Ge, An Illustrated Book from Seventeenth-Century Suzhou*. Cambridge, MA: Harvard University Asia Center for the Harvard Yenching Institute, 2010.

Butz, Herbert. *Bilder für die Halle des Purpurglanzes*. Berlin: Museum für Ostasiatische Kunst, 2003.

Cahill, James. *The Compelling Image: Nature and Style in Seventeenth-Century Chinese Painting*. The Charles Eliot Norton Lectures, 1979; Cambridge, Mass.: Harvard University Press, 1982.

Chang, Michael. *A Court on Horseback: Imperial Touring and the Construction of Qing Rule, 1680-1785*. Cambridge, Massachusetts: Harvard University Press, 2007.

Chavannes, Edouard. *Mission archéologique dans la Chine septentrionale*, vol. 1, pt. 1. Paris: E. Leroux, 1913.

Clapp, Anne de Coursey. *Commemorative Landscape Painting in China*. Princeton, New Jersey: P. Y. and Kinmay W. Tang Center for East Asian Art: distributed by Princeton University Press, 2012.

Clapp, Anne de Coursey. *The Painting of T'ang Yin*. Chicago: University of Chicago Press, 1991.

Clunas, Craig. *Elegant Debts: The Social Art of Wen Zhengming*. Honolulu: University of Hawaii Press, 2004.

Clunas, Craig. *Empire of Great Brightness: Visual and Material Cultures of Ming China, 1366-1644*. London: Reaktion Books, 2007.

Clunas, Craig. *Pictures and Visuality in Early Modern China*. London: Reaktion Books, 1997.

Clunas, Craig. *Superflous Things: Material Culture and Social Status in Early Modern China*. Urbana, Illinois: University of Illinois Press, 1991.

Crossley, Pamala Kyle et. al. eds. *Empire at the Margins: Culture, Ethnicity, and Frontier in Early Modern China*. Berkeley: University of California Press, 2006.

Crossley, Pamala Kyle. *A Translucent Mirror: History and Identity in Qing Imperial Ideology*. Berkeley: University of California Press, 1999.

Cuneo, Pio ed. *Artful Armies, Beautiful Battles: Art and Warfare in Early Modern Europe*. Leiden: Brill, 2001.

Ebrey, Patricia B.. *Accumulating Culture: The Collections of Emperor Huizong*. Seattle: University of Washington Press, 2008.

Elliott, Mark C.. *Emperor Qianlong: Son of Heaven, Man of the World*. Upper Saddle River, New Jersey: Pearson Longman, Inc., 2009.

Elliott, Mark C.. *The Manchu Way: The Eight Banners and Ethnic Identity in Late Imperial China*. Stanford, California: Stanford University Press, 2001.

Elman, Benjamin A.. *A Cultural History of Civil Examinations in Late Imperial China*. Berkeley, California: University of California Press, 2000.

Fei, Siyen. *Negotiating Urban Space: Urbanization and Late Ming Nanjing*. Cambridge, Massutusetts: Harvard University Asia Center, 2009.

Forges, Roger V. Des.. *Cultural Centrality and Political Change in Chinese History: Northeast Henan in the Fall of the Ming*. Stanford: Stanford University Press, 2003.

Gramsci, Antonio. *Selections from the Prison Notebooks*. ed. and trans. by Quentin Hoare and Geoffrey Nowell Smith. New York: International Publishers, 1971.

Groebner, Valentin. *Defaced: The Visual Culture of Violence in the Late Middle Ages*. New York: Zone Books, 2004.

Hale, John Rigby. *Artists and Warfare in the Renaissance*. New Haven: Yale University Press, 1990.

Hearn, Maxwell K. ed. *Landscapes Clear and Radiant: The Art of Wang Hui (1632-1717)*. New York: The Metropolitan Museum of Art, 2008.

Ho, Chuimei. and Bennet Bronson. *Splendors of China's Forbidden City: The Glorious Reign of Emperor Qianlong*. London: Merrel Publisher, 2004.

Ho, Wai-kam and Judith G. Smith eds. *The Century of Tung Ch'i-Ch'ang*. Kansas City, Missouri: Nelson-Aktins Museum of Art, 1992.

Kleutghen, Kristina R.. *Imperial Illusions: Crossing Pictorial Boundaries in the Qing Palaces*. Seattle: University of Washington Press, 2015.

Ko, Dorothy. *Teachers of Inner Chambers: Women and Culture in Seventeenth-Century China*. Stanford: Stanford University Press, 1994.

Ledderose, Lothar. *Orchideen und Felsen: Chinesische Bilder im Museum für Ostasiatische Kunst Berlin*. Berlin: Staatliche Museen Preussischer Kulturbesitz, 1998.

Murray, Julia. *Mirror of Morality: Chinese Narrative Illustration and Confucian Ideology*. Honolulu: University of Hawai'i Press, 2007.

Paret, Peter. *Imagined Battles: Reflections of War in European Art*. Chapel Hill: The University of North Carolina Press, 1997.

Perdue, Peter C.. *China Marches West: The Qing Conquest of Central Eurasia*. Cambridge Massachusetts: Harvard University Press,

2005.

Pirazzoli-t'Serstevens, Michèle. *Castiglione: Giuseppe Castiglione 1688-1766, peintre et architecte à la cour de Chine.* Paris, Thalia édition, 2007.

Rawski, Evelyn S. and Jessica Rawson eds. *China: The Three Emperors, 1662-1795.* London: Royal Academy of Arts, 2005.

Rey, Marie-Catherine and Musée Guimet (Paris, France), *Les Très Riches Heures de la Cour de Chine: Chefs-d'œuvre de la peinture impériale des Qing 1662-1796.* Paris: Réunion des Musées Nationaux, 2006.

Roberts, Jennifer L.. *Transporting Visions: The Movement of Image in Early America.* Berkeley: University of California Press, 2014.

Smith, Bradley, and Wan-go Weng. *China: A History in Art.* London: Studio Vista, 1973.

Spence, Jonathan D.. *The Search for Modern China.* New York : Norton, 1990.

Strassberg , Richard E. and Stephen H. Whiteman. *Thirty - Six Views: The Kangxi Emperor's Mountain Estate in Poetry and Prints.* Ex Horto: Dumbarton Oaks Texts in Garden and Landscape Studies. Washington, DC and Cambridge, MA: Dumbarton Oaks Research Library & Collection and Harvard University Press, 2016.

Sullivan, Michael. *The Meeting of Eastern and Western Art.* Berkeley: University of California Press, 1989.

Torres, Pascal. *Les Batailles de l'Empereur de Chine. La gloire de Qianlong célébrée par Louis XV, une commande royale d'estampes.* Editions Le Passage, 2009.

Vinograd, Richard. *Boundaries of Self: Chinese Portraits, 1600-1900.* Cambridge: Cambridge University Press, 1992.

Waley-Cohen, Joanna. *The Culture of War in China: Empire and the Military under the Qing Dynasty.* New York: I.B. Tauris, 2006.

Wellington, Robert. *Antiquarianism and the Visual Histories of Louis XIV:Artifacts for a Future Past.* Farnham, Surrey,England:Ashgate,2015.

Wölfflin, Heinrich H.. *Principle of Art History: The Problem of the Development of Style in Later Art.* Trans. by M. D. Hottinger. New York: Dover Publications.

Wu, Pei-yi. *The Confucian's Progress: Autobiographical Writings in Traditional China.* Princeton: Princeton University, 1989.

三 论文

白洪希:《清宫堂子祭探赜》,《满族研究》1995 年第 3 期,第 61~63 页。

白适铭:《盛世文化表征——盛唐时期"子女画"之出现及其美术史意义之解读》,《艺术史研究》第九辑,中山大学出版社,2007,第 1~62 页。

毕梅雪:《郎世宁与中国十八世纪帝王肖像的复兴》,《故宫博物院院刊》2004 年第 3 期,第 92~104 页。

伯希和:《乾隆西域武功图考证》,冯承均译,收入伯希和等《西域南海史地考证译丛·六编》,《中国西北文献丛书·西北史地文献第四十卷》第 115 册,兰州古籍书店,1990,第 407~521 页。

陈大道:《明末清初"时事小说"的特色》,收入台湾清华大学中语系主编《小说戏曲研究第三集》,联经出版公司,1990,第 181~220 页。

陈履生:《纪功与记事:明人〈抗倭图卷〉研究》,《中国国家博物馆馆刊》2011 年第 2 期,第 8~33 页。

陈履生:《从"榜题"看〈平番得胜图卷〉》,《中国国家博物馆馆刊》2013 年第 6 期,第 1~27 页。

陈捷先:《满文清太祖实录的纂修与改订》,收入氏著《满文清实录研究》,大化书局,1969,第 5~54 页。

陈捷先:《努尔哈齐与〈三国演义〉》,收入氏著《清史论集》,

东大出版社，1997，第65~80页。

陈捷先：《略述〈满洲实录〉的附图》，冯明珠等著《空间新思维——历史舆图学国际学术研讨会会议论文》，台北故宫博物院，2008，第151~172页。

陈捷先：《康熙皇帝与书法》，《故宫学术季刊》第17卷第1期，1990年9月，第1~18页，收入陈捷先《透视康熙》，三民书局，2012，第89~114页。

陈葆真：《康熙皇帝〈万寿图〉与乾隆皇帝〈八旬万寿图〉的比较研究》，《故宫学术季刊》第30卷第3期，2013年3月，第45~122页。

陈葆真：《〈心写治平〉——乾隆帝后妃嫔图卷和相关议题的探讨》，《台湾大学美术史研究集刊》第21期，2006年，第89~150页。

陈葆真：《雍正与乾隆二帝汉装行乐图的虚实与内涵》，《故宫学术季刊》第27卷第3期，2010年3月，第49~101页。

陈韵如：《制作真境：重估〈清院本清明上河图〉在雍正朝画院之画史意义》，《故宫学术季刊》第28卷第2期，2010，第1~64页。

程大鲲：《辽宁省档案馆藏〈满洲实录〉版本探析》，收入武斌主编《沈阳故宫博物院院刊》第一辑，中华书局，2005，第141~144页。

程迅：《"三仙女"是女真族的古老神话吗？》，《民族文学研究》1985年第4期，第118~127页。

戴逸、华立：《一场得不偿失的战争——论乾隆朝金川之役》，《历史研究》1993年第3期，第53~64页。

Daniel Greenberg：《院藏〈海怪图记〉初探——清宫画中的西方奇幻生物》，康淑娟译，《故宫文物月刊》第297期，2007年12月，第38~51页。

定宜庄、欧立德：《21世纪如何书写中国历史：新清史研究的影响与响应》，《历史学评论》2014年第1期，第116~146页。

渡部武：《〈耕织图〉流传考》，曹幸穗译，《农业考古》1989年第1期，第160~165页。

范白丁：《〈鸿雪因缘图记〉成书考》，《新美术》第29期，2008

年，第44~48页。

方建新、王晴：《宋代宫廷藏书续考——专藏皇帝著作的殿阁》，《浙江大学学报》2008年第3期，第107~115页。

傅熹年：《访美所见中国古代名画札记（下）》，《文物》1993年第7期，第73~80页；后收入傅熹年《傅熹年书画鉴定集》，河南美术出版社，1999，第80~97页。

葛剑雄：《十一世纪初的天书封禅运动》，《读书》1995年第11期，第68~78页。

郭嘉辉：《略论〈大明太祖皇帝御制集〉及其史料价值》，《中国文化研究所学报》第61期，2015年7月，第171~189页。

何炳棣：《捍卫汉化：驳伊夫林·罗斯基之再观清代》，张勉励译，《清史研究》2000年第1、3期，第113~120、101~110页。

何淑宜：《时代危机与个人抉择：以晚明士绅刘锡玄的宗教经验为例》，《新史学》第23卷第2期，2012年6月，第57~106页。

侯怡利：《国之重典——乾隆四年的大阅与〈大阅图〉》，《通识研究集刊》第12期，2007年12月，第153~184页。

黄建军：《宋荦与康熙文学交往考论》，《湖北民族学院学报》2010年第6期，第72~77页。

姜一涵：《十二世纪的三幅无名款山水故实画（上）、（下）》，《故宫季刊》第13卷第4期、第14卷第1期，1979年，第25~53页、第45~57页。

金维诺：《步辇图与凌烟阁功臣图》，《文物》1962年第10期，第13~16页。

赖毓芝：《从印度尼西亚到欧洲与清宫——谈院藏杨大章额摩鸟图》，《故宫文物月刊》第297期，2007年12月，第24~37页。

赖毓芝：《图像帝国：乾隆朝〈职贡图〉的制作与帝都呈现》，《中央研究院近代史研究所集刊》第75期，2012年3月，第1~76页。

赖毓芝：《图像、知识与帝国：清宫的食火鸡图绘》，《故宫学术季刊》第29卷第2期，2011年12月，第1~75页。

赖毓芝：《清宫对欧洲自然史图像的再制：以乾隆朝〈兽谱〉为

例》，《中央研究院近代史研究所集刊》第 80 期，2013 年 6 月，第 1~75 页。

连文萍：《追寻胜国贵胄——朱彝尊对明代皇族诗歌的编纂与评述》，《兴大人文学报》第 47 期，2011 年 9 月，第 1~ 30 页。

林梅村：《元大都的凯旋门——美国纳尔逊·阿金斯艺术博物馆藏元人〈宦迹图〉读画札记》，《上海文博论丛》2011 年第 2 期，第 14~29 页。

林莉娜：《千载寂寥、披图可鉴：宋人画赵遹泸南平夷图新探》，《故宫文物月刊》第 89 期，1990 年，第 10~27 页。

林树中：《传陈闳中〈八公图〉研究》，《南京艺术学院学报》（美术与设计版）1992 年第 4 期，第 78~84 页。

李天鸣：《石峰堡之战和石峰堡战图》，《故宫学术季刊》第 27 卷第 1 期，2009 年 9 月，第 139~177 页。

李天鸣：《院藏清代“作战态势图”与战史研究——以苏四十三之役为例》，《故宫学术季刊》第 20 卷第 3 期，2003 年 3 月，第 133~183 页。

李仲凯：《话说苏州片》，收入氏著《赝品述往》，泰北文艺出版社，2004，第 99~110 页。

刘九庵：《吴门画家之别号图及鉴别举例》，《故宫博物院院刊》1990 年第 3 期，第 54~61 页。

刘潞：《〈丛薄行诗意图〉与〈清高宗大阅图〉分析——清代多民族国家形成的图像见证》，《故宫博物院院刊》2000 年第 4 期，第 15~26 页。

刘潞：《〈祭先农坛图〉与雍正帝的统治》，《清史研究》2010 年第 3 期，第 151~156 页。

刘潞、郭玉海：《清代画图与新修清史》，《清史研究》2003 年第 3 期，第 11~18 页。

刘晞仪：《董其昌书画鉴藏题跋年表》，Wai-kam Ho and Judith G. Smith eds., *The Century of Tung Ch'i-Ch'ang*, pp. 487-575. Kansas City, MO.: Nelson-Aktins Museum of Art, 1992.

卢雪燕:《镂铜铸胜——院藏清宫得胜图铜版画》,《故宫文物月刊》第 293 期,2007 年,第 40~51 页。

罗慧琪:《安和富寿之域:康熙皇帝版与胤禛版〈耕织图〉所呈现的一段父子间的对话》,《两岸故宫第一届学术研讨会——为君难:雍正其人其事及其时代论文集》,台北故宫博物院,2009,第 369~380 页。

马孟晶:《耳目之玩:从〈西厢记〉版画插图论晚明出版文化对视觉性的关注》,《台湾大学美术史研究集刊》第 13 期,2002 年,第 201~276、279 页。

马雅贞:《二十年(1990~2009)来台湾关于中国宫廷图绘的研究》,《艺术学研究》第 8 期,2011 年,第 205~242 页。

马雅贞:《风俗、地方与帝国:〈太平欢乐图〉的制作及其对"熙皞之象"的呈现》,《中央大学人文学报》第 45 期,2011 年 1 月,第 141~194 页。

马雅贞:《皇苑图绘的新典范:康熙〈御制避暑山庄诗〉》,《故宫学术季刊》第 32 卷第 2 期,2014 年 12 月,第 39~80 页。

马雅贞:《清代宫廷画马语汇的转换与意义——从郎世宁的〈百骏图〉谈起》,《故宫学术季刊》第 27 卷第 3 期,2010 年 3 月,第 103~138 页。

马雅贞:《商人社群与地方社会的交融——从清代苏州版画看地方商业文化》,《汉学研究》第 28 卷第 2 期,2010 年,第 87~126 页。

马雅贞:《战勋与宦迹:明代战争相关图像与官员视觉文化》,《明代研究》第 17 期,2011 年 12 月,第 49~89 页。日文翻译版见植松瑞希译《戰勳と宦蹟:明代の戰爭圖像と官員の視覺文化》,《东京大学史料编纂所研究提要》23,2013 年 3 月,第 316~347 页,后收入须田牧子编《「倭寇図卷」「抗倭図卷」をよむ》,勉诚出版,2016,第 139~201 页。

马雅贞:《中介于地方与中央之间:〈盛世滋生图〉的双重性格》,《台湾大学美术史研究集刊》第 24 期,2008 年,第 259~322、327 页。

毛文芳:《顾盼自雄·仰面长啸:清初释大汕(1637~1705)〈行

迹图〉及其题辞探论》,《清华学报》第 40 卷第 4 期,2010 年 12 月,第 789~850 页。

毛文芳:《一部清代文人的生命图史:〈卞永誉画像〉的观看》,《中正大学中文学术年刊》第 15 期,2010 年 6 月,第 151~210 页。

梅韵秋:《明代王世贞〈水程图〉与图画式纪行录的成立》,《台湾大学艺术史研究所美术史研究集刊》第 36 期,2014 年,第 109~175 页。

聂崇正:《话说〈雍正帝祭先农坛图〉卷》,收入氏著《清宫绘画与"西画东渐"》,第 90~95 页。

聂崇正:《两幅〈乾隆戎装像〉》,《紫禁城》2012 年 12 期,第 74~77 页。

聂崇正:《纽约观"紫光阁功臣像"记》,《收藏家》2002 年第 2 期,第 24~26 页,后收入氏著《清宫绘画与"西画东渐"》,第 288~297 页。

聂崇正:《清宫纪实绘画简说》,《美术》2007 年第 10 期,第 104~109 页。

聂崇正:《清代宫廷铜版画〈乾隆平定准部回部战图〉》,《故宫博物院院刊》1989 年第 4 期,第 55~64 页。

聂崇正:《清代外籍画家与宫廷画风之变》,《美术研究》1995 年第 1 期,第 27~32 页。

聂崇正:《失群的〈大阅图〉卷》,收入氏著《清宫绘画与"西画东渐"》,第 96~107 页。

聂崇正:《张廷彦、周鲲合画〈苑西凯宴图〉卷》,收入氏著《清宫绘画与"西画东渐"》,第 144~149 页。

欧立德:《清代满洲人的民族主体意识与满洲人的中国统治》,华立译,《清史研究》2002 年第 4 期,第 86~93 页。

邱仲麟:《诞日称觞——明清社会的庆寿文化》,《新史学》第 11 卷第 3 期,2000 年 9 月,第 101~156 页。

石守谦:《明代绘画中的帝王品味》,《台湾大学文史哲学报》第 40 期,1993 年 6 月,第 225~291 页。

石守谦:《失意文士的避居山水》,收入氏著《风格与世变》,允晨出版社,1996,第299~339页。

石守谦:《雅俗的焦虑:文征明、钟馗与大众文化》,《台湾大学美术史研究集刊》第16期,2004年,第307~342页。

松村润:《清朝开国神话再考》,收入柏桦主编《庆祝王钟翰先生八十五暨韦庆远教授七十华诞学术论文合集》,黄山书社,1999,第195~203页。

松村润:《清太祖武皇帝实录考》,收入常江编辑《庆祝王钟翰先生八十寿辰学术论文集》,辽宁大学出版社,1993,页39~51。

童文娥:《清院本〈亲蚕图〉的研究》,《故宫文物月刊》第278期,2006年5月,第71~78页。

涂丰恩:《明清书籍史的研究回顾》,《新史学》第20卷第1期,2009年,第181~215页。

汪亓:《康熙皇帝肖像画问题》,《故宫博物院院刊》2004年第1期,第40~57页。

王伯敏:《大型古版画〈报功图〉》,《东南文化》1998年第1期,第133~135页。

王凯:《郎世宁笔下的塞宴四事图》,《南京艺术学院学报》,2008年第1期,第27~32页。

王伯敏:《石守信报功图探讨》,收入氏著《中国版画史》,南通图书公司,出版时间不详,第129~138页。

王成勉:《没有交集的对话——论近年来学界对"满族汉化"的争议》,汪荣祖、林冠群主编《胡人汉化与汉人胡化》,中正大学台湾人文研究中心,2006,第57~81页。

王鸿泰:《武功、武学、武艺、武侠:明代士人的习武风尚与异类交游》,《中央研究院历史语言研究所集刊》第85本第2分,2014年6月,第209~267页。

王鸿泰:《雅俗的辩证——明代赏玩文化的流行与士商关系的交错》,《新史学》第17卷第4期,2006年,第73~143页。

王隽:《宋代功臣像考述》,《河南大学学报》(社会科学版)

2011 年第 6 期，第 68~75 页。

王守稼、缪振鹏:《画坛巨匠、云间劣绅：董其昌评传》,《东南文化》1990 年第 1 期，第 158~165 页。

王正华:《过眼繁华：晚明城市图、城市观与文化消费的研究》,收入李孝悌编《中国的城市生活：十四至二十世纪》,台北，联经出版公司，2005，第 1~57 页。

王正华:《乾隆朝苏州城市图像：政治权力、文化消费与地景塑造》,《中央研究院近代史研究集刊》第 50 期，2005 年 12 月，第 142~153 页。

王钟翰:《国语骑射与满族发展》,《故宫博物院院刊》1982 年第 2 期，第 10~25 页；收入王钟翰《清史新考》,辽宁大学出版社，1997，第 62~73 页。

吴大昕:《猝闻倭至：明朝对江南倭寇的知识（1552~1554）》,《明代研究》第 7 期，2004 年，第 29~62 页。

吴大昕:《倭寇形象与嘉靖大倭寇：谈"倭寇图卷"、"明人抗倭图"、"太平抗倭图"》,《明代研究》第 16 期,2011 年，第 141~161 页。

巫仁恕:《明清消费文化研究的新取径与新问题》,《新史学》第 17 卷第 4 期，2006 年 12 月，第 217~253 页。

巫仁恕:《明清之际江南时事剧的发展及其所反映的社会心态》,《中央研究院近代史研究所集刊》第 31 期，1999 年，第 1~48 页。

徐丹俍:《〈努尔哈赤实录〉考源》,《满学研究》第一辑，民族出版社，1992，第 152~171 页。

须田牧子:《〈倭寇图卷〉的研究现况》,黄荣光译,《中国国家博物馆馆刊》2013 年第 6 期，第 51~55 页。

须田牧子:《〈倭寇图卷〉再考》,彭浩译,《中国国家博物馆馆刊》2011 年第 2 期，第 34~46 页。

许雅惠:《评 Patricia B. Ebrey. *Accumulating Culture: The Collections of Emperor Huizong*》,《新史学》第 21 卷第 3 期，2010 年 9 月，第 241~248 页。

薛月爱:《康熙〈皇舆全览图〉与乾隆〈内府舆图〉绘制情况对

比研究——以东北地区为例》,《哈尔滨学院学报》2008 年第 10 期,第 102~126 页。

杨臣彬:《谈明代书画作伪》,《文物》1990 年第 4 期,第 72~87、96 页。

杨丽丽:《一位明代翰林官员的工作履历:〈徐显卿宦迹图〉图像简析》,《故宫博物院院刊》2005 年第 4 期,第 42~66、157 页。

杨新:《明人图绘的好古之风与古物市场》,《文物》1997 年第 4 期,第 53~61 页。

杨勇军:《满洲实录成书考》,《清史研究》2012 年第 2 期,第 99~111 页。

叶高树:《"参汉酌金":清朝统治中国成功原因的再思考》,《台湾师大历史学报》第 36 期,2006 年 12 月,第 153~192 页。

叶高树:《"满族汉化"研究上的几个问题》,《中央研究院近代史研究集刊》第 70 期,2010 年 12 月,第 195~218 页。

叶高树:《最近十年(1998~2008)台湾清史研究的动向》,《台湾师大历史学报》第 40 期,2008 年 12 月,第 137~193 页。

衣若芬:《天禄千秋——宋徽宗"文会图"及其题诗》,收入王耀庭主编《开创典范——北宋的艺术与文化研讨会论文集》,台北故宫博物院,2008,第 347~372 页。

余辉:《陈及之〈便桥会盟图〉考辨——兼探民族学在鉴析古画中的作用》,《故宫博物院院刊》1997 年第 1 期,第 17~51 页。

于久明:《康熙操舟说小考》,《故宫博物院院刊》1983 年第 4 期,第 47~48、105 页。

曾嘉宝:《纪丰功 述伟绩——清高宗十全武功的图像记录——功臣像与战图》,《故宫文物月刊》第 93 期,1990 年,第 38~65 页。

曾嘉宝:《平定金川前五十功臣像卷残本》,《文物》1993 年第 10 期,第 53~56 页。

张弘星:《流散在海内外的两组清宫廷战图考略》,《故宫博物院院刊》2001 年第 2 期,第 1~13 页。

张鹏:《金代衍庆宫功臣像研究》,《美术研究》2010 年第 1 期,第 42~50 页。

张平仁:《明末清初时事小说考订》,《古籍整理研究学刊》2004
年第 2 期,第 29~32 页。

张其凡:《宋真宗天书封祀闹剧之剖析,真宗朝政治研究之二》,
收入氏著《宋初政治探研》,暨南大学出版社,1995,第 198~255 页。

张琼:《清代皇帝大阅与大阅甲胄规制》,《故宫博物院院刊》
2010 年第 6 期,第 89~103、160 页。

张晓雄:《唐德宗与凌烟阁功臣画像》,《湖北师范学院学报》(哲
学社会科学版)2009 年第 4 期,第 92~94 页。

赵克生:《明代文官的省亲和展墓》,《东北师大学报》第 232 期,
2008 年,第 17~23 页。

赵前:《明司礼监刻本〈赐号太和先生相赞〉》,《紫禁城》2005
年第 5 期,第 104~111 页。

中国第一历史档案馆:《乾隆年间法国代制得胜图铜版画史料》,
《历史档案》总 85 期,2002 年,第 5~14 页。

朱鸿:《〈徐显卿宦迹图〉研究》,《故宫博物院院刊》2011 年第
2 期,第 47~80 页。

朱家溍:《清高宗南苑大阅图》,《故宫退食录》,北京出版社,
1999,第 61~64 页。

朱敏:《解读明人〈抗倭图卷〉:兼谈与〈倭寇图卷〉的关系》,
《中国国家博物馆馆刊》2011 年第 2 期,第 47~64 页。

朱敏:《〈平番得胜图卷〉考略》,《中国国家博物馆馆刊》2013
年第 6 期,第 28~50 页。

板仓圣哲:《蘇州片と「倭寇図卷」「抗倭図卷」》,《东京大学史
料编纂所研究提要》25,2015 年 3 月,第 117~131 页。

关周一:《總括コメント》,《东京大学史料编纂所研究提要》
25,2015 年 3 月,第 132~139 页。

古原宏伸:《清明上河图》(上)(下),《国华》第 955、956 期,
1973 年 2 月、3 月,第 5~15 页、第 27~44 页。

鹿毛敏夫:《「抗倭図卷」「倭寇図卷」と大内义长·大友义镇》,

《东京大学史料编纂所研究提要》23，2013年3月，第296~307页。

鸟山喜一：《乾隆時代の戰爭画に就いて——御題平定伊犁回部全圖お主さいて》，《朝鮮》281，1938年10月，第146~147页。

三田村泰助：《清太祖實錄の纂修》，收入氏著《清朝前史の研究》，京都大学东洋史研究会，1965，第363~380页。

山崎岳：《乍浦、沈庄之役重考：〈抗倭图卷〉虚实的探讨》，《中国国家博物馆馆刊》2013年第6期，第56~60页。

山崎岳：《張鑑「文徵明畫平倭圖記」の基礎的考証および訳注——中国国家博物館所蔵「抗倭図卷」に見る胡宗憲と徐海？》，《东京大学史料编纂所研究提要》23，2013年3月，第348~365页。

石桥崇雄：《清初入關前の無圈點満洲文档案「先ゲンギェン＝ハン賢行典例」をめぐって——清朝史を再構築するための基礎研究の一環として》，《东洋史研究》第58卷3号，1999年12月，第52~83页。

小野胜年：《康熙六旬萬壽盛典について》，收入田村博士退官纪念事业会编《田村博士頌壽東洋史論叢》，田村博士退官纪念事业会，1968，第171~192页。

小野胜年：《「康熙萬壽盛典初集」慶祝圖記譯註》，《ビブリア》56，1974年，第20~51页。

小野胜年：《康熙萬壽盛典圖考證》，《ビブリア》52，1972年，第2~39页。

小野胜年：《康熙萬壽盛典圖について》，《佛教藝術》67，1968年，第68~88页。

须田牧子：《特定共同研究倭寇プロジェクト、三年間の成果》，《东京大学史料编纂所研究提要》25，2015年3月，第109~116页。

개리 레드야드（Gary Ledyard）：《〈壬辰征倭图〉의 历史的意义》，《新东亚》第172期，1978年，第302~311页。

Barnhart, Richard. "Dong Qichang and Western Learning: A Hypothesis in Honor of James Cahill." *Archives of Asian Art* 50 (1997/1998): 7-16.

Berinstein, Dorothy. "Hunts Processions, and Telescopes: A Painting of an Imperial Hunt by Lang Shining (Guiseppe Castiglione)." *RES* 35 (Spring 1999): 171-184.

Berliner, Nancy. "The Emperor Looks West." *The Magazine Antiques* 171:3 (2007.3): 88-95.

Bickford, Maggie. "Emperor Huizong and the Aesthetic of Agency." *Archives of Asian Art* 53 (2002/2003): 71-104.

Chia, Ning. "The Lifangyuan and the Inner Asian Rituals in the Early Qing." *Late Imperial China* 14:1 (1993.6): 60-92

Chou, Ju-his. "Painting Theory in Eighteenth-Century China." In *The Power of Culture: Studies of Chinese Cultural Histories*, ed. by Willard Peterson, 321-343. Hong Kong: The Chinese University Press, 1994.

Fuchs, Walter. "Die Entwurfe Der Schlachtenbilder Der Kienlung-Und Taokuang-Zeit: Mit Reproduktion Der 10 Taokuang-Kupfer Und Der Vorlage Fur Die Annam-Stiche." *Monvmenta Serica* 华裔学志 9 (1944): 101-122.

Haks, Donald. "Military Painting in Flux. Flemish, French, Dutch and British Pictures Glorifying Kings, c. 1700." *Dutch Crossing* 35:2 (2011.7): 162-176.

Hay, Jonathan. "Ming Palace and Tomb in Early Qing Jiangning: Dynastic Memory and the Openness of History." *Late Imperial China* 20:1 (1999.6): 1-48.

Hay, Jonathan. "The Kangxi Emperor's Brush-Traces: Calligraphy, Writing, and the Art of Imperial Authority." In *Body and Face in Chinese Visual Culture*, edited by Wu Hung and Katherine Tsiang Mino, pp. 1-48. Cambridge, Mass.: Harvard University, 2004.

Hearn, Maxwell K. "Document and Portrait: The Southern Tour Paintings of Kangxi and Qianlong." In Ju-hsi Chou and Claudia Brown eds., *Chinese Painting under the Qianlong Emperor: The*

Symposium Papers in Two Volumes, Phoebus 6:1 (1988): 91-131.

Hearn, Maxwell K. "Painting and Calligraphy under the Mongols." In *The World of Khubilai Khan: Chinese Art in the Yuan Dynasty*, edited by James C. Y. Watt et al., pp. 211-213. New York: The Metropolitan Museum of Art, 2010.

Ho, Ping-ti. "In Defense of Sinicization: A Rebuttal of Evelyn Rawski's Reenvisioning the Qing." *The Journal of Asian Studies* 57:1 (1998.2): 123-155.

Hsu, Ginger. "Traveling to the Frontier: Hua Yan's Camel in Snow." In *Lifestyle and Entertainment in Yangzhou,* eds. by Lucie Olivorá and Vibeke Børdahl, 347-375. Denmark: Nordic Institute of Asian Studies, 2009.

Kleutghen, Kristina R.. " Chinese Occidenterie: The Diversity of 'Western' Objects in Eighteenth-Century China." *Eighteenth-Century Studies* 47:2 (2014.1): 117-135.

Kleutghen, Kristina R.. "Contemplating Eternity: An Illusionistic Portrait of the Qianlong Emperor's Heir." *Orientations* 42:4 (2011.5): 73-79.

Kleutghen, Kristina R.. "One or Two, Repictured." *Archives of Asian Art* 62 (2012): 25-46.

Kleutghen, Kristina R.. "Staging Europe: Theatricality and Painting at the Chinese Imperial Court." *Studies in Eighteenth-Century Culture* 42 (2012): 81-102.

Laing, Ellen. "Suzhou Pian and Other Dubious Paintings in the Received Oeuvre of Qiu Ying." *Artibus Asiae* 59: 3/4 (2000): 265-295.

Lears, T. J. Jackson. "The Concenpt of Cultural Hegemony: Problems and Possibilities. " *The American Historial Reivew* 90:3 (1985.6): 567-593.

Leverenz, Niklas. "Drawings, Proofs and Prints from the Qianlong Emperor's East Turkestan Copperplate Engravings." *Art*

Asiatiquess 68 (2013): 39-60.

Leverenz, Niklas. "From Painting to Print: The Battle of Qurman from 1760." *Orientations* 41:4 (2010.5): 48-53.

Leverenz, Niklas. "On Three Different Sets of East Turkestan Paintings." *Orientations* 42:8 (2011.11/12) : 96-103.

Leverenz,Niklas. "The Battle of Quarman:A Third Fragment of the 1760 Qianlong Imperial Painting." *Orientations* 48:4(2015.5):3-6.

Lin, Li-chiang. "The Creation and Transformation of Ancient Rulership in the Ming Dynasty (1368-1644):A Look at the Dijian Tushuo (Illustrated Arguments in the Mirror of the Emperors)." In *Perceptions of Antiquity in Chinese Civilization,* edited by Dieter Kuhn and Helga Stahl, 321-359. Heidelberg: Edition Forum, 2008.

Liscomb, Kathlyn. "Foregrounding the Symbiosis of Power: A Rhetorical Strategy in Some Chinese Commemorative Art." *Art History* 25: 2 (2002.4): 135-161.

Liu, Heping. "Empress Liu's Icon of Maitreya: Portraiture and Privacy at the Early Song Court." *Artibus Asia* 63:2 (2003): 129-190.

Liu, Shi-yee. "Union or Rivalry of East and West: Emperor Qianlong's Deer Antler Scrolls." *Orientations* 46:6 (2015.9): 58-69.

Ma, Ya-chen. "War and Empire: Images of Battle during the Qianlong Reign." In *Qing Encounters: Artistic Exchanges between China and the West, Issues and Debates Series,* eds. by Petra Chu and Din Ning, 158-172. Los Angeles: Getty Research Institute, 2015.

Murck, Alfreda. "Accumulating Culture: The Collections of Emperor Huizong (review)." *The Journal of Asian Studies* 69:1 (2010): 210-212.

Murray, Julia. "What is 'Chinese Narrative Illustration'?" *The Art Bulletin* 80:4 (1998.12): 602-615.

Naquin, Susan. "The Forbidden City Goes Abroad: Qing History and the Foreign Exhibitions of the Palace Museum, 1974-2004."

T'oung Pao XC 4-5 (2004): 341-397.

Pelliot, Paul. "Les 'Conquêtes de l'Empereur de la Chine'." *T'oung Pao* 20:3/4 (1920–21): 183-274.

Ping, Foong. "Accumulating Culture: The Collections of Emperor Huizong (review)." *Harvard Journal of Asiatic Studies* 71:2 (2011): 409-421.

Plax, Julie Anne. "Seventeenth-Century French Images of Warfare." In *Artful Armies, Beautiful Battles; Art and Warefare in Early Modern Europe,* ed. by Pia F. Cuneo, 131-158. Leiden: Brill, 2002.

Rawski, Evelyn S.. "Re-envisioning the Qing: The Significance of the Qing Period in Chinese History." *The Journal of Asian Studies* 55:4 (1996.11): 829-850.

Ryor, Kathleen. "Wen and Wu in Elite Cultural Practices during the Late Ming." In *Military Culture in Imperial China,* ed. by Nicola Di Cosmo, 219-242. Cambridge, Massachusetts: Harvard University Press, 2009.

Sickman, Lawrence and Kwan-shut Wong. "Chao Yü's Pacification of the Barbarians South of Lü by a Sung Artist." In *Eight Dynasties of Chinese Painting: the Collections of the Nelson Gallery-Atkins Museum Kansas City, and the Cleveland Museum of Art*, eds. by Wai-kam Ho et al., 37-41. Cleveland: Cleveland Museum of Art in cooperation with Indiana University Press, 1980.

Sommer, Deborah. "The Art and Politics of Painting Qianlong at Chengde." In *New Qing Imperial History: The Making of Inner Asian Empire at Qing Chengde,* eds. by James A. Millward, Ruth W. Dunnerll, Mark C. Elliot and Philippe Forêt , 136-145. London: Routledge Curzon, 2004.

Sung, Houmei. "The Symbolic Language of Chinese Horse Painting." *National Palace Museum Bulletin* 36:2 (2002.7): 62-73, in *Decoded Messages: The Symbolic Language of Chinese Animal Painting*, 171-206. New Haven: Yale University Press, 2009.

Waley-Cohen, Joanna. "Militarization of Culture in Eighteenth-Century China." In *Military Culture in Imperial China*, ed. by Nicola Di Cosmo, 278-295. Cambridge : Harvard University Press, 2009.

Waley-Cohen, Joanna. "The New Qing History." *Radical History Review* 88 (Winter 2004): 193-206.

Wang Cheng-hua, "A Global Perspective on Eighteenth-Century Chinese Art and Visual Culture." *Art Bulletin* 96:4 (2014.12): 379-394.

Wang Cheng-hua, "Prints in Sino-European Artistic Interactions of Early Modern Period," in Rui Oliveira Lopes ed. *Face to Face: The Transcendence of the Arts in China and Beyond– Historical Perspectives* (Lisbon: CIEBA/FBAUL (Artistic Studies Research Centre / Faculty of Fine Arts, University of Lisbon), 2014): 424-457.

Wellington, Robert. "The Cartographic Origins of Adam Frans van der Meulen's Marly Cycle." *Print Quarterly* 28:2 (2011.6) : 142-154.

Whiteman, Stephen Hart. "From Upper Camp to Mountain Estate: Recovering Historical Narratives in Qing Imperial Landscapes." *Studies in the History of Garden and Designed Landscapes: An International Quarterly* 33:4 (2013): 249-279.

Zhang, Hongxing. "Studies in Late Qng Battle Paintings." *Artibus Asiae* 60:2 (2000): 265-296.

Zhou, Xiuqin. "Emperor Taizong and His Six Horses." *Orientations* 32:2 (2001.2): 40-46.

四　学位论文

敖拉:《从〈旧满洲档〉到〈满文老档〉——1626 年之前满蒙关系史料比较研究》,博士学位论文,内蒙古大学,2005。

蔡松颖:《皇太极时期的汉官（1627~1643）》，硕士学位论文，台湾台北师范大学历史研究所，2011。

陈韵如:《画亦艺也：重估宋徽宗朝的绘画活动》，博士学位论文，台湾大学艺术史研究所，2009。

古晓凤:《唐代凌烟阁功臣研究》，硕士学位论文，陕西师范大学，2008。

黄玮铃:《画图留与人看：由王原祁的仕途与画业看清初官廷山水画风的奠立》，硕士学位论文，台湾大学艺术史研究所，2005。

林焕盛:《丁观鹏的摹古绘画与乾隆院画新风格》，硕士学位论文，台湾大学艺术史研究所，1994。

李欣苇:《清宫铜版画战图创生：从〈平定准噶尔回部得胜图〉到〈台湾战图〉》，硕士学位论文，台湾大学艺术史研究所，2012。

马雅贞:《战争图像与乾隆朝（1736~95）对帝国武功之建构：以〈平定准部回部得胜图〉为中心》，硕士学位论文，台湾大学艺术史研究所，2000。

苏玟瑄:《从明代官员雅集图看明代雅集图及群体肖像的发展》，硕士学位论文，台湾师范大学美术研究所中国美术史组，2010。

吴大昕:《海商、海盗、倭：明代嘉靖大倭寇的形象》，硕士学位论文，暨南国际大学历史研究所，2001。

许瑜翎:《明代孔子"圣迹图"研究：以传世正统九年本〈圣迹图〉为中心》，硕士学位论文，台湾师范大学美术研究所中国美术史组，2010。

庄心俞:《清代官廷画家徐扬笔下之乾隆武功》，硕士学位论文，中央大学艺术学研究所，2014。

Baldanza, Kathlene. The Ambiguous Border: Early Modern Sino-Viet Relations. PhD diss., University of Pennsylvania, 2010.

Chang, Chin-sung. Mountains and Rivers, Pure and Splendid: Wang Hui (1632-1717) and the Making of Landscape Panoramas in Early Qing China. PhD diss., Yale University, 2004.

Hearn, Maxwell K.. The Kangxi Southern Inspection Tour: A

Narrative Program by Wang Hui. PhD diss., Princeton University, 1990.

Hwang, Yin. Victory Pictures in a Time of Defeat: Depicting War in the Print and Visual Culture of Late Qing China, 1884-1901. PhD diss., University of London, School of Oriental and African Studies, 2014.

Kleutghen, Kristina R.. The Qianlong Emperor's Perspective: Illusionistic Painting in Eighteenth-Century China. PhD diss., Harvard University, 2010.

Lo, Hui-chi. Political Advancement and Religious Transcendence: The Yongzheng Emperor's (1678-1735) Development of Portraiture. PhD diss., Stanford University, 2009.

Ma, Ya-chen. Picturing Suzhou: Visual Politics in the Making of Cityscapes in Eighteenth-Century China. PhD diss., Stanford University, 2006.

Mei, Yun-chiu. The Pictorial Mapping and Imperialization of Epigraphic Landscapes in Eighteenth-Century China. PhD diss., Stanford University, 2008.

Wang, Cheng-hua. Material Culture and Emperorship: The Shaping of Imperial Roles at the Court of Xuanzong (r. 1426-35). PhD diss., Yale University, 1999.

Wellington, Robert. The Visual Histories of Louis XIV. PhD Diss., University of Sydney, 2014.

Whiteman, Stephen Hart. Creating the Kangxi Landscape: Bishu Shanzhuang and the Mediation of Qing Imperial Identity. PhD diss., Stanford University, 2011.

五 网络资料

高丽大学博物馆藏，北关遗迹图帖，http://museum.korea.ac.kr/html/gallery.htm，最后访问日期：2009 年 8 月 23 日。

马雅贞:《"相遇清代:中国与西方的艺术交流"国际研讨会报导》,《明清研究通讯》,34(2012.12),http://mingching.sinica.edu.tw/Report_detail.jsp?id=90&currentPage=Report,最后访问日期:2013年10月30日。

《明兵部尚书青州邢擂伯先生大破日日师战绩图轴二》,http://imgsrc.baidu.com/baike/pic/item/bbe0d311380f2041b8127b72.jpg,最后访问日期:2013年10月30日。

天津《元氏族谱》原谱序(乾隆十二年),http://blog.sina.com.cn/s/blog_43f3947c0100m9w6.html,最后访问日期:2010年11月12日。

《昭陵六骏图卷》,http://www.dpm.org.cn/www_oldweb/Big5/phoweb/Relicpage/2/R927.htm,最后访问日期:2014年5月7日。

Fregment of the Right Side of the Battle of Qurman Painting fomr 1760, Qing Court Painting.http://www.battle-of-qurman.com.cn/e/right.htm,最后访问日期:2013年10月30日。

Fregment of the Left Side of the Battle of Qurman Painting from 1760, Qing Court Painting.http://www.battle-of-qurman.com.cn/e/left.htm,最后访问日期:2013年10月30日。

Historical Background of the Battle of Qurman Painting from 1760, Qing Court Painting.http://www.battle-of-qurman.com.cn/e/hist.htm,最后访问日期:2013年10月30日。

图版目录 *

---

* 线装书籍之插图皆略去版心，以呈现完整构图。图版详细信息请见内文各图。

45.9 厘米 ×91.4 厘米　中国国家博物馆藏

295

296

索 引

后　记

　　若将此书的生成化约为大事记，可以勾勒出我学术进程中受到的支持与帮助，但那些记录之外铭感在心的点点滴滴，更是我研究与生命得以相续的动力。拙促的谢词与溢于言表的感恩，不足以回馈所有孕育本书的人事物。

　　这本小书超过十余年才完成，其间我的身份几经转换，何其有幸每个阶段都有无数善意与智慧的挹注。此书从我 2000 年的硕士学位论文开展而来，修读博士学位与初任教职期间暂时搁置，2009 年起我重拾阔别已久的研究主题，而近十年学术潮流的剧变宛若新启计划，自搜集一手与二手资料开始，我发展新问题意识，数度大幅改动研究框架，历经五年才写成初稿，最后评审、修订、出版又耗时两年。如果没有研读硕士时指导教授石守谦的教诲，口试委员庄吉发和傅申教授的指正，其他老师如颜娟英、陈葆真、谢明良教授的启蒙，学长如王正华、谢振发、曾蓝莹、林丽江、马孟晶等的鼓励，学友邱士华、黄逸芬、邱函妮的帮忙等，我的硕士学位论文必然无法成形。斯坦福大学博士指导教授文以诚（Richard Ellis Vinograd）等师友和台湾清华大学历史研究所，让我最终成为艺术史与历史工作者，而得以拓展硕士学位论文的研究。感谢台湾科技部专题研究计划与补助科技人员短期出国研究的支持，让我能够尽可能搜罗材料，并参与研讨会等和学者交流请益。2014 年初稿完成后经过了学界的正式评审机制，包括进修期间承蒙哈

佛大学费正清中国研究中心主任欧立德（Mark C. Elliott）推
荐，先经社会科学文献出版社委送两位专家匿名评审，再由广
东省东方历史基金学术委员会审查入选《东方历史学术文库》，
以及获科技部补助期刊审查专书经三位专家匿名审查通过，在
出版过程、经费和审查建议等方面都让我受益良多。研究过
程中很多学者如赖毓芝、赖惠敏、邱仲麟、廖肇亨、王鸿泰、
Marcia Reed 等都惠赐许多帮助，尤其费丝言、李卓颖、板仓
圣哲、巫仁恕、吕妙芬和卢慧纹更是一再勉励，并提供极具启
发的意见和具体援助，对此我由衷感激。2015 年起申请图像
版权和编辑校对等出版流程，受到许多学者、博物馆与图书馆
馆员如马小鹤、须田牧子、黄荣光、陈履生，研究助理如郑孟
姗、王怡璇，本所秘书卢素瑜，出版社编辑宋荣欣、邵璐璐等
的协助，在此深表谢意。也谢谢黄文玲、叶敏磊、林怡君等关
于书籍出版的意见和匡助。

　　最后，难以回报多年来好友与家人的支持与包容。特别感
激品妃、Huli 和纪莹、芃芃和廖美，让我能够在爱的浇溉中完
成这本书。

314

马雅贞

2016 年 8 月

《东方历史学术文库》书目

1994 年度

《魏忠贤专权研究》，苗棣著

《十八世纪中国的经济发展和政府政策》，高王凌著

《二十世纪三四十年代河南冀东保甲制度研究》，
朱德新著

《江户时代日本儒学研究》，王中田著

《新经济政策与苏联农业社会化道路》，沈志华著

《太平洋战争时期的中英关系》，李世安著

1995 年度

《中国古代私学发展诸问题研究》，吴霓著

《官府、幕友与书生——"绍兴师爷"研究》，郭润涛著

《1895~1936 年中国国际收支研究》，陈争平著

《1949~1952 年中国经济分析》，董志凯主编

《苏联文化体制沿革史》，马龙闪著

《利玛窦与中国》，林金水著

《英属印度与中国西南边疆 (1774~1911 年)》，
吕昭义著

1996 年度

《明清时期山东商品经济的发展》，许檀著

《清代地方政府的司法职能研究》，吴吉远著

《近代诸子学与文化思潮》，罗检秋著

《南通现代化：1895~1938》，常宗虎著

《张东荪文化思想研究》，左玉河著

1997 年度

《〈尚书〉周初八诰研究》，杜勇著

《五、六世纪北方民众佛教信仰——以造像记为中心的考察》，侯旭东著

《世家大族与北朝政治》，陈爽著

《西域和卓家族研究》，刘正寅、魏良弢著

《清代赋税政策研究：1644~1840 年》，何平著

《边界与民族——清代勘分中俄西北边界大臣的察哈台、满、汉五件文书研究》，何星亮著

《中东和谈史（1913~1995 年）》，徐向群、宫少朋主编

1998 年度

《古典书学浅探》，郑晓华著

《辽金农业地理》，韩茂莉著

《元代书院研究》，徐勇著

《明代高利贷资本研究》，刘秋根著

《学人游幕与清代学术》，尚小明著

《晚清保守思想原型——倭仁研究》，李细珠著

1999 年度

《唐代翰林学士》，毛雷著

《唐宋茶叶经济》，孙洪升著

《七七事变前的日本对华政策》，臧运祜著

《改良的命运——俄国地方自治改革史》，邵丽英著

2000 年度

《黄河中下游地区东周墓葬制度研究》，印群著

《中国地名学史考论》，华林甫著

《宋代海外贸易》，黄纯艳著

《元代史学思想研究》，周少川著

《清代前期海防：思想与制度》，王宏斌著

《清代私盐问题研究》，张小也著

《清代中期婚姻冲突透析》，王跃生著

《农民经济的历史变迁——中英乡村社会区域发展比较》，徐浩著

《农民、市场与社会变迁——冀中 11 村透视并与英国农村之比较》，侯建新著

《儒学近代之境——章太炎儒学思想研究》，张昭君著

《一个半世纪以来的上海犹太人——犹太民族史上的东方一页》，潘光、王健著

《俄国东正教会改革（1861~1917）》，戴桂菊著

《伊朗危机与冷战的起源（1941~1947 年）》，李春放著

2001 年度

《〈礼仪·丧服〉考论》，丁鼎著

《南北朝时期淮汉迤北的边境豪族》，韩树峰著

《两宋货币史》，汪圣铎著

《明代充军研究》，吴艳红著

《明代史学的历程》，钱茂伟著

《清代台湾的海防》，许毓良著

《清代科举家族》，张杰著

《清末民初无政府派的文化思想》，曹世铉著

2002 年度

《唐代玄宗肃宗之际的中枢政局》，任士英著

《王学与晚明师道复兴运动》，邓志峰著

《混合与发展——江南地区传统社会经济的现代演变（1900—1950）》，马俊亚著

《敌对与危机的年代——1954~1958 年的中美关系》，戴超武著

2003 年度

《西周封国考疑》，任伟著

《〈四库全书总目〉研究》，司马朝军著

《部落联盟与酋邦》，易建平著

《1500~1700 年英国商业与商人研究》，赵秀荣著

2004 年度

《后稷传说与祭祀文化》，曹书杰著

《明代南直隶方志研究》，张英聘著

《西方历史叙述学》，陈新著

2005 年度

《汉代城市社会》，张继海著

《唐代武官选任制度》，刘琴丽著

《北宋西北战区粮食补给地理》，程龙著

《明代海外贸易制度》，李庆新著

《明朝嘉靖时期国家祭礼改制》，赵克生著

《明清之际藏传佛教在蒙古地区的传播》，金成修著

2006 年度

《出土文献与文子公案》，张丰乾著

《"大礼议"与明廷人事变局》，胡吉勋著

《清代的死刑监候》，孙家红著

《〈独立评论〉与 20 世纪 30 年代的政治思潮》，
张太原著

《德国 1920 年〈企业代表会法〉发生史》，孟钟捷著

2007 年度

《中原地区文明化进程的考古学研究》，高江涛著

《秦代政区地理》，后晓荣著

《北京城图史探》，朱竞梅著

《中山陵：一个现代政治符号的诞生》，李恭忠著

《古希腊节制思想》，祝宏俊著

《第一次世界大战后美国对德国的政策（1918~1929）》，
王宠波著

2008 年度

《古代城市形态研究方法新探》，成一农著

《政治决策与明代海运》，樊铧著

《〈四库全书〉与十八世纪的中国知识分子》，陈晓华著

《魏晋南北朝考课制度研究》，王东洋著

《初进大城市》，李国芳著

2009 年度

《知识分子的救亡努力——〈今日评论〉与抗战时期
中国政策的抉择》，谢慧著

2010 年度

《冷战与"民族国家建构"——韩国政治经济发展中的美国因素（1945~1987）》，梁志著

《清末考察政治大臣出洋研究》，陈丹著

2011 年度

《周道：封建时代的官道》，雷晋豪著

《民族主义政治口号史研究（1921~1928）》，王建伟著

2012 年度

《现代中国的公共舆论——以〈大公报〉"星期论文"和〈申报〉"自由谈"为例》，唐小兵著

《卜子夏考论》，高培华著

2013 年度

《时间的社会文化史——近代中国时间制度与观念变迁研究》，湛晓白著

《占领时期美国对日文化改革与民主输出》，张晓莉著

《宾礼到礼宾：外使觐见与晚清涉外体制的变化》，尤淑君著

《东方历史学术文库》稿约

一、凡向本文库提出申请，经评审通过入选的史学专著（30万字以内为宜），均获广东省东方历史研究基金会资助，由社会科学文献出版社出版。五年之内出版的海外华裔学者外文专著之中译稿本、港澳台学者专著之简体字稿本均可申请。博士论文经过至少一年的修改后可申请。

二、收入文库的专著，研究方向以中国近现代史（1840—）、世界近现代史为主，兼及历史学其他学科。

三、文库的学术追求是出精品。入选文库的专著，为有较高水平，或解决重大课题，或确立新观点，或使用新史料，或开拓新领域的专题研究成果；尤欢迎博士论文，但须经过至少一年的修改。

四、入选专著，必须遵守学术著作规范，须有学术史的内容和基本参考书目，引文、数据准确，注释规范，一律采取页下注。请勿一稿两投。

五、申请书稿应为已达到出版要求的齐、清、定作品，申请人须提供两份作品纸文本。申请书稿、申请表均不退还。

六、每年3月1日至4月30日为该年度申请受理时间。9月，评审结果通知申请者本人。

七、欲申请者，可函索申请表，并提供作品题目、作者简介及联系方式。

联系地址：北京市西城区北三环中路甲29号院3号楼华龙大厦B座1407#
邮　　编：100029　　　电　话：010-59367256
电子信箱：jxd@ssap.cn　　联系人：王　珏

图书在版编目(CIP)数据

刻画战勋：清朝帝国武功的文化建构 / 马雅贞著
. -- 北京：社会科学文献出版社，2016.9（2017.4重印）
（东方历史学术文库）
ISBN 978-7-5097-9406-7

Ⅰ.①刻…　Ⅱ.①马…　Ⅲ.①政治制度－研究－中国
－清代　Ⅳ.①D691.2

中国版本图书馆CIP数据核字（2016）第147341号

· 东方历史学术文库 ·

刻画战勋：清朝帝国武功的文化建构

著　　者 / 马雅贞

出 版 人 / 谢寿光
项目统筹 / 宋荣欣
责任编辑 / 邵璐璐

出　　版 / 社会科学文献出版社·近代史编辑室（010）59367256
　　　　　　地址：北京市北三环中路甲29号院华龙大厦　邮编：100029
　　　　　　网址：www.ssap.com.cn
发　　行 / 市场营销中心（010）59367081　59367018
印　　装 / 北京季蜂印刷有限公司

规　　格 / 开　本：787mm×1092mm　1/16
　　　　　　印　张：22.75　插　页：2　字　数：302千字
版　　次 / 2016年9月第1版　2017年4月第2次印刷
书　　号 / ISBN 978-7-5097-9406-7
定　　价 / 65.00元